Angelique Bouton

> Narzissten <

erkennen und fliehen

Vom 7. Liebeshimmel
in die
SEELENHÖLLE !

Bibliografische Information der Deutschen Nationalbibliothek: Die
Deutsche Nationalbibliothek verzeichnet diese Publikation in der
Deutschen Nationalbibliografie; detaillierte bibliografische Daten
sind im Internet über www.dnb.de abrufbar.

© 2023 Angelique Bouton
Alle Rechte vorbehalten.
Herstellung und Verlag:
BoD - Books on Demand, Norderstedt
ISBN 9 783 749 454 372

„Niemals sind wir so verletzlich,

als wenn wir lieben."

Sigmund Freud

INHALTSVERZEICHNIS

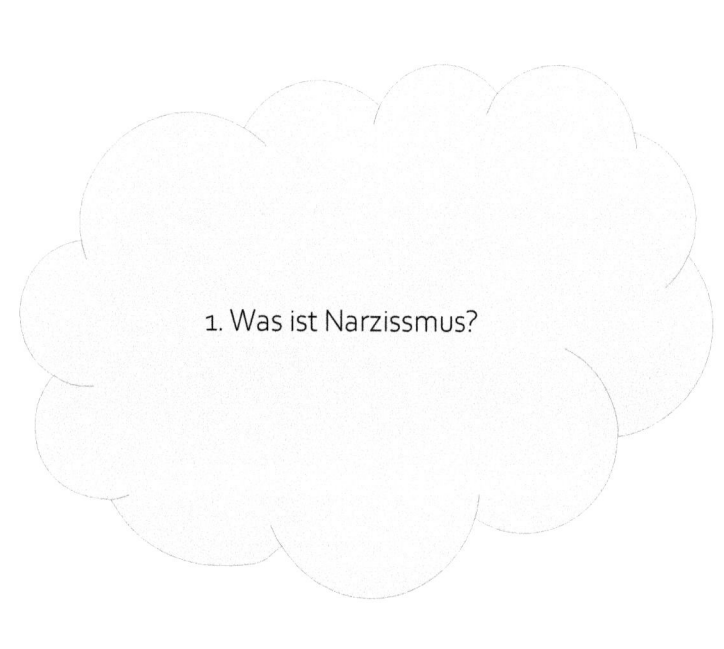

1. Was ist Narzissmus?

Leere

Da ist nichts mehr. LEERE. Ich bin leer.

Er ist nicht mehr da. Ich bleibe zurück, unter Tränen.

Ich MUSSTE gehen.

Wer bin ich noch?

Ich erinnere mich an seinen eisigen Blick - voller Kälte und Verachtung.

Eisige Kälte war da - ganz plötzlich.

Den Mann, der er vorher war - einige Minuten zuvor -, den gab es plötzlich nicht mehr.

Nichts war mehr, wie ich es kannte, wie es am Anfang war.

ER hat eine weiße Seite und eine ...dunkle, tiefschwarze.

Die dunkle würde mich zerstören. Deshalb ist das auch das Ende. Aber es ist nicht das Ende. Nicht für ihn.

Ich liege auf dem Boden, wälze mich vor Schmerz. Die Trauer verschlingt mich. Er hat mich in unserer Beziehung zurückgelassen mit seiner Ansage, dass ER doch gern dominant sein will. Es klingt in meinen Ohren nach. Ich dachte wirklich, ich führe eine Beziehung auf Augenhöhe. Dann ging ich. Nun ist alles anders. ICH bin anders, ich bin nicht mehr dieselbe wie vor dieser Beziehung.

Worüber ich hier auch immer schreiben werde in diesem Buch, ich kann dir eines gleich zu Beginn versichern: ICH VERSTEHE DICH !

Du hängst möglicherweise fest in einer Beziehung, die dich nicht loslässt, die dich auffrisst, dich gefangen nimmt, und doch kannst du nicht gehen. Da sind viele kleine Unstimmigkeiten, die keinen Sinn ergeben, die sich aber nach und nach und zunehmend nicht gut anfühlen. Du kannst nicht mit Gewissheit sagen, was sie bedeuten. Vielleicht haben sie auch gar keine Bedeutung? Du findest keinen Namen für „seltsame Begebenheiten". Du grübelst:

- Wieso ist er nicht mehr so zu mir wie am Anfang unserer Beziehung?
- Wieso können wir nicht einfach glücklich sein?
- Habe ich das gerade richtig verstanden?
- Wie hat er das gemeint?
- Ist nicht jeder einmal angespannt und laut?
- Hat nicht jeder Probleme in seiner Beziehung?
- Was kann ich tun, dass er nicht mehr so... ist?
- Liegt es an mir?
- Bin ich „falsch"?
- Muss ich mich ändern?
- Wie komme ich hier nur raus?

Viele Menschen hängen Jahre oder Jahrzehnte fest und verstehen nicht, was da tatsächlich vor sich geht, was diese vielen „Kleinigkeiten" doch in Wirklichkeit für eine große Bedeutung haben!

Und genau DA will ich dich mit meinem Buch abholen: DU darfst verstehen, was „Narzissmus" bedeutet! Sei dir sicher: dir wird nicht gefallen, was du liest. Und dennoch ist die Wahrheit die einzige, die dich frei machen wird, die dir ein selbstbestimmtes Leben schenken kann.

SEI MUTIG!

Einige einleitende Gedanken zum Thema

Toxische/narzisstische Beziehungen - dieses Thema ist in aller Munde. Doch was bedeutet es tatsächlich - für den Betroffenen?

Narzissmus kann es in romantischen Liebesbeziehungen und auch im familiären Umfeld geben, auf Arbeit und im Freundeskreis. Überall kann man auf Narzissten und Narzisstinnen stoßen, denn: die wirklich pathologischen Fälle machen immerhin 1 bis 2% der Weltbevölkerung aus. Um das zu veranschaulichen: in einem Raum mit 100 Personen wäre also mindestens EINE Person ein Mensch mit einer „narzisstischen Persönlichkeitsstörung".
Es wird unterschieden zwischen vielen Abstufungen: es gibt Menschen mit leicht narzisstischen Zügen, welche mit stärkerer narzisstischer Persönlichkeitsakzentuierung und die, die diagnostiziert bekommen würden: pathologische „narzisstische Persönlichkeitsstörung". Jeder Mensch hat mehr oder weniger narzisstische Anteile, und generell ist das erstmal nichts Schlechtes. Hat man diese Anteile in sich, zeigt man sich, kann vor Menschen sprechen und auftreten, kann sich auch durchsetzen. Das alles ist gut und gesund! Bedenklich wird es erst, wenn die narzisstischen Anteile so massiv ausgeprägt sind, sodass ein Muster erkennbar ist, das anderen schadet.
Narzissmus erlebt man häufig zuerst im Elternhaus oder im engeren familiären Umfeld. Dabei muss einem das nicht einmal bewusst sein. Man erkennt Narzissmus nämlich nur sehr schwer. Hat man einmal sein Auge dafür geschärft und die Anzeichen verinnerlicht, kann es zwar leichter gelingen, toxische Strukturen zu „entlarven", aber eine Garantie dafür ist es nicht.
Narzissten tarnen sich extrem gut. Sie sind wie das Chamäleon in der Natur, das sich der Umgebung anpasst, bis man es endlich erkennt. Doch dann hat der Partner bereits seine dunkle Seite gezeigt, und man sitzt vermutlich schon „in der Falle".
Narzissten sind sich keiner Schuld bewusst, ganz im Gegenteil: sie werden immer DIR die SCHULD am Geschehen geben – egal, wer wirklich „Schuld" hatte.
Menschen, die eine narzisstische Persönlichkeitsstörung haben,

kann man nur schwer erkennen, und schafft man es doch, hat man keine Chance, Einfluss auf sie zu nehmen, damit sie sich ändern. Der Gang zum Therapeuten wird niemals von ihnen aus erfolgen, außer, sie befinden sich in einer echten narzisstischen Krise, in der ihr Selbstbild so sehr ins Wanken gerät, dass alles bröckelt. Doch selbst dann denken sie niemals ernsthaft, dass es an ihnen liegt! DU bist Schuld, vergiss das nicht! Das glauben sie, das machen sie dich glauben und das leben sie nach der Trennung. Aus diesem Grund sind Menschen mit einer narzisstischen Persönlichkeitsstörung die geborenen Stalker. Sie hassen dich für die Trennung, für dein Gehen, denn sie werden sich vermutlich kaum freiwillig von dir trennen. Falls doch, hast du deine „Arbeit" getan: hast alles gegeben und bist nun kraftlos und damit wertlos für sie. Erst dann lassen sie dich fallen, oder: sie haben bereits Ersatz für dich gefunden. Das klingt hart? Das ist es!

Der Untertitel meines Buches lautet: „Vom 7. Liebeshimmel in die SEELENHÖLLE!". Das schreibe ich nicht umsonst. Der emotionale Absturz, den man in oder auch nach solch einer Partnerschaft hinlegen kann, ist enorm und birgt einen lauten Schrei...
...nach Verstehen-Wollen-und-Nicht-Können,
...nach Gehört-und-Verstanden-Werden-Wollen in sich.
Man fühlt sich total allein.
Mache dir bitte klar: du bist NICHT das Problem! Da ist ein Mensch neben dir (gewesen), der krank ist. Er kann sich nicht ändern und er wird es nicht! Das ist das Wichtigste, was du überhaupt verstehen musst, denn nur dann hast du die Chance, dich freizumachen von diesen toxischen Strukturen, die wahrlich oft schwer zu erkennen sind. Von außen ist das praktisch kaum möglich. Narzissten sind oft „Täter im Geheimen". Sie manipulieren meist äußerst subtil, sodass du an deiner Wahrnehmung zweifelst, dich kleiner fühlst, als du eigentlich bist und am Ende nicht mehr weißt, was und wem du glauben sollst: dem Narzissten oder dir selbst.
Das Verrückte und Traurige ist: oft glaubt man dann dem Narzissten, weil die Abhängigkeit bereits erzeugt wurde, von der man nichts wissen will und die man regelrecht „wegredet". Man nimmt sie nicht wahr; da braucht es ein Feedback von außen!

Toxische Strukturen wirken zerstörend. Sie sind nicht wohlwollend aus tiefstem Herzen, sie wirken auf Geist, Seele und Körper negativ und hinterlassen oft ein breites Feld der Verwüstung.

Sich lösen und den eigenen Weg gehen scheint die einzige Lösung zu sein, die ich nach allen Recherchen und allem Gelernten anbieten kann, und da stehe ich nicht allein. In Fachkreisen ist das bekannt.

Man kann Menschen mit narzisstischen Zügen auf ihr Verhalten ansprechen, und wenn sie fähig sind, ihr Verhalten wirklich (!) zu reflektieren, dann sind sie keine pathologischen Narzissten. Doch dies zu erkennen, ist mehr als nur schwer, für einen Laien fast unmöglich. Ihre Tarnung besteht auch aus der Fähigkeit, so zu reden, als würden sie alles reflektieren, aber sie tun es nicht! Den Unterschied zu bemerken, dafür braucht es Menschen vom Fach. Doch welcher Narzisst geht zum Psychiater? Kaum einer, und wenn, dann als „Besucher", der einmalig kommt und dann wieder geht, weil ER doch kein Problem haben KANN, alle anderen sind Schuld.

Zu dieser Erkenntnis kam Dr. med. Pablo Hagemeyer, bekennender (netter) Narzisst und Facharzt für Psychiatrie und Psychotherapie.

Die Ausweglosigkeit an dieser Gesamtsituation ist also die, dass man den Narzissten nicht ändern KANN. Bleibt nur der Ansatz bei einem selbst, aber da man **nicht** „der Fehler im System ist" (Zitat von HP Michael Kleist), ist das auch nicht erfolgversprechend, nicht, was diese Beziehung angeht, die du sicherlich um jeden Preis retten willst. DU denkst möglicherweise, du bist tatsächlich Schuld am Scheitern eurer Beziehung oder du ziehst diesen Gedanken zumindest kurz in Erwägung...

Bedenke: Du hast geliebt. Du hast dein Herz gegeben. Du hast dich selbst in Frage gestellt, wenn er wieder mal nie genug bekam und die Anforderungen an dich immer höher wurden. DU bist einem Menschen auf den Leim gegangen, der DICH niemals wahrhaft lieben konnte, weil er dazu gar nicht fähig ist. Spätestens an dieser Stelle wirst du mir widersprechen und mir schwören, dass dies die traumhafteste Verbindung war, die du je erlebt hast. Du schwörst mir hoch und heilig, dass das zwischen euch etwas „ganz Besonderes" war, dass du wahrlich auf Wolke 7 warst. Ja, du

WARST da einmal, und es war tatsächlich traumhaft – es war nur ein TRAUM! Aber jetzt hast du die Höllenfahrt bereits angetreten, sonst würdest du vermutlich nicht dieses Buch lesen.

Hat er dich um Geld gebeten?
Hat er dich nach Passwörtern gefragt?
Hat er dich ausgenommen, ohne, dass du es bemerkt oder für fragwürdig gehalten hast?
Hat er bereits eine andere?

Sieh den Tatsachen ins Auge: Narzissten nehmen, was sie kriegen können... - Emotionen, Unterstützung, deine Hilfe, Geld, vielversprechende Kontakte. Was auch immer du zu bieten hast oder hattest: du wirst ausbluten, wenn du nicht rechtzeitig die Reißleine ziehst. Zieh sie schnell, sobald du Unstimmigkeiten bemerkst, die dir dein Bauchgefühl einflüstern. Das ist mein wichtigster Rat, denn: sein Verhalten wird dich an deine Grenzen bringen, wird dich leiden lassen – heimlich, still und leise, und am Ende wirst du dich praktisch „in Luft aufgelöst haben", ohne, dass du es bemerkt hast.

Am Ende aller Dinge, die man über Narzissmus lernt, wird nur eine Sache stehen bleiben: lauf! Lauf weit weg! Nimm dich aus diesen toxischen Strukturen heraus und begreife, dass sie dich sonst zerstören können.

Dieses Buch richtet sich an alle, die mit Narzissmus in Kontakt gekommen sind, etwas darüber gelesen oder gehört haben und nicht so ganz genau wissen, was Narzissmus eigentlich wirklich ist.
Dieses Buch richtet sich auch und vor allem an diejenigen, die in narzisstischen Strukturen festsitzen – ganz gleich, ob das nun partnerschaftliche toxisch-narzisstische Muster sind oder familiäre. Auch im Freundeskreis und auf der Arbeit lassen sich solche Menschen finden: Narzissten.
Was auch immer der Auslöser dafür ist, dass du dich über Narzissmus informieren willst – in den nächsten Kapiteln wirst du jede Menge darüber lernen.

Es tut weh, der Wahrheit ins Gesicht zu sehen, denn man will an das Gute im Menschen glauben. Das darf man auch weiterhin, doch es gibt Menschen, mit denen sollte man sich besser nicht einlassen. Wie du sie erkennst? Lies weiter und beurteile selbst, ob du dich in toxischen Strukturen befindest. Und dann entscheide, was zu tun ist!

Wie benimmt sich eigentlich ein Narzisst?

...egozentrisch.
...empathielos.
...dominant.

Das sind die wichtigsten Merkmale eines Narzissten, und sie treten erst nach und nach offiziell zutage. Am Anfang schwebst du auf „Wolke 7" – das ist so sicher wie das Amen in der Kirche. Daran allein könntest du das Toxische schon erkennen, aber: du bist verliebt, und du kommst nie im Leben auf den Gedanken, dass da etwas faul sein könnte.

Nun kann man auch nicht seinen neuen Partner gleich anzweifeln, wenn man verliebt ist, denn es kann ja sein, dass deine Partnerschaft NICHT toxisch ist. Zu erkennen, OB man überhaupt in solch einer unguten Verbindung steckt, ist die Basis für alles weitere, das es einzuleiten gilt.

Menschen mit einer narzisstischen Persönlichkeitsstörung gehören zur „DUNKLEN TRIADE DER MACHT". Diese drei Arten von Menschen sind ausbeuterisch im Leben unterwegs. Sie kennen kein Pardon, gehen sozusagen über Leichen – auch im wahrsten Sinne des Wortes. Narzissten finden sich großartig, stellen ihr „großes Selbst" gern zur Schau und wollen bewundert werden. Sie manipulieren genau wie die Machiavellisten, die ihren Nutzen aus allem ziehen wollen, was ihnen dienlich ist auf dem Weg nach oben an die Macht! Und die Psychopathen als dritte in der Runde stören sich an gar nichts, haben keinerlei Empathie, zeigen auch kein Mitgefühl und sind mit diesen Eigenschaften mehr als nur gefährlich für alle, die mit ihnen zu tun haben. Die Grenzen sind fließend. Man kann nicht sagen: dieser ist „nur" Narzisst und jener „ausschließlich" Psychopath. Oft sind Elemente aus der einen Persönlichkeitsstruktur mit der anderen verwoben. Gefährlich sind diese Menschen deswegen, weil sie alles zu ihrem Nutzen ausbeuten – alles und jeden, ohne schlechtes Gewissen, denn: oft haben sie gar keins. Dies macht sie zu üblen Zeitgenossen, die sich super verstecken oder sich ganz offen präsentieren. Wirken sie im Verborgenen, kann man ihnen kaum auf die Schliche kommen. Manch einer oder eine schafft das erst nach 30 Jahren Ehe, bis man versteht, mit wem man da eigentlich verheiratet ist.

Tarnen gehört sozusagen zum „Job" derer, die der „DUNKLEN TRIADE", dem „Dreigestirn der Ausbeuter", angehören.

Was dem eigenen Weg dient, wird gemacht – ohne Rücksicht auf Verluste. Steht man einem solchen Menschen und seinen Zielen im Weg, kann es mehr als nur ungemütlich werden.

Grob gesagt: „Der Zweck heiligt die Mittel", denn das ist definitiv das Motto dieser drei Zeitgenossen, die immerhin ein paar Prozent unserer Weltbevölkerung ausmachen. 1% seien Psychopathen und 1 bis 2% pathologische Narzissten. Bei 100 Leuten im Raum finden wir also mindestens 2 dieser Spezies...

Der Charme, der ihnen auf ihren Beutezügen zugute kommt – oft gepaart mit gutem Aussehen -, macht, dass man denkt: *„Das ist doch wirklich ein Mann von Welt, so ein wundervoller, aufmerksamer Kavalier!".* Du fühlst dich gesehen! Vielleicht zum ersten Mal in deinem Leben hast du das Gefühl, angekommen zu sein. Vielleicht fühlt es sich manchmal an, als wäre es ZU schön um wahr zu sein. Ja, genauso ist es auch, aber auf die Idee kannst du am Anfang gar nicht kommen, denn dein Hormoncocktail der Verliebtheit macht, dass die rosarote Brille ihre Wirkung zeigt.

Sein wahres, dunkles Wesen offenbart er, wenn du sozusagen in der Falle sitzt. Warum du dann in aller Regel nicht mehr einfach so gehen kannst, selbst wenn du Unstimmigkeiten bemerkst, dich nicht mehr wirklich wohl fühlst neben ihm oder ihr, Lügen offensichtlich werden und die Abwertungen beginnen – das erkläre ich dir in den nächsten Kapiteln.

Glauben wirst du das alles eh nicht wollen, aber sammle Stück für Stück deine Informationen über Narzissmus, mach dir ein Bild.

Wer glaubt, kann irren, wer es erlebt, irrt nicht.

DU hast etwas erlebt, das das Verständnis von anderen überfordert, weil sie es nicht erlebt haben.

Sei sicher: **ICH VERSTEHE DICH!**

Ich will dir einen Weg aufzeigen, hinter die „Fratze des Narzissmus" zu blicken, zu verstehen, was vorgefallen ist in eurem Miteinander, damit du MIT diesem Verstehen wieder Kontrolle zurückerlangst – mit dem Wissen über Dinge, die dir so ungeheuerlich vorkommen müssen, dass du das alles am liebsten als Albtraum abtun willst. Schließ die Augen. Lebst du noch? JA! Und das ist deine Chance: hinaus zu gehen in die Welt, dir ein NEUES LEBEN aufzubauen, wenn... toxische Strukturen dich ausbeuten, bis... am Ende vielleicht nichts mehr übrig ist als LEERE!

Wie benimmt sich nun ein Narzisst?

Der Weg in die Beziehung hinein ist voller Glückseligkeit und Schmetterlingen im Bauch. Du wirst auf Wolke 7 schweben und dich geborgen und daheim fühlen bei deinem Partner. Hast du jemals so sehr geliebt, dich so angenommen gefühlt?
Du bist angekommen! Du bist glücklich!

Und dann – wie aus dem Nichts – gibt es eine Offenbarung. Wer ist dieser Mann an deiner Seite? Kennst du ihn noch? Du kannst es nicht fassen! Er zeigt eine eiskalte, rücksichtslose Seite, die dich einfach nur erschrickt. In manchen narzisstischen Beziehungen bemerken die (Ehe-)Partner dieses andere, dunkle Gesicht erst nach Jahren.

Abwertung, Gasligting (absichtliches Verwirren des „Opfers"), Betrügen, Lügen, Schuldumkehr (du bist generell und an allem Schuld!) werden zum Alltag, und wenn du es wagen solltest, die Beziehung zu verlassen, bist du Feind Nummer 1! Entweder man ist FÜR den Narzissten oder GEGEN ihn. Für ihn gibt es nur schwarz oder weiß... Und so wird er auch handeln. Er sinnt auf Rache!

Narzissten wollen Kontrolle ausüben und dich „besitzen". Das schenkt ihnen ein Gefühl von Macht. Wenn sie dich unter ihre Kontrolle gebracht haben (ganz leise und manipulativ, sodass du es gar nicht bemerkst), haben sie das sichere Gefühl, dich zu besitzen, und so benehmen sie sich irgendwann auch. Deine Meinung ist nicht wirklich von Bedeutung. Am Ende wird gemacht, was sie wollen – und das setzen sie ganz geschickt durch. Du denkst, das würdest du merken? Ich bin mir da nicht so sicher... Glaube mir: sie reden, sie reden, sie reden. Am Ende des Gesprächs ist nichts geklärt, und du hast das Nachsehen – immer. Respekt dir gegenüber? Fehlanzeige. Jemanden zu respektieren setzt voraus, dass man jemanden achtet. Um jemanden achten zu können, müsste man den anderen auf Augenhöhe im Leben stehen sehen. Narzissten empfinden sich aber als zu „großartig", sie werden niemals jemanden neben sich dulden – auf Augenhöhe. Sie sind achtlos durch die Hintertür, und sie werden Nähe und Distanz bestimmen – das ist eindeutig IHR SPIEL!

Du bist das „Opfer", und auch, wenn ich diesen Begriff nicht mag, so ist er doch tatsächlich zu verwenden, denn: dir wird in dieser Beziehung etwas angetan, von dem du anfangs und unter Umständen lange nichts mitbekommst. Schaden fügt der Narzisst dir aber trotzdem zu! Welche Strukturen wirken, wieso du festhängst, aber nicht rauskommst aus diesem unguten Miteinander, das dich enorm viel Kraft kostet, müde und traurig macht – das versuche ich auf einfache und verständliche Weise in diesem Buch zu vermitteln.

Ich habe eine narzisstische Beziehung in den ersten Anfängen erlebt und relativ schnell bemerkt, was da vor sich ging. Aber: die Trauer danach verschlang mich trotz des frühen Ausstiegs. Mich gab es praktisch nicht mehr. Wenn ich also in diesem Buch über etwas schreibe, dann, weil ich weiß, wovon ich schreibe und wieso: ich möchte dir helfen, dir einen Weg aufzeigen, Herz und Verstand auf einen Nenner zu bringen, denn genau das ist dir vermutlich gerade nicht möglich.

Die LEERE nach dem Aus der Beziehung ist immens, die TRAUER gewaltig. Das ist nicht nur Liebeskummer, das ist mehr... Später erkläre ich dir, was genau.

Die eigenen Emotionen, die einen regelrecht hinwegschwemmen, müssen verarbeitet werden. Emotionscoaching ist ganz wichtig, man kann es selbst lernen: mit einfachen Techniken Stress mindern. Viele Menschen, die aus solch einer Beziehung kommen, haben sich komplett selbst verloren, stehen mitten im luftleeren Raum und fühlen nicht mehr, wer sie sind. Doch es gibt eine gute Nachricht! Die Essenz deines Selbst geht niemals verloren – ganz egal, was passiert. Sie ist allenfalls verschüttet worden, man hat vergessen, wie man sie wieder ausgräbt unter all dem Schmerz und der Demütigung. DICH gibt es noch! Glaube mir! Und du wirst strahlender auferstehen, wenn du den Mut hast, dir und deiner Seele zu folgen... Schwierig kann es werden, wird es wahrscheinlich auch. Wie sagt man so schön? „Mut ist, wenn man` s trotzdem macht!". Hier - in dieser Situation - brauchst du wahrlich ein Löwenherz! Du brauchst Heldenmut, denn du ahnst, was auf dich zukommen wird – auf jeden Fall tief in deiner Innenwelt! Trauer wird dich gefangennehmen, du wirst dich fragen, wie DIR das passieren konnte. Und: WAS ist hier eigentlich passiert??? Du bist völlig verwirrt, deine Gedanken drehen sich unentwegt im Kreis, vielleicht kannst du nicht mehr schlafen. **Ich VERSTEHE dich in deiner Trauer und deiner Verwirrung!** Das soll ein kleiner Trost für dich sein, denn: du bist nicht allein mit dieser Erfahrung.

Und nun kommen wir zu etwas ganz Wichtigem...
Jeder Mensch hat Grundbedürfnisse, die erfüllt werden müssen. Sind sie es nicht, ist man nicht glücklich. Um es mal ganz salopp auszudrücken: der Narzisst ist nicht dafür geeignet, deine psychischen Grundbedürfnisse (nach K. Grawe) zu erfüllen, denn...

Grundbedürfnis BINDUNG: ...er wird sich nicht festlegen auf dich und eure Beziehung oder sogar nebenher fremdgehen. (FOLGE: du fühlst dich ihm nicht zugehörig, fühlst dich einsam und allein).

Grundbedürfnis ORIENTIERUNG: ...er wird dich immer wieder über alles Mögliche im Ungewissen lassen und Pläne ändern, zunehmend Vieles kontrollieren. (FOLGE: du fühlst dich orientierungslos, unsicher, hilflos und eventuell abhängig).

Grundbedürfnis SELBSTWERTERHÖHUNG: ...er wird dich zwar loben und wertschätzen, aber dann wieder abwerten und klein machen. (FOLGE: du fühlst dich ungeliebt und mit der Zeit zunehmend minderwertig).

Grundbedürfnis LUSTGEWINN: ...er wird alles, was deine Lebensfreude nährt und dir Freude macht in deinem Leben (Hobbys, Freunde, Arbeit), dir nach und nach madigmachen und zerstören. (FOLGE: wenn du nur noch Pflichten erfüllst und kaum noch oder gar keine Freude mehr hast, fühlst dich zunehmend müde, erschöpft, überlastet, gestresst und stumpfst ab).

Ohne die Erfüllung deiner psychischen Grundbedürfnisse wirst du „Mangel empfinden", kannst aber gar nicht genau sagen, was dir eigentlich fehlt. Zunehmend geht dieses Mangelgefühl in ein Gefühl der Sinnlosigkeit über. Du fühlst dich nicht „erfüllt", sondern „leer". Die Nichterfüllung dieser Grundbedürfnisse kann psychische Störungen hervorrufen, kann einen sogar in die Depression treiben (Sinnlosigkeit = die empfundene Leere im eigenen Leben).

Der Narzisst schadet dir damit ganz extrem, weil er nicht in der Lage ist, deine Bedürfnisse zu befriedigen. Die Konsequenz wäre, dir selbst nun klarzumachen: „Ich fühle mich neben IHM einsam, nicht anerkannt, wertlos, unsicher und freudlos. Ich gehe!". Und am Ende läuft es tatsächlich darauf hinaus. Doch warum das nicht so einfach ist, das erkläre ich dir in den nächsten Kapiteln, zeige aber auch Wege auf, was man für sich tun kann und worauf man achten muss auf diesem Weg.

Ich setze mein Wissen für dich ein, damit du klarer siehst, werde erklären, was toxische Strukturen bewirken können und wie sie entstehen. Sie behindern das „Opfer" in jeder Hinsicht und machen es klein. Eine Entfaltung der eigenen Persönlichkeit ist in solch einer Verbindung nicht möglich, ganz im Gegenteil; man wird im Laufe der Zeit regelrecht verschlissen, ausgenommen und zerstört. DU bist die, die leidet! Der Narzisst leidet nicht; er spielt sein Spiel. Am Ende bleibt nur eines: geh, bevor er dich vernichtet hat!

Was sind die Anzeichen dafür, dass du dich in einer „toxischen Beziehung" befindest?

Du bist dir nicht sicher, ob du in einer toxischen Beziehung bist? Bist du hier überhaupt richtig in diesem Buch?

Ich zeige dir anhand von Fragen, die du dir selbst beantworten kannst, auf, was toxische Beziehungen ausmacht. In ihnen zu sein oder zu bleiben, bedeutet, Kraft zu verlieren, nicht mehr man selbst, unglücklich und ausgezehrt zu sein.

Kreuze vorne an: kannst du nur 5 dieser Fragen mit JA beantworten, solltest du dieses Buch unbedingt lesen!

O   Du hast dich **TOTAL geliebt gefühlt** am Anfang Eurer Beziehung, warst glücklich, schwebtest wahrlich auf „Wolke 7"?

O   Hattest du das sichere Gefühl, deinen **Seelenpartner** gefunden zu haben, endlich „angekommen" zu sein?

O   Folgte irgendwann ganz plötzlich die Kehrtwende: hin zu einem **Gesicht deines Partners, das man kalt, unnahbar, feindselig und rücksichtslos** nennen kann?

O   Kommen dir viele „Kleinigkeiten" im Alltag **seltsam** vor? Du findest dafür keine Worte, aber dein **Bauchgefühl schlägt „Alarm"**?

O   Hast du irgendwann **Abwertungen** erfahren – klein und fast unhörbar oder massiv und einschüchternd?

O   Hattest du plötzlich irgendwann in der Beziehung das Gefühl, **„nicht mehr gut genug zu sein"**?

O   Hast du irgendwann in deiner Beziehung das Gefühl bekommen, deinem Partner **„nichts mehr recht machen zu können"**?

O   Hast du das Gefühl, dass seine **„Forderungen"** mehr und mehr werden und nicht aufhören: kannst du mal dies machen, kannst du mal das machen?

O   **Bleibt im Verlauf der Beziehung eigentlich mehr oder weniger alles an dir hängen**, was die Kindererziehung / die Hausarbeit usw. betrifft?

O   **Macht er etwas für dich**, wenn du ihn darum bittest, oder vertröstet er dich gern auf später und dein Anliegen geht dann unter?

O   **Weigert er sich** gar, **etwas für dich zu machen**, wenn es für ihn keinen sichtbaren Nutzen hat?

O   Verweigert er dir **Zeit nur für dich allein**, wenn du sie haben willst? (z.B. fürs Fitness-Studio, für gemeinnützige Arbeit, zum Freunde treffen, zum Walken und Wandern)?

O   Sagt er, dass er so gerne dieses oder jenes mit dir machen würde bzw. dich vermissen wird, wenn du bereits verabredet bist. **Wirfst du deine Pläne** dann komplett für ihn **über den Haufen**?

O   **Ärgert** es deinen Partner, wenn du alleine (ohne ihn) oder mit deinen Freunden etwas machen willst? **Verbietet** er es dir sogar?

O   Hast du deine **Freundschaften aufgegeben**?

o   Bist du wegen ihm **umgezogen**? Wohnst du bei ihm?

o   Hast du **deinen Job für ihn aufgegeben**? Er sagt, er versorgt euch beide?

o   Bist du **finanziell abhängig** von ihm?

o   Hat er dich jemals gebeten, **Sachen für ihn zu kaufen,** ohne, dass er dir das Geld zurückgezahlt hat?

o   Hat er dich gebeten, ihm eine größere **Geldsumme zu leihen**?

o   Ist er - **gefühlt** - eher **neidisch** auf Dinge oder Erlebnisse, deine Freundschaften oder wenn du glücklich bist?

o   Macht ER, dass du plötzlich wieder **unglücklich und traurig** bist, obwohl du gerade fröhlich warst?

o   Trifft er **Entscheidungen, die dein Leben betreffen**? Lässt du ihn entscheiden?

o   **Entscheidet er in euren gemeinsamen Angelegenheiten** (fast und letztendlich) immer, was gemacht wird oder nicht? (das kann sich in vielen Kleinigkeiten aufsummieren)

o   **Zerstört** dein Partner „aus Versehen" öfter **Sachen**, die dir **wichtig** sind?

o   Rät er dir, **etwas sein zu lassen, was dir viel bedeutet** (z.B. ein Hobby, die Arbeit an deiner Diplomarbeit) und begründet das mit sehr spannenden Argumenten, die dich zum Nachdenken bringen?

O   **Will er dich von etwas abhalten** mit dem Hinweis, dass er es doch nur „**gut mit dir meint**"?

O   Ist dein Partner öfter mal **stundenlang oder tagelang verschollen** und du weißt nicht, wo er ist? Ist er wieder da, **gibt er** dir dann freiwillig oder auf Nachfrage **keine Auskunft über seinen Verbleib**?

O   **Schweigt** dein Partner sich bei Problemen gern aus, lässt er dich „schmoren" und du weißt nicht, was los ist?

O   Werden **Probleme**, die du ansprichst, **eher unter den Tisch gekehrt**?

O   Flüstert dir **dein Bauchgefühl** ein, dein Partner hat **nebenher eine andere Frau**?

O   **Flirtet** dein Partner **heimlich oder unverhohlen offen** in deiner Gegenwart **mit anderen Frauen**, vielleicht gar mit einer deiner Freundinnen?

O   Stehen **seine Probleme, Befindlichkeiten und Bedürfnisse** fast immer oder immer öfter **im Vordergrund**?

O   Sollst du ihm immer noch Gutes tun und **für ihn da sein, obwohl du in einer Lage bist, in der du selbst Hilfe und Fürsorge brauchst** (z.B. nach der Geburt deines Kindes oder bei Krankheit)?

O   Schiebt er immer die **Arbeit** vor oder hat „**Wichtiges**" zu tun und stiehlt sich damit aus der Verantwortung?

O   Sprichst du ein Thema an, das dich stört, bekommst du noch die **Schuld** in die Schuhe geschoben, dass sowieso alles an dir liegt?

O   Wirst du kaum ernst genommen mit **deinen Anliegen**, kannst du dich selbst kaum noch verwirklichen?

O   Gibt es nur „**Zuspruch**", aber **keine aktive, positive Unterstützung** für deine Pläne und Ziele?

O   Fühlst du dich **allein**, obwohl dein Partner an deiner Seite ist?

O   Hast du gar **Angst** vor deinem Partner?

O   Behandelt dich dein Partner **achtlos und blamiert dich** gern / gelegentlich vor gemeinsamen Freunden oder der Familie?

O   Ist dein Partner evl. sogar **gewalttätig** und attackiert dich körperlich, schlägt oder vergewaltigt dich? (das ist in schwer toxischen Beziehungen nämlich gar nicht mal so selten!)

O   **Entschuldigst du seine Verhaltensweisen** meistens mit... - was auch immer dir einfällt: schwere Kindheit, war ein Ausrutscher, hatte einen schweren Tag, kommt bestimmt nie wieder vor?

O   Hast du das **Gefühl**, dass **dein Leben** oder das Leben deiner Kinder **in Gefahr ist**?

Fassen wir zusammen: **wie viele Fragen hast du mit JA beantwortet?** Bist du dadurch jetzt „hellhörig" geworden, erkennst aber die Zusammenhänge (noch) nicht? Kann das nicht einfach ein Zufall sein, dass du so viele JA-Antworten hast?

Ich sage dir: **eine toxische Beziehung ist niemals offensichtlich**, und schon mal gar nicht am Anfang einer neuen Verbindung.
Alles schleicht sich so nach und nach ein – heimlich, still und leise „über die Hintertür". Deswegen ist es auch so schwer zu bemerken und zu erkennen.

Außenstehende finden deinen Partner meistens „total nett, charmant und klug"; sie sprechen ihm nahezu alle guten Eigenschaften zu, die auch du in ihm siehst – am Anfang. Dann aber (meist **daheim und hinter verschlossenen Türen)** ändert sich etwas - plötzlich oder nach und nach.

Erzählst du einer Freundin/einem Freund davon, kann der andere sich gar nicht vorstellen, dass das stimmt, wovon du gerade berichtest. Oder Freund/Freundin verharmlosen das Geschehen und machen sich dadurch möglicherweise unwissend und indirekt zu Handlangern deines Partners.

„Vielleicht bewertest du das über? Er ist doch eigentlich ganz nett!".
„Bist du dir sicher, dass er DAS zu dir gesagt hat?".
„Woher weißt du, dass er wirklich fremdgeht? Wenn das nur so ein Gefühl ist, ist vermutlich nichts dran. Bestimmt tust du ihm Unrecht!".

Was ist nun eigentlich eine TOXISCHE BEZIEHUNG?

Eine Beziehung, die toxisch ist, ist dysfunktional.
Eine Dysfunktionalität ist im weiteren Sinne eine „Funktionsstörung", es ist nicht alles im Gleichgewicht; irgendetwas funktioniert nicht so, wie es eigentlich funktionieren sollte:
Einer der beiden Partner stellt zunehmend seine eigenen Bedürfnisse in den Mittelpunkt der Beziehung (oft verdeckt und nur schwer zu erkennen), während der andere mit seinen Wünschen und Bedürfnissen zunehmend übergangen wird und ihm auch noch eingeredet und vermittelt wird, es hätte damit schon seine Richtigkeit. Geäußerte Zweifel an dieser Aussage rufen oft Schuldzuweisungen auf den Plan, sodass man verunsichert wird –

mehr und mehr und mehr. Glaubt man irgendwann dem Partner, hat dieser einen in der Tasche und kontrolliert zunehmend alles: nach und nach erhält er die MACHT in der Beziehung. Das beginnt mit ganz kleinen, fast unwesentlichen Elementen, wo man „gern mal zurücksteckt" und dem Wunsch des Partners den Vortritt lässt, weil man ihn ja liebt.

Eine toxische Beziehung ist GIFTIG – aber nur für das Opfer!

Der „Täter" lässt oft jahre- oder jahrzehntelang seine Manipulationen wirken, und man kommt nicht im Traum darauf, dass man ausgenommen und emotional missbraucht wird, ja: regelrecht „ausblutet". Kaum jemand, der betroffen ist von „narzisstischem Missbrauch" oder anderen Formen von Missbrauch, will sich damit wahrlich auseinandersetzen. Außer: man kommt an den Punkt / in die Phase, wo man Vieles nach und nach erkennt, wo man in Schreckstarre verfällt, weil einem plötzlich alles klar wird. Und wenn man mit dem Rücken zur Wand steht, dann... - und meistens erst dann - ...MUSS man handeln, um sein nacktes Überleben zu sichern!

Dramatisch geschildert? Unwirklich? Nicht wahr?

Es wird geschätzt, dass 10 % der deutschen Bevölkerung schon einmal Opfer von psychischer Gewalt geworden sind. Diese Form von Gewalt geschieht heimlich, sie ist nur schwer nachzuvollziehen. Wie man diesen „stillen" Missbrauch dennoch nachweisen kann, dazu kommen wir später noch.

Psychische Gewalt kann große Schäden in der Seele hinterlassen. Oft erfährt man sie zum ersten Mal bereits in der Kindheit. Sie wird - weil sie meist sehr (!) subtil ausgeübt wird - oft gar nicht erkannt, und ihre Folgen werden massiv unterschätzt. Dafür zu sensibilisieren - das ist mein Anliegen.

Erkenne, was vor sich geht... Die eigene Intuition, auch „Bauchgefühl" genannt, trügt selten! Deine Intuition ist der

Kompass durch dein Leben, und man sollte diesen „Kompass" oft nutzen - auch in alltäglichen Kleinigkeiten -, um sich selbst in der Nutzung zu „schulen".

Was sagt dir DEINE INTUITION?

Bist du in deiner Beziehung gut aufgehoben?

Ich kann dir vielleicht die Folgen solch eine traurigen Lebenserfahrung nicht ersparen, aber wenn doch, dann macht mich das mehr als nur glücklich! Liest du nach und erkennst rechtzeitig die Wahrheit, dann geh. Beginne wieder ein eigenes Leben! Verarbeite, was es zu verarbeiten gibt, denn: solch eine Erfahrung prägt ungemein!

Ich möchte versuchen, dich zu „schulen", toxische Anzeichen zu erkennen, sie wahrzunehmen und ernstzunehmen. Wenn du das tust, erkennst du irgendwann die Wahrheit, die dir bis zu diesem Zeitpunkt verborgen blieb. Mach dir klar: die Wahrheit ist deine Freundin. Sie kann dich befreien. Du musst es nur zulassen...

Abhängigkeit und ihre Ursache

Biochemie ist so eine Sache: sie wirkt ohne unser Zutun. Unsere Hormone stehen Kopf ,wenn wir verliebt sind oder wenn wir unter Stress stehen.

> > >

„2012 trug die Neurowissenschaftlerin Stephanie Cacioppo von der Universität Genf gemeinsam mit Kollegen die Funde der Hirnforschung zur romantischen Liebe zusammen. Das Ergebnis: Leidenschaftliche Liebe entfacht Hirnareale, die mit Euphorie, Belohnung und Motivation in Verbindung gebracht werden.
Da sich diese Regionen auch unter dem Einfluss von Opiaten oder Kokain regen, ist für viele Forscher klar, dass sich Liebe und Sucht wohl gar nicht so unähnlich sind.
Der Psychologe Jim Pfaus von der Concordia University formuliert es so: „Liebe ist eigentlich eine Gewohnheit, die sich aus sexuellem Begehren ergibt, da Begehren belohnt wird. Es funktioniert in der gleichen Weise im Gehirn, wie wenn Menschen von Drogen abhängig werden.“

* * * * *

„Der Blick auf die Hormone scheint ihm Recht zu geben. Gerade in der prickelnden Phase des Verliebtseins überschwemmt der Botenstoff DOPAMIN das Gehirn. Ausgeschüttet vom Hypothalamus, der wichtigsten Hormon-quelle des Gehirns, wirkt Dopamin vor allem im bereits erwähnten limbischen System.
Im Volksmund gilt der Botenstoff bereits als Glückshormon. Und er spielt tatsächlich nicht nur bei Belohnungen im Gehirn und bei Euphorie eine Rolle, sondern auch bei Sucht.“ (1*)

Diese „guten Hormone", die uns glücklich machen, sind der Schlüssel. **Sie machen auch süchtig.**

Stemmt sich der Partner gegen uns - und sei es in noch so kleinen abwertenden Bemerkungen, geraten wir unter Stress.

Alle Verhaltensweisen, die Stress erzeugen - und diese können vielfältig sein (!) - sind der Gegenpol zum Glücklichsein.

STRESSHORMONE werden ausgeschüttet, und dann folgt wieder die „Belohnung": Glückshormone pur!

Man hat etwas so gemacht, wie der Partner es für gut befindet (ohne sich selbst dessen bewusst zu sein!), und dann wird man mit Zuneigung und Anerkennung „b e l o h n t". Dieses Wechselspiel macht ABHÄNGIG!

Der ständige Wechsel zwischen dem Ausschütten von Glückshormonen und Stresshormonen – das ist, was uns bindet, ob wir das wollen oder nicht.

Dramen in Partnerschaften können bindend wirken aus genau diesem Grund.

Was uns bindet in der narzisstischen Partnerschaft, obwohl wir möglicherweise spüren, dass hier etwas schief läuft, ist dieses **„Komm-her- / Geh-weg-SPIEL"**. Das macht süchtig, da die Biochemie in unserem Körper verrückt spielt.

Das BEDÜRFNIS NACH BINDUNG ist groß, denn: als Baby ausgestoßen zu sein - weg von Mutter oder Vater oder anderen engen Bezugspersonen -, das könnte unser Ende bedeuten. Deshalb ist die BINDUNG mit das stärkste, was uns im Leben antreibt: wir wollen „dazugehören". Geht der Partner, zieht er sich unerwartet aus der Beziehung zurück ohne Worte, werden wir „verlassen", ist das purer Stress. Wie man diesem Stress entgegenwirkt - darauf kommen wir noch. Es gibt Möglichkeiten zur Stressminderung mit der EFT-Methode, und die sollte man in solch einer Lebensphase auch bewusst nutzen!

Kommt der Partner wieder zurück, dann fühlen wir uns sofort wohl und wollen diese BINDUNG VERSTÄRKEN; damit er NICHT wieder weggeht. Ist er dann noch charmant und liebevoll, dann sind es die Glückshormone, die uns wieder in den 7. Himmel heben...

> > >

„Dass das Bindungsbedürfnis für Menschen essenziell ist, zeigt sich unter anderem daran, dass es für Bindung ein eigenes Hormon gibt: Oxytocin, das sogenannte Kuschelhormon, wird immer dann ausgeschüttet, wenn Körperkontakt mit anderen Menschen (oder auch mit Tieren) hergestellt wird. Stillende Mütter haben besonders viel Oxytocin im Körper, was die Bindung zum Baby stärkt. Oxytocin ist außerdem ein Gegenspieler des Stresshormons Kortisol und sorgt damit für Stressreduktion und Entspannung." (2*)

Das ist eigentlich alles, was man dazu wissen muss: binden wir uns, verstärken wir die Bindung durch **Kuscheln**, **Körperkontakt** (Haut auf Haut ohne Kleidung) und auch durch **Sex**.

Da wir ja wissen, dass der Sex mit Narzissten zumeist „grandios" ist, wird darüber eine starke Bindung aufgebaut und damit auch das Bedürfnis nach Bindung in diesem Moment erfüllt.

Geht aber der Narzisst wieder aus dieser Nähe raus und einen großen Schritt in die Distanz, löst das bei uns einen Reflex aus, hinterher zu gehen. Wir haben Angst, verlassen zu werden, denn: das Bindungsbedürfnis will erfüllt werden, und die Abhängigkeit, die vermutlich bereits besteht, lässt nicht zu, dass wir wieder allein sein wollen. Verlassensängste sind schlimm, denn das ist für die Seele und den Körper Stress pur! Kommt es wieder zu einem Miteinander, kommen wir wieder zusammen - und das wird immer der Narzisst allein entscheiden, ob das passiert oder nicht -, wird dieser Wechsel zwischen Komm-her und Geh-weg und damit das Wechselspiel der Hormone uns dauerhaft SÜCHTIG machen! Und das ist das Dilemma.

Die „Verliebtheitsphase", die uns ja auch schon einen „Hormoncocktail" schenkt, der regelrecht „süchtig" macht, geht über in einen vom narzisstischen Partner in Gang gesetzten emotionalen/psychischen Missbrauch, der diese Abhängigkeit verstärkt. Es braucht den geschulten Blick eines Außenstehenden, der diese Strukturen erkennt, doch wann hat man den im Alltag zur Stelle?

Aus diesem Grund gibt es dafür spezielle Anlaufstellen, die sich mit so etwas auskennen. Wir sollten uns nicht scheuen, diese in Anspruch zu nehmen! SCHAM ist hier fehl am Platze, denn sie bringt uns nicht weiter!

Beispiel: Film

„Der Unsichtbare" (2020) (3*)

Die Hand hinter der Milchglasscheibe als Symbol für den Film „Der Unsichtbare" betrachte ich als Symbol für den „unsichtbaren Missbrauch". Ich habe für das Buchcover die gleiche Hand gewählt. Sie ruft still hinter einer zumeist undurchsichtigen Fassade um Hilfe. Die Risse in der Fassade sind nicht zu übersehen: der Putz der „schönen, strahlenden Scheinwelt der Partnerschaft" wird bald anfangen zu bröckeln. Und dann kommt die Wahrheit zutage – so grausam, dass man es nicht glauben mag.

Emotionaler Missbrauch findet hinter geschlossenen Türen statt. Kaum dringt nach außen, wer Täter und wer Opfer ist. Der Täter stellt sich als Opfer dar, und das Opfer wird irgendwann zum Täter gemacht.

VORSICHT: orange ist eine Warnfarbe, und ich warne mit meinen Ausführungen in diesem Buch vor den Rissen in der perfekt scheinenden Fassade, dem strahlenden Gesicht des Narzissten und der Beziehung. Dahinter verbirgt sich eine Form der Gewalt, die als solche schwer zu identifizieren ist. Und doch ist sie mehr als ernst zu nehmen, denn: Gewalt ist Gewalt, auch, wenn es schwer ist, diese Form von Gewalt nachzuweisen.

Der Horrortrip im Film beginnt mit Cecilias Flucht - könnte man meinen. Doch genaugenommen hat sie den eigentlichen Horror vorher erdulden müssen, doch keiner wusste davon. Die perfekte Beziehung, die perfekte Fassade.

Adrian, Cecilias Mann, ist Optik-Ingenieur und in seinem Fachgebiet eine echte Koryphäe. Er lebt mit Cecilia in einem großen modernen Haus.

> > *Es ist Nacht. Adrian schläft. Cecilia steht leise auf, sie wirkt ängstlich. Sie nimmt eine Tasche aus einem Versteck und verlässt heimlich das Haus, sich ständig versichernd, dass ihr Mann es nicht bemerkt. Als ihre Schwester sie mit dem Wagen auf der Straße einsammelt, greift Adrian, der Cecilia doch gefolgt ist, unerwartet und wütend das Auto an. Die beiden Frauen fliehen...*
Cecilia nimmt ihrer Schwester das Versprechen ab, dass diese nicht einfach ihr Versteck aufsucht. Als sie das doch tut, weil sie glaubt, dass Adrian tot ist, beginnt der Horrortrip. Nach ihrem Bauchgefühl hat Cecilia Adrian richtig eingeschätzt: er wird sie niemals freiwillig gehen lassen. Er wird alles tun, um sie zurückzuholen, denn: sie gehört ihm! Er braucht sie, und das nicht aus Liebe!
Alle halten Cecilias extreme Vorsicht für völlig überzogen und beinahe paranoid. Sie können nicht nachvollziehen, was Cecilia in ihrer Beziehung mitgemacht hat; sie ahnen nicht einmal etwas davon. Als sie ihren Freunden reinen Wein einschenkt, sind diese entsetzt.

In dem Film gibt es mehrere Ansätze, die es zu verfolgen lohnt und die man genauer beleuchten sollte.
Dieser Film zeigt deutlich, WIE solche Menschen „ticken", die einen vereinnahmen und nicht mehr loslassen wollen.
Adrian will Cecilia BESITZEN. Und er hat sie so lange so intensiv kontrolliert, bis sie ihm regelrecht gehört.

Sie beschreibt: er kontrolliert ihre Handlungen, ihre Worte und sogar ihre Gedanken. SCHLEICHEND kam das, nicht einfach über Nacht. Narzissten wollen k o n t r o l l i e r e n , aber das lässt sich am Anfang der Liebesbeziehung nur an Kleinigkeiten erkennen. Sie halten das verborgen, bis sie wissen, dass sie uns in der Tasche haben, dass sie uns abhängig gemacht haben und wir nicht mehr einfach so gehen können.

Dass es Menschen gibt, die keine „guten Absichten" hegen, trotzdem charmant und einnehmend, eloquent und gutaussehend sind, liegt oft fern unserer Vorstellungskraft. Wir glauben immer zuerst, dass man einem Menschen, den man so sympathisch findet, vertrauen kann. Diesen VERTRAUENSVORSCHUSS zu geben, ist nicht „dumm", es ist einfach menschlich. Wir rechnen nicht damit, dass sich Abgründe auftun, in die wir gar nicht schauen wollen. Wer will das schon?

Cecilia hat Adrian vertraut, hat ihn geliebt, weil er sich charmant und einnehmend präsentierte.

Die w e i ß e   S e i t e des Narzissten ist so dermaßen sympathisch, dass man gar nicht anders kann als sich zu verlieben.

> > *Adrian hat als Optik-Ingenieur einen Anzug erfunden, der ihn unsichtbar macht. Das weiß niemand. Er lässt sich für tot erklären und kommt so an Cecilia wieder ran. Sein Testament wurde zu ihren Gunsten ausgestellt, und zu dessen Eröffnung fährt Cecilia gemeinsam mit ihrer Schwester.*

Adrian folgt ihr von dort unerkannt, und dann beginnt „der Horror". Er kann und wird sie nicht gehen lassen, und sie ahnt intuitiv, dass er nicht tot ist. Aber erst einmal überwiegt der Wunsch, dass es tatsächlich so sei, und sie wirkt erleichtert. Befreit blüht sie kurzfristig auf, bis Adrian ihr alle Menschen nach und nach wegnimmt, damit sie keine „sichere Basis" mehr hat im Leben, keine Hilfe und keine Unterstützung. Allein kann sie das nicht durchhalten, allein auf sich gestellt muss sie zu ihm zurückkehren – so sein perfider Plan. Er macht alles dafür, sie zu erpressen, damit sie zu ihm zurückkehrt. Am Ende ist die Tatsache, dass sie Gewalt ausübt, um sich zu befreien, der eigentliche Knackpunkt: das Opfer wird zum Täter gemacht.

Auch der Autorin Marie-France Hirigoyen ist mit dem Buch *„Die Masken der Niedertracht. Seelische Gewalt im Alltag und wie man sich dagegen wehren kann."* sehr gut gelungen, diese n perfiden Missbrauch darzustellen. Ein Muss für alle Interessierten!

Zurück zum Film...

Was hat uns der Film mitzuteilen?

Kontrolle ist, worauf Adrian es abgesehen hat.

Er will Cecilia besitzen.

Er will sie kontrollieren, weil ER das braucht und IHM das ein Gefühl von Macht gibt.

ER entscheidet, ob sie geht oder nicht.

Sie GEHÖRT IHM!

Das muss man sich mal auf der Zunge zergehen lassen...
Ist das nicht „starker Tobak"?

Nun wollen wir mal genauer hinschauen, und ich wähle bewusst diesen Film, weil er signifikant widerspiegelt, was in solchen Beziehungen in Wirklichkeit geschieht, auch, wenn man das von außen nicht bemerkt, ja, nicht bemerken kann. Da kann man anderen Menschen noch nicht einmal einen Vorwurf machen...

MACHT will Adrian ausüben. Cecilia weiß das natürlich am Anfang dieser scheinbaren Traumbeziehung nicht, und als sie es bemerkt, ist es zu spät. Sie sitzt in der Falle.

Das ist die AUSWEGLOSIGKEIT, mit der man sich in toxischen Beziehungen konfrontiert sieht. Man kann nichts dafür, dass man da „reingerutscht" ist; **man hat einfach nur geliebt.**

Das Bedürfnis nach Bindung, nach „geliebt werden zu wollen", nach einer intakten Zweierbeziehung veranlasst uns, zu vertrauen. Und damit sind wir m e n s c h l i c h unterwegs. Daran ist nichts Schlimmes.

Wenn wir allerdings feststellen, dass der Mann, den wir geliebt haben und vielleicht immer noch lieben, sich mausert zu einem hartherzigen, kalten, ja eiskalten Menschen, der von einer Sekunde zur nächsten mutiert, sodass wir nicht verstehen, was vor sich geht - dann haben wir nichts falsch gemacht!! Es ist ganz wichtig, das zu erkennen!

Es gibt Menschen, die kontrollieren müssen, weil sie das brauchen. Und auch Adrian B R A U C H T das. Er ist derjenige, der Cecilia eigentlich braucht! Denn ohne sie kann er seine Kontrollmechanismen, seine Manipulationen nicht leben.

Kein Täter ohne „Opfer"!

Entzieht sich das Opfer dem Täter, kann dieser keine Taten mehr vollbringen. Deshalb darf das „Opfer" auch nicht „bei klarem Verstand" sein, denn wenn es erkennt, was wirklich passiert in diesem „Miteinander", dann würde es eilig davonrennen!

„Gaslighting" sorgt dafür, dass das „Opfer" an seiner Wahrnehmung zunehmend zweifelt und dem Täter immer „höriger" wird. **Der eigenen Wahrnehmung zu trauen** ist das, was wir unbedingt aus dem Film, aus dem Buch von Marie-France und aus meinen Recherchen mitnehmen dürfen und müssen. **Es ist essentiell!**

> > >

„Gaslighting":
„Als Gaslighting (Kompositum, aus englisch gas und lighting, deutsch: ‚Gasbeleuchtung', in diesem Zusammenhang aber auch im Deutschen als Gaslighting bezeichnet) wird in der Psychologie eine Form von psychischer Gewalt beziehungsweise Missbrauch bezeichnet, mit der Opfer gezielt desorientiert, manipuliert und zutiefst verunsichert werden, und ihr Realitäts- und Selbstbewusstsein allmählich deformiert bzw. zerstört wird.". (4*)

Taktik! Das ist Taktik!

Und deshalb kann man auch besser verstehen, warum solche Menschen Dinge machen, die für uns „Normaldenkende" keinen Sinn ergeben. Wir lassen uns irritieren, wir lassen uns beeinflussen, bis wir unserer Wahrnehmung nicht mehr trauen.
Dann sind wir D E S T A B I L I S I E R T !

Destabilisieren = aus dem Gleichgewicht bringen!

Bringt der Narzisst dich aus deinem Gleichgewicht, dann hat er leichtes Spiel. Du wirst dir selbst nicht mehr trauen, nicht deiner Wahrnehmung, nicht deinem vielleicht noch vorhandenen Bauchgefühl. Und das hat fatale Folgen für DICH!

Der Täter, in diesem Fall nennen wir den narzisstischen Partner so, **hat das Ziel, unerkannt, heimlich, still und leise dein Selbstbewusstsein auszuheben.** Du sollst an dir, an allem zweifeln, damit **SEINE MEINUNG** irgendwann die einzig richtige ist. Und du wirst ihm glauben - früher oder später: was er über dich und deine Kleidung sagt, über deine Freunde, deine Familie. Was sagt er über deine Angewohnheiten, über deine Hobbys, über dein Haustier, deine Frisur? Merkst du, worauf ich hinaus will?

Am Anfang warst du richtig, so, wie du bist. Du schienst vollkommen zu sein, denn du wurdest in den 7. Himmel gehoben. Du wurdest von dem Narzissten auf ein Podest gestellt, damit du dich sicher und geborgen, anerkannt und g e s e h e n fühlst. Dann - nach und nach - kamen die kleinen, fast unmerklichen Abwertungen; leise, aber doch hörbar. Sie verfehlen ihre Wirkung selten. Und: die Menge macht es!

Für Außenstehende nicht zu erkennen, ist der Narzisst derjenige, der den Partner destabilisiert. Du verlierst immer mehr an Selbstbewusstsein, und das ist wahrlich ein Problem!
Du brauchst dein Selbstbewusstsein, damit du im Leben bestehen kannst, deine eigenen und die für dich besten Entscheidungen treffen kannst. Wenn das nicht mehr möglich ist, dann hast du deine Eigenständigkeit verloren und schlitterst unaufhaltsam...
...in die **A B H Ä N G I G K E I T** !

*Cecilia hat sich im Film aus dieser Abhängigkeit befreit, indem sie alles auf eine Karte setzte: sie **plante ihre FLUCHT** aus dieser Beziehung!*

Planen musst auch du diese auf jeden Fall, wenn du gehen willst, denn sonst stehst du bald ohne alles da. Du musst achtsam sein, denn ein Narzisst wird dich niemals freiwillig gehen lassen. Er braucht DICH, wenngleich du denkst, du brauchst ihn. Aber Letzteres ist nur ein biochemischer Prozess, den man unterbrechen kann und muss.
Warst du abhängig, bist du emotional abhängig, dann wirst du nicht nur Liebeskummer haben, du wirst auf „**kaltem Entzug**" sein! Diese Zeit ist wahrlich schrecklich...
Man fällt von seinem 7. Liebeshimmel in die absolute SEELENHÖLLE; denn die schwarzen Wogen der Trauer schlagen ziemlich sicher über dir zusammen. Fühlst du dich gerade so? Du bist nicht allein!
Aus einer solchen Beziehung auszusteigen, bedeutet, seinem eigenen Dunkel zu begegnen. Vielleicht ahnen das die Menschen, die in solchen Beziehungen sind, vielleicht ahnst DU das. Doch was hast du für eine Wahl?
In einer Beziehung verharren, die dich auffrisst, die dich vereinnahmt, die dir emotionale/psychische/körperliche Gewalt antut?

Du hast die Wahl, und du hast sie auch NICHT.

Bist du emotional abhängig von deinem Partner, brauchst du HILFE! Allein schaffst du es vermutlich nicht, dich von ihm zu lösen.

Cecilia hatte Hilfe: ihre Schwester, Freunde.

Vertrau niemandem, solange du in der Nähe des Narzissten bist. Bereite alles vor, plane dein Gehen.
Der Mann, den du liebtest, den du vielleicht immer noch liebst, obwohl er dich so behandelt, ist an deiner Seite, und er wird dort für immer bleiben wollen. Er wird dich nicht ziehen lassen, denn: VERLASSEN zu werden ist für einen Narzissten die größte Schmach, die er erleben kann. Er wird zurückgelassen. Du hast NEIN gesagt zu ihm. Das geht gar nicht! Ein NEIN wird er niemals akzeptieren, schon mal gar kein NEIN zu seiner Person!

Eine Trennung ist ein klares NEIN!
Eine Trennung ist ein klares NEIN zur Beziehung und zum Partner! Eine Trennung, die von dir ausgeht, ist die größte Kränkung, die ein Narzisst erfahren kann, und das wird er dir übelnehmen. Er wird dir das Leben zur Hölle machen, es sei denn: er hat schon wieder eine andere Frau, die er bereits umgarnt. Da er meist „mehrere Eisen im Feuer hat", ist die Wahrscheinlichkeit, dass er anderswo bald intensiv „beschäftigt" ist, nicht mal so gering. Trotzdem gibt es Narzissten, die eine Frau zum Vorzeigen haben wollen, und drumherum gehen sie fremd. Dann hast du schlechtere Karten, dass er dich „entsorgt". Lässt der Narzisst dich zurück, kannst du dich beinahe glücklich schätzen, denn dann hat er ein „Opfer" gefunden, das ihm mehr von dem zu bieten hat, was er gerade braucht. Er stillt seine Bedürfnisse bei anderen, sucht aus, wer in Frage kommt, wen er abhängig machen kann. Er wählt niemals „graue Mäuschen", sondern selbstbewusste Menschen, die etwas zu bieten haben: Geld, Sex, gute Kontakte in der Gesellschaft. Er sucht gezielt, er wählt gezielt.

Analysiere, in welcher Situation du gerade steckst. Das kann wichtig sein!

„Entsorgen" Narzissten ihre „Opfer" - ihre Partner -, geschieht das deshalb, weil diese in ihren Augen nichts mehr zu bieten haben. Deshalb gilt die Regel: Mach dich uninteressant für den Narzissten! Was braucht er? Liebe, Zuneigung, Zärtlichkeit, Sex, Zusprache, Unterstützung (finanzielle und andere) - was auch immer es sein mag: entziehe es ihm unauffällig. Gibt es nichts mehr zu holen, bist du nutzlose für ihn.

Wende die „Grey-Rock-Methode" an. (Grauer Stein - grey rock.) Reagiere nicht mehr emotional, lass alles an dir abperlen wie Wasser am Stein. Wenn du nichts mehr zu geben hast, dann wirst du uninteressant! Narzissten brauchen deine Aufmerksamkeit - ob positiv oder negativ. Emotionen nähren sie. Wenn es dir schlecht geht, fühlen sie sich stärker. Geht es dir gut, bist du glücklich, werden sie alles daran setzen, dich klein zu machen, denn: du sollst deine ganze Aufmerksamkeit auf sie richten. Du sollst sie nähren, sollst immer für sie da sein. Du sollst dich aufgeben, sollst ihnen dienen!

Was ist an dieser „Beziehung" FÜR DICH „nährend"?? Nichts?

Es sind meistens nur noch die „biochemischen Prozesse", die dich festhalten, nicht das Liebesglück. Es ist ABHÄNGIGKEIT!

Nach der Trennung bist du auf kaltem Entzug! Du stehst allein, niemand versteht dich wirklich.
Oft sagen Freunde: *„Jetzt lass ihn doch einfach mal los. Sei froh, dass er weg ist.".* Das hilft dir aber nicht!

Menschen, die niemals emotionale Abhängigkeit erlebt haben, wissen nicht, wie sich diese Hölle anfühlt. Aber sie wissen vielleicht auch nicht, wie sich Verschmelzung anfühlt. Und diese hat man ja zuerst mit dem Narzissten erlebt, man schwebte auf Wolke 7!

Dieses intensive Erleben vermittelt einem das Gefühl, wirklich und wahrhaftig am Leben zu sein, und so, wie Adrenalin-Junkies süchtig werden nach dem „Kick", so wird man in der Beziehung ebenso „süchtig". Das sind ähnliche körperliche Prozesse, die da ablaufen!

Es erfordert mehr als nur Courage, sich auf den Weg zu machen, weg aus dem toxischen Umfeld - hinein in den Schmerz, den man schon erahnen kann. Schau dir Cecilia an, wie lange sie sich im Haus ihrer Freunde nach der Trennung regelrecht verbarrikadiert. Sie hat Angst, aber sie ist auch traumatisiert aus den Jahren zuvor.

Menschen loszulassen, von denen man - wissend oder nicht - abhängig ist, bereitet einem die Hölle auf Erden. Und doch gibt es einen Weg. Cecilia ist ihn gegangen, und viele andere vor dir haben diesen Weg auch beschritten. Es ist ganz egal, wie lange du dich in dieser für andere oft unsichtbaren Beziehungshölle befunden hast. Du kannst dich befreien, du kannst dich neu erfinden.

Aus dem tiefsten Dunkel kannst du auftauchen und um ein Vielfaches heller erstrahlen als je zuvor. Du musst nur den Mut haben, den ersten Schritt zu machen, durchhalten, weinen, trauern, kämpfen und ...eines Tages wahrlich loslassen. Es geht!

FAZIT:
Dieser Film ist zwar „nur" ein Film, aber wie auch im Märchen werden in manchen Filmen Weisheiten des Lebens vermittelt:
Man muss den Mut haben, zu sich selbst zu stehen. Man muss Menschen verlassen, die einem nicht gut tun. Man braucht sie nicht zu analysieren.

Du musst nicht wissen, ob dein Partner „nur" einige stärkere narzisstische Persönlichkeitszüge hat oder eine pathologische „narzisstische Persönlichkeitsstörung". Du bist nicht seine Therapeutin. Dir muss es reichen, zu erkennen, dass „giftige Strukturen" dich schwächen. Ist das der Fall, heißt es: gehen!

Lass alles hinter dir, was dich schwächt, was dir nicht gut tut. Das Leben ist kostbar! Man sollte es mit den Dingen und Menschen verbringen, die einem Freude bereiten und einem wirklich gut tun! So einfach ist das!

2. Die dunkle Triade der Macht

Nicht alle Menschen handeln menschlich

Nicht alle Menschen handeln „*menschlich*". Dass nicht alle gutmütig, hilfsbereit und freundlich sind - das haben wir sicher schon erfahren in unseren Leben, so unterschiedlich diese auch sein mögen. Menschen können Mitgefühl zeigen, und das macht sie „menschlich". Ich will ganz genau wissen, was das Wort „Menschlichkeit" bedeutet und habe nachgeschlagen:

> > >

„...bezeichnet das Wort „Menschlichkeit" in einer engeren Wortbedeutung Züge des Menschen, die objektiv als richtig oder gut gelten, zum Beispiel Mitleid, Nächstenliebe, Güte, Milde, Toleranz, Wohlwollen, Hilfsbereitschaft. Als subjektives Ziel der Selbstveredelung wird demgegenüber auch das Streben nach harmonischem Ausgleich von Sinnlichkeit und Sittlichkeit genannt." (5*)

Und dann... gibt es die anderen, die NICHT menschlich handeln. Es ist **„Die dunkle Triade der Macht"**! Getreu dem Sprichwort „DER ZWECK HEILIGT DIE MITTEL" sind sie unterwegs... - mitten unter uns, meistens schwer zu identifizieren. Doch manchmal sind sie auch ganz leicht zu erkennen: der Chef, der einem absichtlich das Leben schwer macht und „über Leichen geht", die Freundin, die alles in den Vordergrund stellt, was sie betrifft und die keine Rücksicht auf deine Belange nimmt, der Ehemann und Partner, der seine Karriere vorantreibt - ohne „Wenn und Aber" - und dabei ein „falsches Spiel spielt", indem er andere ausspielt und ausnützt. Ob männlich, ob weiblich: die Abgründe „menschlichen Fehlverhaltens" sind mannigfach, und wir können sie als „Laien" nur schwer erkennen und beurteilen. Das ist aber tatsächlich ein Problem, denn... sie verursachen einen immensen Schaden: im persönlichen Umfeld wie im geschäftlichen!

Machen wir uns zu eigen, die Menschen in unserer Umgebung, in unserem bisherigen Bekannten- und Freundeskreis etwas GENAUER anzuschauen - mit dem Hintergrundwissen, welches in diesem Buch geliefert wird. Einfach und verständlich wird erklärt, worauf man achten sollte, um sich selbst zu schützen vor rücksichtslosen, egozentrischen, schädigenden „Subjekten", für die „Mitgefühl" ein Fremdwort ist und die tatsächlich „über Leichen gehen". ACHTUNG: es wird ungemütlich!

„Das kalte Herz"

Damit wir spielerisch einsteigen und die Volksweisheiten nicht außer Acht lassen, will ich gleich mal auf ein Märchen zu sprechen kommen: *„Das kalte Herz".* (6*)

Sicherlich kennt fast jeder dieses Märchen, und falls nicht, hier eine kurze Zusammenfassung:

Peter, ein junger Mann, ist Köhler und möchte auch gerne sauber und adrett gekleidet sein, gut tanzen können und Geld haben, um vor allem bei Elisabeth, in die er heimlich verliebt ist, Eindruck schinden zu können. Er sucht sein Glück beim „Schatzhauser", einem Waldmännlein, das nur Sonntagskindern erscheint, wenn sie ein überliefertes Sprüchlein aufsagen. Dieses Männlein erfüllt ihm zwei von drei Wünschen. Kluge Wünsche sind es nicht gerade, die Peter äußert, und bald schon steht er wieder vor dem Nichts. Da ihm die Hilfe des Waldmännleins zu gering erscheint, geht er nun zum Holländer-Michel. Dieser ist nicht so gutmütig und freundlich wie der „Schatzhauser", denn: er will Peters Herz im Tausch gegen sagenhaften Reichtum. Dieser lässt sich auf den Deal ein, und von nun an ist er ein kaltherziger Mensch, der am Ende sogar seine geliebte Frau erschlägt.

Es gab kein Mitgefühl mehr, kein Einfühlungsvermögen und keine milde Regung mehr in ihm. Das Waldmännlein hat Mitleid mit Peter und erfüllt ihm seinen dritten, noch ausstehenden Wunsch: es verhilft ihm dazu, den Holländer-Michel zu überlisten, Peter sein Herz wieder einzusetzen.

Am Ende lebt seine geliebte Elisabeth wieder, und alle bösen Taten sind ausgelöscht, indem er ein ehrliches, neues Leben mit den Menschen beginnt, die er liebt...

Das Märchen ist eine Mahnung an uns und eine Erzählung aus allen Zeiten und Orten dieser Erde: **es gibt Menschen, die kein Herz in der Brust haben.** Sie haben es vielleicht eingetauscht bei einem „Handel ihres Lebens", oder sie hatten es nie.

MITGEFÜHL hat nicht jeder, aber das ist es, was Menschsein ausmacht! Einfühlungsvermögen ist ebenso wichtig! Ein fühlendes Herz, ein mitfühlendes, warmes Herz macht den Menschen zum Menschen.

Allerdings gibt es drei Arten von Menschen, bei denen sich alles mehr oder weniger nur um ihren eigenen Gewinn im Leben dreht - oft dermaßen rücksichtslos, dass andere Schaden nehmen an Seele und Körper... Diese drei Arten von Menschen nennen sich Narzissten, Machiavellisten und Psychopathen. Ihre jeweils spezifischen, charakterlichen Eigenschaften sind schwer voneinander abzugrenzen, sie sind eher fließend. Doch eines steht fest: alle drei handeln fast ausschließlich zu ihrem eigenen Vorteil und fügen anderen Menschen auf diesem Wege Schaden zu.

Zu Peters Zeiten gab es dafür keinen Ausdruck. Heute nennt man das psychischen / emotionalen / körperlichen Missbrauch, denn das ist es, was solche Zeitgenossen betreiben. Und das schauen wir uns nun einmal genauer an.

„Die dunkle Triade"

- Narzissten
- Machiavellisten
- Psychopathen

„Narzissten" haben ein grandioses Selbst, eine Wahrnehmung von sich, die „über allem steht". Sie reagieren mit „narzisstischer Kränkung" auf Ablehnung, können nicht nur wütend werden („narzisstische Wut"), sondern auch vernichtend wirken. Man will immer Recht haben, ein „Nein" / eine Auflehnung gegen die Regeln des Narzissten kann deshalb mit manipulativen Verhaltensweisen (z.B. mit Abwertung oder eisigem Schweigen) bestraft werden.

„Machiavellisten" sind auf dem Weg an die Macht und nichts und niemand darf sie aufhalten. Sie haben gelernt, ihre Impulse zu kontrollieren, damit ihnen Gefühlsausbrüche oder unbedachte Handlungen ihren Weg an die Spitze nicht versperren. Sie manipulieren gekonnt, und sie lassen sich bei nichts in die Karten schauen.

„Psychopathen" haben alle stark narzisstische Züge, aber nicht jeder Narzisst ist auch ein Psychopath!
Die Empathielosigkeit ist es, die die Psychopathen „auszeichnet"! Mitgefühl ist ihnen fremd, sich in andere Menschen einzufühlen ist ihnen nicht möglich. Sie schauen sich von anderen Menschen „soziales Verhalten" ab, um sich der Norm ein Stück weit anzupassen, um nicht gleich aufzufallen. Ihr unsoziales Verhalten, das sie verdeckt oder offen ausleben, wirkt schädigend auf allen Ebenen unseres Lebens.

Alle eint mehr oder weniger die Grundidee:

„Der Zweck heiligt die Mittel!".

Rücksichtslos, egozentrisch, gefühlskalt setzen sie ihre eigenen Interessen durch und sind dabei kein bisschen zimperlich.

Deshalb schaden sie nicht nur der Wirtschaft so extrem (oft sitzen sie paradoxerweise in der Führungsetage), sie sind auch in Beziehungen nicht zu echten Gefühlen fähig und werden auch da ihre manipulativen Züge zum Ausdruck bringen. Es scheint, als wäre das für sie ein Spiel, ein nettes, ihnen Gewinn bringendes Spiel...

Selbsttest online

Bist du eher narzisstisch veranlagt oder eher machiavellistisch? Oder bist du gar eine Psychopathin oder ein Psychopath?

Traust du dich, einen Selbsttest zu machen? Derzeit gibt es einen Test online auf der Seite der 3sat-Mediathek. In der Sendung **WISSEN HOCH 2**: *„Selbstverliebt, machthungrig, kaltherzig: Unsere dunklen Seiten"* vom ZDF wird von einem „Darkfactor-Selbsttest" berichtet, der aus standartisierten Fragebögen besteht, die absolute Ehrlichkeit beim Ausfüllen der Fragen verlangen, will man denn auch ein ehrliches Ergebnis haben...
Der Professor für Psychologie Morten Moshagen hat diesen Test zu problematischen Persönlichkeitseigenschaften entwickelt. Er fasste klinische Diagnostikbögen zusammen und erweiterte sie. Mehr als 100.000 Menschen haben seine Fragebögen schon beantwortet.
Das Ergebnis laut Moshagen:

„Jeder 10. hat Ausprägungen,
die interpersonell sehr schwierig sind...".

Gehörst auch du dazu? ;-) Den Test kannst du in der 3sat-Mediathek finden unter dem Titel der Sendung, die bis zum 30.9.2026 dort verfügbar ist.. (7*)

Einfach ein bisschen nach unten scrollen, und schon siehst du ihn:

„Ihr Darcfactor-Selbsttest".

Man kann ihn in einer kurzen Variante machen oder viele Fragen beantworten. Das Ganze dauert maximal 15 Minuten, dann ist man schlauer...

Unter www.darkfactor.org kann man mehr über den Selbsttest erfahren. Hinweis: diese Website wurde in englischer Sprache verfasst.

Dunkle Anteile trägt jeder in sich - das ist normal. Die Frage ist, wie sehr sie ausgeprägt sind und damit anderen Schaden zufügen können.

„Die Kenntnis der eigenen Dunkelheit

ist die beste Methode,

um mit den Dunkelheiten

anderer Menschen umzugehen."

Carl Gustav Jung
Schweizer Arzt und Psychoanalytiker

NARZISSMUS

- Narzisstische Kränkung
- Narzisstische Wut
- Narzisstische Persönlichkeitsanteile
- Narzisstische Persönlichkeitsstörung
- „Fratze des Narzissmus"
- Narzisstischer Kreislauf

ALLEN Narzissten ist die „Selbstverliebtheit" eigen. Sie sind großartig, und keiner darf das anzweifeln, auch nicht ein ganz kleines bisschen. Wagt man das, hat man es nicht mehr angenehm an der Seite eines Narzissten.

Macht, Geld und Aufmerksamkeit ist in der Regel, wonach sie streben, genau wie Psychopathen und Machiavellisten.
Ihr Bedürfnis, Anerkennung zu bekommen, ist übermäßig ausgeprägt. Sie brauchen Bewunderung wie die Pflanze das Wasser zum Überleben. Ihr Streben nach Anerkennung kann eine gewisse arrogante Seite aufzeigen, dass sie die Besten sind, dass nur ihre Meinung gilt. Darin wollen sie bestätigt werden! Kritisiert man sie dagegen, setzt Grenzen oder äußert an der Grandiosität Zweifel, reagieren sie oft mit der sogenannten „narzisstischen Kränkung". Sie sind extrem empfindlich gegenüber Kritik! Man ist nicht nur anderer Meinung, wenn man sie dem Narzissten gegenüber äußert: dieser nimmt das persönlich, sollte seine Meinung nicht bestätigt werden. Diese Kränkung ist eine Reaktion auf eine gefühlte Ablehnung, die er in solch einem Ausmaß wahrnimmt, wie sie vermutlich gar nicht vorhanden oder gemeint ist.

Völlig schräg und überzogen deshalb auch ihre Reaktion auf die Grenze, die das Gegenüber zieht, um sich zu schützen. Das allerdings können Narzissten nicht erkennen: dass andere Grenzen setzen, um sich selbst zu schützen, ist in ihrer ganz persönlichen Wahrheit vom Leben nicht existent und auch nicht akzeptabel. Wer dürfte sich ihnen verweigern? Grenzen rennen sie nieder - ob subtil oder offen aggressiv. Doch da sie meistens den „guten Schein" wahren wollen, wird es wohl eher die erste Variante sein, die man zu spüren bekommt.

Jedermann kann die „narzisstische Wut" schüren, indem er sich selbst an die erste Stelle setzt im Geschehen, denn der Narzisst erträgt es nicht, an zweiter Stelle zu stehen. Seine Egozentrik lässt das nicht zu. Alles muss sich immer um ihn drehen, und wenn man das nicht macht, dann kann es einen Wutausbruch geben, der sich gewaschen hat. Man versteht die Welt nicht mehr, ist plötzlich nicht mehr „Freund", sondern „Feind", kann eigentlich nicht wirklich etwas dafür, wird aber nun niedergemacht.

Geschehen kann das auch durch Abwendung und Schweigen, durch Abwertung, durch Gewalt - psychisch, emotional oder gar körperlich. Alles ist möglich!

„Narzisstische Persönlichkeitsanteile" haben wir alle, und das ist auch okay. Schwierig wird es dann, wenn „die Liebe" des Narzissten zu einem Menschen durch dessen (vermeintliche) Ablehnung in Verachtung umschlägt. Dann sollten die Alarmglocken läuten! Eine „narzisstische Persönlichkeitsstörung" ist eine Diagnose, die man erst dann stellen kann, wenn etliche Merkmale vorhanden sind. Eigen ist aber allen Narzissten auf jeden Fall, dass sie nach Macht und Kontrolle streben in all ihren Verbindungen, dass sie Widerworte nicht zulassen oder nicht ernst nehmen. Empathie, Mitgefühl für andere kennen sie nicht oder kaum. Trotz allem sind sie Persönlichkeiten, die charmant und schillernd auftreten, ihre dunkle Seite anfangs verbergen, bis sie eine gewisse Abhängigkeit in ihren Verbindungen / Beziehungen hergestellt haben. Sie schüren die Sehnsucht - ob in romantischen Beziehungen oder in partnerschaftlichen Geschäftsbeziehungen: sie verkaufen sozusagen Emotionen, die sie in der Regel selbst gar nicht haben. Sie schwärmen, haben Know-how, blenden mit ihrem Charme, stechen alle anderen Bewerber locker aus durch ihre überragende Intelligenz, die man ihnen auch nicht absprechen kann. Sie sind wirklich gut auf ihrem Gebiet, und deshalb schaffen sie es auch meistens in hohe Positionen, wo sie das erhalten, wonach sie streben: Macht, Kontrolle, Dominanz, Geld und Anerkennung. Sollte das wegbrechen, haben sie keinen Halt mehr und werden alles tun, um die „Fassade" aufrecht zu halten.

Die „Fratze des Narzissmus" zeigt sich, wenn Narzissten ihre Maske gerade nicht mehr halten können, wenn sie ihnen wegrutscht durch zu viel Nähe. Dann müssen sie einen Teil ihres wahren Selbst zeigen, schlagen um sich, um niemanden noch weiter an sich heran zu lassen, um niemandem ihr wahres Ich zu zeigen, denn das würde sie bloßstellen. Also tanzen sie einen Tanz mit ihren „Opfern", den Betroffenen, und der besteht aus Komplimenten, Anerkennung, Zuneigung, Lob, Geschenken, Versprechen, die sie schenken und geben, um später den so verehrten Menschen hinabfallen zu lassen - in die Tiefe der Abwertung, wenn er einen „Fußtritt" bekommt, der sich gewaschen hat!

Stelle etwas in Frage, kritisiere, setze Grenzen, und du wirst die „Fratze des Narzissmus" bald sehen und zu spüren bekommen! Es ist eine dunkle Seite, die sich zeigt: eiskalt, kaltherzig und dominant - ohne Widerspruch gelten zu lassen. Ihre Dominanz, die sie beanspruchen, geht so weit, dass sie entscheiden, wann sie wieder einen Schritt auf dich zukommen. Du wirst das niemals entscheiden können, ob Nähe zwischen euch herrscht oder Distanz und eisiges Schweigen. Der Narzisst wird es immer so drehen, dass du denkst, du hast einen Einfluss darauf, aber das ist nicht der Fall. Er passt sich niemandem an. Er macht „sein Ding". Was auch immer er sich als Ziel auserkoren hat: er zieht es durch - ohne Rücksicht auf Verluste. Nur...: ER muss gut dastehen - immer und zu jeder Zeit. Und er ist sich auch nicht zu schade, Menschen schlecht zu machen, zu manipulieren. Er ist ein Meister darin!

Der „narzisstische Kreislauf" von Lob, Anerkennung, Zuneigung, Komplimenten und Co. und der nachfolgenden, zeitlich versetzten Abwertung und Distanz birgt SUCHT-POTENTIAL, da biochemische Vorgänge im Körper durch Hormonausschüttung dafür sorgen, dass man abhängig wird. Das geht schneller, als man glaubt! Abhängigkeit öffnet das Tor zum eigentlichen Missbrauch - man kann mit dem anderen machen, was man will, ohne, dass er es merkt!

Dann lässt der Narzisst nichts aus, um sich zu bereichern: am Geld seines Opfers, an dessen Emotionen, an dessen Unterstützung - materiell/physisch und mental. Wo auch immer es etwas zu holen gibt: er nimmt sich, was er braucht und fragt nicht erst groß. Es steht ihm ja immerhin zu - so seine Wahrnehmung.

Grob gesagt könnte man sagen: der Narzisst betrachtet dich und alles was dir gehört, als SEINEN BESITZ! Bis du das merkst, können Jahre und Jahrzehnte vergehen...

Viele Menschen kommen schwer traumatisiert aus solchen Verbindungen / Beziehungen heraus und haben nicht selten alles verloren: Selbstvertrauen, Geld, Gesundheit.

Die 7 Phasen des Traumabondings, die ich noch beschreiben werde, machen, dass man nicht mehr gehen kann, ist man erst einmal in dieser Abhängigkeit, die man selbst aber oft nicht bemerkt.

Warum man sich überhaupt auf so eine ungute Beziehung einlässt? Am Anfang ist der Narzisst der perfekte Liebhaber, Freund und Ehemann. Die Fassade bröckelt meist erst später, wenn man tief in der Verbindung drinnen steckt. Gesegnet all die, die das Glück hatten, vorher vom Narzissten „entsorgt" zu werden, denn anders kann man sein Vorgehen nicht nennen.

Die „Entsorgung" geschieht oft schleichend, manchmal aber auch plötzlich und unerwartet. Man kann sich also nicht immer „vorbereiten". In jedem Fall wird der Narzisst nicht leiden, denn er hat keinerlei Gefühle, die das zulassen würden. Wer allerdings zurückbleibt, leidet Höllenqualen!

Da sie Jäger sind und immer auf der Jagd nach neuen Quellen, die ihnen das bieten, was sie gerade am meisten brauchen, darf man davon ausgehen, dass man niemals alleine ist an der Seite eines solchen Menschen. Sie können es verstecken, oder sie sagen offen, was sie tun: in jedem Fall werden sie von dir verlangen, dass das für dich okay sein muss. Du hast ja keine Ansprüche zu stellen... Ein perfides Spiel!

MACHIAVELLISMUS

Zielstrebig sein Ziel verfolgen, es nicht aus den Augen lassen - wie der Jäger das Wild, das er jagt -, das ist generell nichts Schlechtes. Fokussierung auf etwas, was man erreichen will, ist super, denn dann ist man hochkonzentriert und weiß, was man will. Nur so kommt man im Leben voran. Schwierig wird es allerdings für diejenigen, die einem Machiavellisten im Wege stehen.

Ich nehme erst einmal Bezug zum Ursprung des allgemein weniger bekannten Begriffs: „Machiavellismus". Der Name stammt vom Entdecker Niccolò Machiavelli, der im 15. Jahrhundert lebte. Er war ein italienischer Philosoph, Diplomat, Chronist, Schriftsteller und Dichter und galt als einer der bedeutendsten Staatsphilosophen der Neuzeit, was er vor allem seinem Werk „Il Principe" (Der Fürst) zu verdanken hat. Machiavelli ging es in dieser Schrift darum, Macht analytisch zu untersuchen und die Differenz zwischen dem, was sein soll, und dem, was ist, festzustellen.

Der später geprägte Begriff *„Machiavellismus"* wird oft als abwertende *Beschreibung eines Verhaltens* gebraucht, *das zwar raffiniert, aber ohne ethische Einflüsse von Moral und Sittlichkeit die eigene Macht und das eigene Wohl als Ziel sieht.* (8*)

Genauer: *Machiavellismus ist eine politische Theorie, nach der zur Erlangung oder Erhaltung politischer Macht jedes Mittel unabhängig von Recht und Moral erlaubt ist.* (9*)

„Der Zweck heiligt die Mittel" wäre sozusagen - auch und besonders für Machiavellisten - eine prägnante Beschreibung unethischen Vorgehens zugunsten der eigenen zu sichernden Macht und Dominanz. Dass dieses Verhalten nicht sozial ist, leuchtet vermutlich jedem ein.

Sozial zu sein, heißt: *hilfsbereit und barmherzig zu sein. Sozial zu sein* schließt die Fähigkeit einer Person, sich für andere zu interessieren und sich einzufühlen, mit ein. Aber es bedeutet auch, anderen zu helfen und eigene Interessen zurückzustellen. (10[*])

Machiavellismus ist eine Persönlichkeitsausprägung und zeigt sich durch den Wunsch der Manipulation und Ausbeutung anderer, einer zynischen Missachtung der Moral und den Fokus auf Eigeninteresse und Täuschung.

Charakterisiert wird dieser Persönlichkeitstypus durch antisoziales Verhalten, Impulsivität, Egoismus, Gleich-gültigkeit und Unerbittlichkeit. Menschen mit dieser Charakterausprägung glauben, zwischenmenschliche Manipulation ist ein Schlüssel für den Erfolg im Leben, und verhalten sich entsprechend.

Machiavellismus korreliert negativ mit Verträglichkeit und Gewissenhaftigkeit, hängt aber deutlich mit Psychopathie zusammen. (11[*]):

Soviel zu diesem Thema...

PSYCHOPATHIE

PSYCHOPATHIE... kennen wir alle aus Filmen. Das ist die Person, hinter der man NIE vermutet hätte, dass sie ein Psychopath ist. Man sitzt natürlich beim Fernsehen „in der ersten Reihe", ist aber sicher und nicht gefährdet, auf solch eine Person reinzufallen.

„Psychopathie ist eine schwere Persönlichkeitsstörung. Psychopathen manipulieren und handeln, ohne Reue zu empfinden. Sie lügen, betrügen und nutzen ihre Mitmenschen geschickt aus. Dabei sind sie ausgesprochen risikobereit und verhalten sich verantwortungslos." (12*)

Im Märchenfilm „Das kalte Herz" konnte man erkennen, wie sich Peter Munk wandelte - hin zu einem manipulativen, kaltherzigen Menschen, der nur noch auf sein eigenes Wohl und auf den reichen Zugewinn an Geld schaute. Er verkaufte sogar einen Gefährten in die Sklaverei. Menschliche Werte waren nicht mehr von Bedeutung, Liebe konnte er keine empfinden und schickte selbst seine einst geliebte Mutter in die bittere Armut zurück - ohne Reue.

In diesem Märchen von Wilhelm Hauff gibt es einige Männer, die „kaltherzig" agieren. Und was sie alle eint: sie sind an der Macht - im Geschäftsleben ganz oben und super erfolgreich.

Märchen haben uns oft mehr zu sagen, als wir denken. Sie zeigen uns, was IST. Menschen, die der „dunklen Triade" angehören, sind tatsächlich im echten Leben in Machtpositionen verstärkt zu finden. Dieses Märchen macht uns auch bewusst, dass das Leben nichts wert ist, wenn man nicht lieben und Liebe fühlen kann, denn lieben zu können ist wahrlich ein großer Reichtum.
Wer ein kaltes Herz in der Brust ist, kennt die Liebe nicht mehr, kann sich nicht an sie erinnern. Was auch immer dazu führte, dass man dieses kalte Herz hat: es ist nicht mehr möglich, Reue, Liebe, Mitgefühl und Herzlichkeit zu fühlen und zu leben, weil man es nicht KANN!

Menschlich betrachtet könnte man sich jetzt fragen, wie ein „Mensch" so sein kann, denn all diese positiven Qualitäten machen doch einen Menschen erst aus. Nun ja, manche werden tatsächlich so geboren, und einige spalten sich von ihrem Fühlen - meist in früher Kindheit - ab, weil sie vermutlich etwas für sie so Schlimmes erlebt haben, dass sie nicht anders konnten, als sich einen Schutzpanzer und eine Überlebensstrategie zurechtschustern.

Das soll natürlich keine Rechtfertigung und Entschuldigung für solch ein Handeln sein, das anderen schadet, es soll nur ein Erklärungsmodell bieten für all die, die sich zu Recht fragen, wie man denn nur so sein kann...

Zieht es Psychopathen unbedingt in Berufe, in denen sie Macht und Kontrolle ausüben können, bewundert werden und viel Aufmerksamkeit, Anerkennung und natürlich vor allem Geld bekommen, braucht es uns nicht wundern, wenn sie zumeist im Top-Management sitzen. Wenn OBEN schon jemand ist, der auf diese Weise agiert und die Menschlichkeit mit ihren besten Eigenschaften ausschließt, wie sollen dann die Mitarbeiter dort ihr Glück und ihr Heil finden? Wie soll die Firma erfolgreich sein, wenn der Chef nur SEIN WOHL im Auge hat?

Fakt ist: Psychopathen richten einen immensen wirtschaftlichen Schaden an. Man kann sie kaum aufhalten, weil... man sie nicht oder selten erkennt. Es gibt eigentlich nur EIN Kriterium, an dem man sich orientieren kann:

Schau, was dieser Mensch MACHT,
wie und ob er HANDELT;
nicht, was er spricht oder verspricht.

Reden kann man viel, wenn der Tag lang ist, und eines ist klar: leere Versprechungen, die eine Sehnsucht aufbauen, die nie erfüllt wird, sind wie ein Suchtmittel für die, die es auszubeuten gilt. Man hat als Psychopath nur eine einzige Aufgabe: dem anderen emotional verklickern, dass man ihn liebt, wertschätzt und ihn auf Händen trägt. Irgendwann bekommt derjenige dann die Rechnung präsentiert: er hat den **Wolf im Schafspelz** nicht erkannt, und dafür wird er „bluten".

Hier greife ich jetzt mal auf diesen bekannten Bibelvers zurück, den ich sehr bezeichnend finde und der mir im Zusammenhang mit diesem Kapitel nicht aus dem Kopf geht:

Matthaeus 7
„15Seht euch vor vor den falschen Propheten, die in Schafskleidern zu euch kommen, inwendig aber sind sie reißende Wölfe. 16An ihren Früchten sollt ihr sie erkennen. Kann man auch Trauben lesen von den Dornen oder Feigen von den Disteln? 17Also ein jeglicher guter Baum bringt gute Früchte; aber ein fauler Baum bringt arge Früchte....“
(13*)

Achte darauf, was dein Gegenüber macht. Hält es, was es verspricht? Ein ganz wichtiges Kriterium!

EMPATHIELOSIGKEIT zeichnet übrigens alle Psychopathen aus. Das wurde auch in entsprechenden Untersuchungen festgestellt, bei denen Hirnareale im MRT (Magnetresonanztomographie) gemessen wurden und gesehen wurde, dass das Areal für „Mitgefühl" fast nicht aktiv war oder nur unter bestimmten Voraussetzungen. Erschreckend? Ja, das finde ich auch, denn wenn du glaubst, dass jeder Mitgefühl haben muss, dann irrst du dich gewaltig!
Wenn jemand kein Mitgefühl zeigt, könnte man das dann nicht als Maßstab nehmen, um Psychopathen zu erkennen? NEIN!
Mitgefühl kann man vortäuschen, sogar Tränen kann man auf Kommando vergießen - für Psychopathen gar kein Problem!
So bleibt also letzten Endes die eigene Intuition, die einen noch warnen könnte. Aber ich versichere dir: wenn dich der Psychopath erst einmal so „beschmust" hat, dass die Glückshormone dein Gehirn vernebeln, ist keine klare Wahrnehmung möglich. Nimm dein Bauchgefühl wahr und mach einen Realitätscheck. Was spürst du? Was findet in der Realität statt?
Meine Erfahrungswerte: ich habe eine ausgezeichnete Intuition, und obwohl ich viele Begebenheiten mit meinem Partner „komisch, seltsam und merkwürdig" fand, habe ich nicht begriffen, was das alles zu bedeuten hat. Ich habe gefühlt, dass es etwas geben muss,

was ich nicht benennen kann, aber ich kam einfach nicht darauf. Ich sammelte also meine „Puzzleteilchen" und wartete, dass sie ein Bild ergeben würden, das ich verstehen könnte. Jetzt, viele Monate später, habe ich erkannt, dass meine Intuition mir die richtigen Signale gegeben hat, aber: ich konnte sie aufgrund mangelnden Wissens über das Thema „Narzissmus" nicht deuten!

Noch einmal möchte ich erwähnen: alle Psychopathen haben narzisstische Züge, aber nicht alle Narzissten sind automatisch Psychopathen! Die Grenzen zwischen Narzissten, Machiavellisten und Psychopathen sind schwer zu ziehen, aber eines ist klar: sie gehören zur dunklen Seite der Persönlichkeiten, zur „Dunklen Triade der Macht". Deren Eigenschaften und Persönlichkeits-merkmale sind mehr oder weniger ähnlich - dunkel, egozentrisch, auf Gewinn bedacht, machthungrig und eiskalt. Alles andere ist Fassade: wenn sie uns einlullen, beschmusen, uns in den Himmel heben. Wenn sie das tun, dann nur, um ein Ziel zu erreichen.
Jemand, der nicht absichtlich manipulativ agiert in seinem Leben, ahnt überhaupt nicht, was Menschen mit anderen Menschen machen können, wenn sie diese Fäden ziehen.
Je subtiler, desto besser... könnte man sagen, denn dann beeinflussen sie alles und jeden zu ihren Gunsten!
Manipulationen erfolgen meistens über den emotionalen Bereich. Da fühlt man sich gebauchpinselt... *„Ich hab dich doch so lieb, das weißt du, aber dass du mir so gar nicht hilfst in dieser Angelegenheit und mir das Geld nicht leihst, obwohl du es hast, das trifft mich wirklich sehr!".* Du glaubst nun ernsthaft, dein Partner ist traurig und enttäuscht und du bist tatsächlich Schuld, dass er sich abwendet und sich in eisiges Schweigen zurückzieht – vielleicht sogar wochenlang. Niemals wirst du erkennen, dass du manipuliert wirst. Nun kann man nicht jedem Menschen automatisch Manipulation unterstellen, wenn er mal solch einen Satz in seinem Leben gesagt haben sollte. Ich wollte nur verdeutlichen, dass Manipulation über die Herzensebene erfolgen kann: dein MITGEFÜHL wird angesprochen, deine GUTE SEITE! Und du fühlst dich geehrt! Deine Stärken nutzen sie als deine Schwächen aus. Und das ist das perfide an der Geschichte!

WISSEN SCHÜTZT BEDINGT

Das Wissen um diese Tatsache, dass es solche Menschen überhaupt und tatsächlich gibt, macht es schwerer, gleich zum Opfer zu werden. AUFKLÄRUNG tut NOT!

Wie will man als fühlender Mensch verstehen, warum solche Menschen auf diese Art und Weise handeln? Man kann es schlichtweg nicht.

Erkennen und akzeptieren, dass es solche Menschen gibt, hilft. Da kommen wir gemeinsam einen Schritt weiter, denn: wenn jeder Zehnte sich „unsozial verhält", gibt es ja noch einen Lichtblick am Horizont, weil die restlichen neun Leute „okay" sind. Generelles Misstrauen ist deswegen sicherlich nicht angezeigt. Und dennoch: die Betrugsmasche der Psychopathen und anderer, dunkler Persönlichkeiten ist ausgefeilt und nicht leicht zu durchschauen, denn die, die ihr Handwerk nicht verstehen, perfekt zu betrügen, sind sicherlich schon früh hinter Gittern gelandet. So bleiben uns also die, die mega-intelligent sind und oft über einen längeren Zeitraum hinweg hier auf Erden ihr Unwesen treiben, und wir können nur achtsam sein, dass wir ihnen nicht auf den Leim gehen...

Was hilft ist: Konsequenz.

Sei konsequent in deinen Entscheidungen und sieh dir genau an, wie jemand dich behandelt. Betrachte es ganz neutral, als wärest du deine eigene Freundin. Frag auch enge Freunde um Rat, die haben meistens ein gutes Gespür...

Sei konsequent: behandelt dich jemand nicht gut und redet aber etwas anderes, schmiert dir Honig ums Maul, während er dir gerade emotional, mental oder körperlich in die Magengrube schlägt, dann brauchst du nicht mehr lange zu überlegen: du brauchst nur konsequent handeln und dich aus diesem Umfeld des Täters zurückziehen - ohne Wenn und Aber!

Neurowissenschaftliche Studie

Prof. Dr. C.M. Christian Keysers, Neurowissenschaftler an der Universität in Amsterdam, sagt: *„Um wirklich empathisch sein zu können, müssen wir erstmal selbst Erfahrungen auch haben,denn: um mitfühlen zu können, müssen wir im Grunde ähnliche Erfahrungen gehabt haben.".* (14[*])

Der Neurowissenschaftler machte eine Studie...
Bei Untersuchungen im MRT (Magnetresonanztomografie) erfasste Keysers die Hirnreaktionen von 21 diagnostizierten psychopathischen Schwerverbrechern und Probanden einer Kontrollgruppe. Während des MRTs wurde ein Video abgespielt, bei dem jemand einem anderen Menschen mit einem kräftigen Schlag plötzlich und unerwartet auf den Handrücken schlug. Sobald jemand aus der Kontrollgruppe diese schmerzhafte Interaktion sah, aktivierten sich die entsprechenden Hirnareale.
Man sah deutlich eine Aktivität im singulären Kortex, wo man normalerweise Schmerz empfindet, in prämotorischen Arealen, wo man sozusagen selbst reagieren würde auf solch einen Schmerz, und auch in somato-sensorischen Arealen, wo man Gefühlseindrücke wie Schmerz und Berührungen fühlen würde.
Bei den Psychopathen hingegen aktivierten sich bestimmte Hirnareale wenig oder gar nicht. Also wurde der Zweck der Studie erfüllt: **die These, dass Psychopathen keine bis wenig Empathie haben, bestätigte sich damit!**
Zu Zeiten vom „Kohlenmunk-Peter" aus dem Märchen „Das kalte Herz" gab es kein MRT. Aber die Leute wussten trotzdem, dass es Menschen gibt, die kein Herz in der Brust haben und überlieferten uns dieses alte Wissen in Geschichten, Sagen und Erzählungen. Wir müssen nur zuhören...
Heute haben wir die Möglichkeit, Tests zu machen und festzustellen, wie Menschen „funktionieren". Wir sind weit in unseren Erkenntnissen und unserem Wissen gekommen, doch Manches lässt sich einfach nicht verstehen, wenngleich aber begreifen. Jemand, der kaltherzig handelt, kann nur an seinen Taten erkannt werden. Da hilft dann auch kein Schönreden mehr...

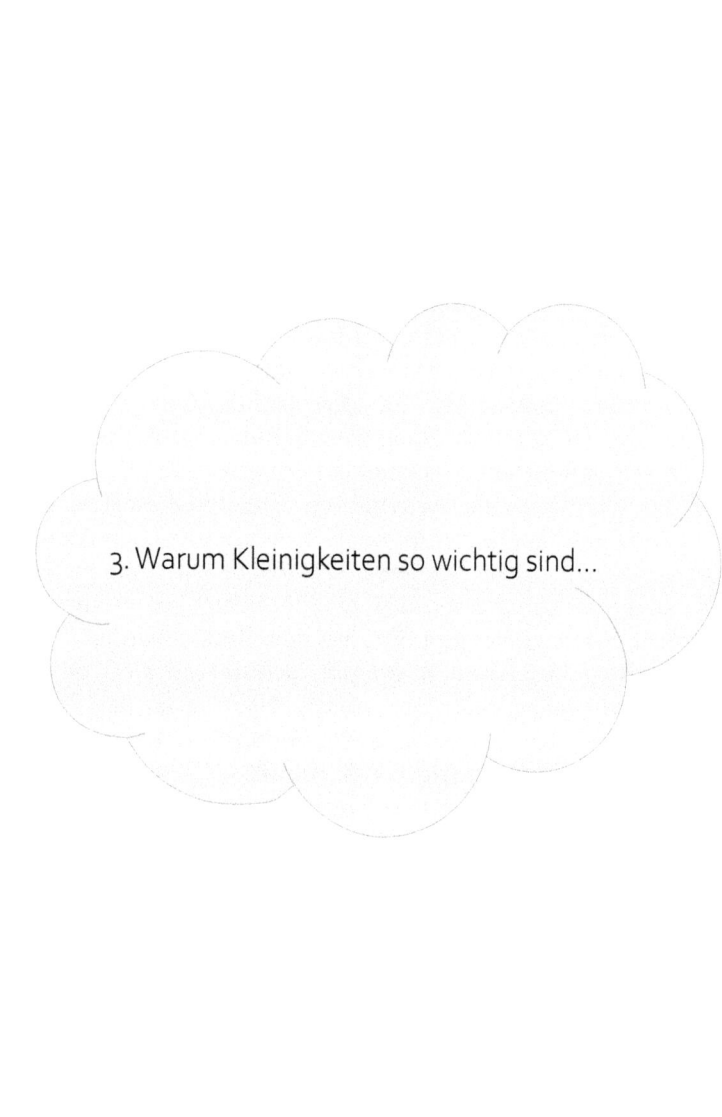

3. Warum Kleinigkeiten so wichtig sind...

Beispiele „Kleinigkeiten"

Die KLEINEN DINGE sind es, denen wir unsere Aufmerksamkeit müssen.

Psychischer Missbrauch geschieht in der Regel daheim - im Verborgenen. Und selbst, wenn er unter Leuten offiziell ausgeübt wird, ist er so leise, erscheint so nichtssagend, dass er nur selten erkannt wird.

Wenn man sich mit einem Partner in eine Beziehung begibt, dann möchte man normalerweise eine **Beziehung auf Augenhöhe**. Was das bedeutet?

Gleiches Recht für jeden!

Der Narzisst ist aber an solch einer Verbindung niemals interessiert, obwohl es am Anfang so aussehen mag.

Ganz zu Beginn wirst du mit großer Wahrscheinlichkeit nicht einmal ahnen, welchen Menschen du da wirklich vor dir hast. Selten zeigt er ein wahres Gesicht oder seine dunkle Seite früh. Wenn du sie erblickst: lauf! Lauf, so schnell du kannst, denn: er wird sich niemals, wirklich niemals ändern!

Narzissten empfinden sich selbst als so **großartig**, dass sie gar keinen Grund sehen, an sich irgendetwas zu ändern. Sie wollen, dass DU sie bewunderst und ihnen deine volle Aufmerksamkeit schenkst. Sie wollen, dass sie es sind, von denen dein Glück, dein Wohl und Wehe abhängt. Das gibt ihnen ein Gefühl von MACHT. Ziehst du dein Glück aus anderen Dingen, aus anderen Menschen, werden sie versuchen, dir das zu nehmen. Hast du einen Beruf, der dich unabhängig und erfüllt sein lässt, wird ganz leise manipuliert, bis du ihn aufgibst, um z.B. zu deinem Partner zu ziehen.

„Willst du nicht doch lieber zu mir ziehen? Ich liebe dich doch so sehr, wir sind uns so nah. Ich möchte gern mehr Zeit mit dir verbringen, und ich weiß, du willst das auch. Und wenn du hier wohnen würdest, dann könnten wir...".

Ganz gleich, was bei diesen drei Punkten am Ende des Satzes aufgeführt wird: vermutlich findet es niemals statt.

FUTURE FAKING ist etwas, das Narzissten gerne einsetzen, um in ihrem „Opfer" Sehnsüchte zu wecken...

„Wenn... , dann... !".

Es sind Lockmittel, die dich bei Laune und bei der Stange halten sollen. Unzufrieden wirst du mit Sicherheit, denn diese Versprechen werden nur selten eingelöst. Meistens heißt es dann:

*„Versteh mich: **wenn...** ich erst meine Stellung als Leiter in der Abteilung habe, **dann...** können wir auch dorthin in den Urlaub fahren, wo du so gern hinfahren willst. Ich schenke dir gern diese Reise. Aber jetzt muss ich erst einmal mehr Zeit in die Arbeit investieren. Ich würde dich ja auch gern öfter sehen, gern viel mehr Zeit mit dir verbringen, aber du musst mich verstehen. **Das ist jetzt wichtig für mich!".***

Genau darum geht es: es ist wichtig... für den NARZISSTEN. Er wird immer tun, was **IHM DIENT**!

Gleiches Recht für alle? Für DICH und für IHN?

Du wirst schnell merken, wenn du ganz genau hinschaust, dass dem nicht so ist. Er misst immer mit zweierlei Maß.

ER nimmt sich das Recht heraus, viel zu arbeiten, und sehen kann er dich nur, wenn seine Zeit das erlaubt.
ER wird aber kein Verständnis haben, wenn es andersherum wäre!
Dann wird er dir vorwerfen, wie egozentrisch du bist, dass du

immer nur an deine eigenen Ziele denkst. Er wird dir - vielleicht auch - herzerweichend sagen, dass er dich doch so sehr vermisst, und dass er sehr leidet unter dieser Situation.

Da du ein empathischer Mensch bist, kannst du dich in ihn und in seine aktuelle Situation, die er dir erzählt, einfühlen und wirst ihm vermutlich Verständnis entgegenbringen. Was du aber nicht weißt: er ist nicht empathisch, und er leidet nicht. Er MANIPULIERT, damit er das erreicht, was ER will.

Schwer zu glauben?
Betroffene, Menschen, die das erlebt haben, wissen, wovon ich hier berichte.

Es gibt so viele Kleinigkeiten, die so harmlos auf den ersten Blick aussehen, aber dich mit der Zeit...

...an deiner Wahrnehmung zweifeln lassen.
...aus deinem Umfeld herauslösen, dich i s o l i e r e n.
...klein machen und dich zerstören.
...unsicher machen und traurig.

Der Narzisst will, dass dein Wohl und Wehe von ihm abhängt. Er muss DEIN Maß aller Dinge sein, denn dann hat er dich unter Kontrolle. Das macht er sehr (!!!) geschickt. Denke bloß nicht, dass das einfach zu bemerken ist.

Ich habe lange gebraucht, um zu verstehen, dass all die kleinen Begebenheiten, die ich erleben „durfte", KEIN BISSCHEN UNWICHTIG WAREN, um sich ein Bild von dem gesamten Geschehen zu machen.
Ich hatte nur immer diesen einen Gedanken, wenn irgend etwas passierte, was mir seltsam vorkam: „Hä? **Was war das jetzt?**". Mehr war es nicht. Ich verstand nicht, was da vor sich ging. Es machte aber etwas mit mir. Es tat seine Wirkung - heimlich, still und leise. Und am Ende saß ich grübelnd auf meinem Sofa, sehnte mich nach ihm, verstand ihn nicht, wusste nicht, was los war, dachte beinahe unentwegt darüber nach...

Und hier sind wir wieder bei einem wichtigen Aspekt, den man in der Beziehung mit einem Narzissten feststellen kann:

DU WIRST BESCHÄFTIGT!

Der Narzisst beschäftigt dich. Er beschäftigt dich, indem er Dinge macht, die du nicht verstehst, ja, nicht verstehen kannst! Er beschäftigt dich, indem er dir das Gefühl gibt, dass du die einzige Frau bist, die ihm je etwas bedeutet hat, aber nebenher gibt er dir AUCH Anlass, zu glauben, dass da eine andere Frau neben dir im Spiel sein könnte.

Ein Narzisst beschäftigt dich, und wenn du über IHN nachdenkst, hat er dich bereits in der „**Grübelfalle**". Du kannst dich nicht mehr richtig auf dein Leben konzentrieren, denn du musst immerzu an diese Begebenheiten denken, willst sie verstehen. Dass aber jemand absichtlich diese absurden Dinge macht, DAMIT du ständig darüber nachdenkst - das käme dir gar nicht in den Sinn!

Abhängigkeit ist auch schon, wenn man fast nur noch an den anderen denken muss...

- Wie hat er das wohl gemeint?
- Hat er noch eine andere?
- Wie hat er diese Frau gestern nur angesehen? Hat er was mit der?
- Aber er sagt, er liebt nur mich, und ich glaube ihm das auch. Oder stimmt das vielleicht doch nicht?
- Seine Arbeit ist anstrengend. Aber ich sehne mich doch nach ihm. Warum verbringt er nicht mehr Zeit mit mir? Warum setzt er seine Prioritäten auf der Arbeit?
- Er hat mich gestern sehr verletzt. Ich habe es ihm gesagt. Warum entschuldigt er sich nicht bei mir? Warum ist er dann auch noch ärgerlich geworden, als ich ihm das sagte? Er hat geschwiegen. Das tat so weh. Ich habe mich so einsam gefühlt.
- Wo ist der Mann hin, den ich am Anfang kennengelernt habe?

- Es ist sicher nur eine schwierige Phase... Er wird sich schon wieder erinnern, wie lieb er mich hat. Ich muss einfach nur durchhalten..

All diese vielen Fragen machen, dass du nur noch an ihn und diese Themen denkst. Es ist wie ein Zwang.

Hast du bereits erkannt, was wirklich in deiner Beziehung gerade läuft, wird auch das dich unentwegt b e s c h ä f t i g e n , weil du nicht verstehst, wie dir das passieren konnte. Warum DIR? Und: wie kommst du da wieder raus? Meistens ist die Abhängigkeit schon so weit vorangeschritten - finanziell und emotional, dass man sich die verrücktesten Dinge einredet, nur, um nicht gehen zu müssen. Man sucht Rechtfertigungen, verteidigt den Narzissten, denn:

**man sehnt sich zurück nach der Zeit,
wie es am Anfang der Beziehung war!**

Dass es nie wieder so schön, so unbelastet wird, so frei - das ist sonnenklar. Doch wenn du mittendrin steckst, kannst du das nicht erkennen. Du **SEHNST** dich mit jeder Faser deines Seins wieder danach, **GESEHEN zu werden**, dass er dich wieder auf Händen trägt, denn genau das hat er getan!

Das war Taktik: dich einfangen, dich auf ein Podest stellen als Königin, um dich danach auf den Boden in die Asche zu werfen, dir zu vermitteln: du bist nichts wert! Du hast meine Erwartungen nicht erfüllt, du bist es nicht wert, geliebt zu werden. **DU hast versagt, nicht ich!** Und das Verrückte ist: meistens glaubt man dem Narzissten.

Ich habe nur ein knappes Jahr lang dieses Spiel in ersten Anfängen erlebt, aber die Abhängigkeit war da schon da. Ich habe es NICHT bemerkt!

Deshalb warne ich und rate dir, achtsam zu sein. Ich weiß, wovon ich rede, obwohl es bei mir nicht so schlimm war wie in den meisten narzisstischen Beziehungen. Ich habe rechtzeitig erkannt, dass sein Verhalten eines ist, das ich nicht akzeptieren kann. Und das hat mir gereicht. Wenn ich mich schlecht fühle und diesen Mann, der vor mir steht, nicht mehr erkenne, dann muss das ausreichen, kehrt zu machen und mich meinem Leben wieder zuzuwenden. Dass ich damit meinen Weg in die SEELENHÖLLE antrat, auf diesen Gedanken wäre ich nicht gekommen. Was mich da erwartete, übertraf jegliches Leid, das ich jemals nach einer Trennung durchlitten hatte. Es warf mich regelrecht um.

Ich erzähle jetzt einige kleine private Begebenheiten, und das mache ich nicht, um sie nach außen zu tragen, weil mir das gefällt. Ganz im Gegenteil: es macht mich eher traurig, dass andere lesen, was mir passiert ist.

Auch ich habe mich anfangs sehr (!) dafür g e s c h ä m t , DASS mir das PASSIERT IST!
Heute weiß ich: es gibt keinen Grund, sich zu schämen! Der einzige, der sich schämen müsste, ist... - na, du weißt schon. Inwieweit er narzisstisch veranlagt ist oder nicht: ob er „nur" narzisstische Persönlichkeitsanteile oder eine satte pathologische „narzisstische Persönlichkeitsstörung" hat - ich weiß es nicht und werde es wohl niemals erfahren... Und das ist auch egal. Die kleinen Begebenheiten, die sich ins Unendliche aufsummierten, und seine zweimalige plötzliche Verhaltensänderung – hin zu einem eiskalten, herrschsüchtigen, dominanten, rücksichtslosen Menschen -, sprachen für sich. Ich muss nur eines wissen: will ich damit leben? Will ich auf diese Art und Weise MEIN LEBEN verbringen? Meine klare Antwort lautete NEIN!

Ich habe eine Erfahrung gemacht, die mich hierher gebracht hat: zu diesem Buch, zu diesen Erkenntnissen und auch zu meiner jetzigen Ausbildung, die ich gerade durchlaufe. Ich habe meinem ehemaligen Partner das alles also „indirekt zu verdanken"... Alles hat seinen Sinn, seinen Weg. Man darf nur nicht verharren in etwas, was einen auf Dauer unglücklich macht. Kannst du DU SELBST SEIN? Erkenne, was passiert, und ziehe die Konsequenzen. Das ist der einzige Weg, um wieder glücklich zu werden.

Ich beschreibe einige kleine Begebenheiten in Form von Kurzgeschichten. Verschaffe dir einen Überblick, was im Alltag alles so passieren kann, denn darauf musst du dein Augenmerk legen! Glaube mir: diese „Kleinigkeiten" sind **WESENTLICH!**

„Komplimente"

„Vorher hast du mir besser gefallen.". Ich komme gerade vom Friseur und setze mich ins Auto. *„Dankeschön für das Kompliment!"*. Matthieu ignoriert meinen Kommentar...
„So kann man auch sagen, dass es einem nicht gefällt. MIR gefällt es, und darauf kommt es an.".
Er: ***„Dir stehen kürzere Haare nicht."***. Doch, so stehen sie mir. Ich habe sie von lang auf kinnlang kürzen lassen. Was er mir eigentlich sagen wollte - wie ich später erfahren werde: IHM gefallen keine kürzeren Haare AN MIR!

Eine Stunde später ziehe ich mein Lieblingskleid an und zeige es ihm. Es ist ein wunderschönes, bodenlanges, locker fallendes Sommerkleid, das mittlerweile einen recht weiten Ausschnitt hat. Der Gummizug ist ausgeleiert, da ich es oft getragen habe, aber das kann man ja wieder ändern...

„Sieht das nicht ein bisschen ordinär aus?!". Rumms! Das hat gesessen. Ich schaue ihn an. Nein! Kein bisschen „ordinär" ist das! Ich gehe innerlich gleich in den Scan-Modus, um abzuchecken, ob das so sein kann. NEIN! Ist es nicht! Und doch bleibt eine gewisse Traurigkeit zurück, dass er mein Lieblingskleid, das ich als selbiges auch zu erkennen gab, mit einer niederschmetternden Bemerkung klein gemacht hat. Mich hat er getroffen damit.

Noch heute, wenn ich dieses Kleid anziehe, denke ich automatisch jedes Mal an diese unschöne Bemerkung. Das hat gemacht, dass es (vorerst) nicht mehr mein Lieblingskleid war, da immer diese negative Assoziation mit in meinen Gedanken war und ich

Matthieu vor mir sah, wie er über mein Kleid - es kaum eines Blickes würdigend - eine abwertende Bemerkung machte. Ich dachte, er macht dies nicht absichtlich. Doch! Und genau das ist das Wesentliche! Hier geschieht Abwertung...

Kleine, giftige Bemerkungen zur rechten Zeit, wenn der andere eigentlich ein Kompliment erwarten/erhoffen würde. Das wirkt zuverlässig - auf lange Sicht gesehen - destabilisierend! So erlangt man Kontrolle!

Spüllappen

Ich spüle mein Geschirr und hänge den Spüllappen über den Rand des Edelstahl-Spültisches. Als ich einige Minuten später aus dem Badezimmer wieder zurückkomme, wohin ich mal kurz verschwunden war, hängt der Lappen über dem Wasserhahn. Hat ihn Matthieu umgehängt? Offensichtlich. Ich nehme den Lappen dort wieder weg, weil ich Wasser aus dem Hahn entnehmen will und er mich stört. Matthieu sieht das. *__Häng ihn dort wieder hin. Da, wo er jetzt liegt, trocknet er nicht.__* Ich schaue Matthieu lächelnd an, denn diese unsinnige Bemerkung belustigt mich: *„Der Spüllappen trocknet HIER nicht? Du meinst, die Luft ist hier – 20 cm weiter - nicht dazu geeignet, dass der Lappen trocknet?".*
Er: *„Häng ihn über den Wasserhahn!".*
Ich schaue ihn an. *„Da das hier meine Küche ist und ich ihn immer über den Rand des Spültisches hänge, wo er immer am nächsten Morgen trocken ist, werde ich das auch weiterhin so machen...".*
Später realisiere ich: er will, dass ich es so mache, wie er es sagt. Eigene Meinungen werden nach und nach angegriffen und versucht, niederzutrampeln - erst leise, später intensiver, aber immer mit mannigfacher Wiederholung! Er wartet regelrecht darauf, dass ich NACHGEBE...

Medikamente weglassen

„Lass doch mal die ganzen Mittel weg, die du so einnimmst!
Vielleicht geht es dir dann besser!".

Dieser Rat erscheint mir mehr als fragwürdig, denn die „Mittel", die
ich nehme, sind Stärkungsmittel und Medikamente nach der Lehre
der „Traditionellen Chinesischen Medizin". Ich kann sie nicht
weglassen, denn ich bin ja froh, dass ich sie habe. Da ich nicht
gesund bin, sind sie wichtig für mich, damit ich einigermaßen
durch meinen Tag komme.
Da ich das Matthieu schon mehrfach erklärt habe (einmal hätte
eigentlich reichen müssen), schüttle ich nur den Kopf.
„Verstehe ich das richtig? Du rätst mir, die ich krank bin, auf DIE
Mittel zu verzichten, die mich stärken und mir Kraft geben?".
Er: *„Du weißt ja gar nicht, ob sie dich stärken. Vielleicht tun sie dir*
gar nicht gut! Lass sie doch einfach mal alle weg!".
Ein wohlmeinender Rat kann das nicht sein, aber ich gehe natürlich
auch nicht davon aus, dass mein Partner mir schaden will. Also
überlege ich, wie er auf diese Idee kommt. Er redet und redet... Ich
frage mich, wo ich hier gelandet bin. Selbstsicher sitze ich auf
meinem Stuhl und sehe und höre dem absurden Schauspiel zu. Erst
später werde ich verstehen, dass er mich tatsächlich aus meiner
Mitte bringen wollte, dass ICH letzten Endes alles in meinem Leben
in Frage stelle, selbst, was ich mache und wer ich bin.

Geschirr kaputt

Matthieu wäscht Geschirr ab. Als ich in die Küche komme, zeigt er
auf zwei Gläser, die ineinander stehen. Diese beiden Gläser habe
ich von meinen Großeltern geerbt, sie bedeuten mir viel. Sie sind
sozusagen unersetzbar.

„Du musst vorsichtiger mit deinen Gläsern umgehen..." sagt
Matthieu und zeigt auf den Sprung, der im unteren Glas eindeutig
zu sehen ist - fast rundum. *„Ich war das nicht..."* sage ich im

Brustton der Überzeugung, denn ich stelle diese zarten Gläser niemals in der Küche ineinander - höchstens, wenn ich sie in den Schrank im Wohnzimmer räume, und dann mache ich es so, als hätte ich rohe Eier in meinen Händen. Matthieu reagiert nicht auf meine Antwort. Ich nehme das kaputte Glas und schmeiße es in den Glasmüll; man kann es definitiv nicht mehr verwenden.

Einige Wochen zuvor fiel ihm - wiederholt - ein Teller auf den Küchenboden, bevor ich in die Küche hineinkam. Es war wiederholt (!) ein Teller meiner Großeltern. An dem Tag war er verärgert wegen irgendetwas... Keine Entschuldigung von seiner Seite. Ich nahm die Scherben und legte sie behutsam und traurig in den Restmüll.

Zusammenfassend und rückblickend kann ich sagen: in ca. neun Monaten, in denen wir uns durchschnittlich zweimal in der Woche sahen, hat Matthieu drei Teller meiner Großeltern zerschmissen, zwei Pfannen meiner Großeltern völlig zerkratzt und definitiv auch das Glas zerstört, von dem ich gerade erzählt habe. Ein bisschen viel ZERSTÖRUNG für neun Monate Beziehungszeit - finde ich. Er wusste, dass mir diese Teile alle etwas bedeuteten.

Mir ist in dieser ganzen Zeit nicht ein einziges Mal etwas kaputt gegangen. Darf man da noch von Zufall ausgehen?

Bitte um Besorgung

Mit einer schweren Grippe liege ich seit Tagen im Bett. Matthieu ruft an, fragt, wie es mir geht. Allerdings hat er mir noch niemals „Gute Besserung" gewünscht, wenn ich „kränkelte". Heute habe ich eine Bitte an Matthieu. Ich möchte etwas einnehmen, um meine Abwehrkräfte zu steigern, damit es mir schnell wieder besser geht.

„Matthieu, könntest du mir bitte Propolis mitbringen aus dem einen Geschäft, von dem ich dir gestern erzählte? Du bist heute nicht weit weg von dort, das sind maximal 2 km. Und die nehmen recht hohe Versandkosten, wenn ich bestellen würde. Ich gebe dir das Geld, wenn

du kommst. Wärest du bitte so lieb, mir was mitzubringen? Ich bräuchte zwei Fläschchen...".

„Lass uns später darüber reden... Ich muss jetzt erst einmal zur Arbeit. Ja?". Er sagt es lieb und fürsorglich. Zumindest kommt es so bei mir an. Ja, er hat einen vollen Tag. Vielleicht sollte ich ihn nicht darum bitten und die Versandkosten einfach bezahlen. Aber die sind wirklich ziemlich hoch, und er hat es ja nicht weit bis dorthin.

Zwei Tage später kommt meine Nachfrage, ob er es geholt hat. **„Nein, habe ich nicht.".** Ich: *„Du kommst doch heute Abend eh zu mir, da hättest du es mir gleich mitbringen können... Warum hast du es denn nicht für mich abgeholt?".*

Matthieu: **„Ich hab ja nix davon, dorthin zu fahren.".**

Ich denke, ich habe mich verhört... Im Trubel des Gefechts geht aber unter, was mir zu denken geben müsste, denn er hat es eilig und muss schnell zurück in den Laden, wo er arbeitet. Das gleiche Prozedere mit zwei anderen Dingen, die ich ihn bitte, unweit seiner Wohnung zu besorgen, weil über ein Kleinanzeigenportal günstig angeboten wird, was ich seit langem suche. Er macht es nicht, er schweigt sich aus, sobald ich darauf zu sprechen komme. Und ich finde das noch nicht seltsam genug, um ernsthaft nachzudenken!

Wohnwagen-Ausflug

„Wollen wir mal mit meinem Wohnwagen wegfahren?". Ich lächle bei diesem Gedanken wohlwollend... Urlaub? Wie schön!

Diese Frage bekomme ich in neun Monaten immer wieder gestellt, aber sobald es an die konkrete Planung geht, zieht Matthieu sich zurück. Es sind immer nur Appetithäppchen, die gestreut werden, um mich bei Laune zu halten. Irgendwann in diesen Monaten wird mir das dann zu dumm, und ich klinke mich innerlich aus dieser Urlaubs-Hoffnung und dieser ewigen Erwartungshaltung aus.

Wasser

Matthieu will nochmal schnell in den Supermarkt. Ich sitze im Auto, bitte ihn, mir zwei Sechserpacks Wasser mitzubringen. Ich habe nicht mehr genug daheim. Als er wiederkommt aus dem Supermarkt, sehe ich EINEN Sechserpack. *„Wieso nur einen? Ich brauche zwei!".* *„Du kannst Wasser aus der Leitung trinken, da musst du kein Wasser kaufen.".* Mein Argument, dass ich das Wasser aus der Leitung nicht als Trinkwasser nutzen will, lässt ihn kalt. Er holt mir kein weiteres Wasser.

Dominanz

„Allen meinen Freundinnen musste ich sagen, wo es lang geht!". Diese Aussage kommt völlig unvermittelt und ich erschrecke beinahe darüber, weil die Art, WIE er es sagt, gar nicht nett und freundlich klingt, sondern eher dominant und fast bedrohlich. *„Ich denke, du warst in einer langen Ehe und hast nur wenige Freundinnen davor gehabt? Und du hast erzählt, dass du alles für sie getan hast. Das passt jetzt aber so gar nicht zusammen, was du erzählst.".* Er windet sich geschickt aus der Affäre, und ich hege keinen Verdacht mehr.

Matthieu hat mir mehrfach im Laufe der Beziehung solche Gedankenfetzen hingeworfen, die mich stutzig hätten machen müssen. *„Ich schaue jeden Morgen Pornos."* Ich: *„Wie bitte? Du Blödi!".* Ich lache herzhaft und halte das für einen Scherz. Er: *„Weißt du das nicht, ich bin sexsüchtig?".* Ich lache wieder und nehme das nicht für voll. Kurz vor unserem Beziehungsende wird er mir später auf meine Nachfrage, ob er eine andere Frau neben mir hat, sagen: *„Du hast doch selbst gesagt, du verstehst das, wenn ich mich nach meiner langen Ehe nicht an EINE Frau binden will... DU hast gesagt, das wäre in Ordnung!".* ICH habe das zwar gesagt, aber nicht gemeint, dass das eine Freifahrt zum Quervögeln sein soll, denn: ich ging davon aus, dass er mir sagen würde, falls er eine andere Frau kennenlernt. Und wenn ich ihm das jetzt vorwerfen würde, so Matthieu, dann wäre ich ja eigentlich nur inkonsequent in meiner Aussage...!

Was magst du an mir?

Ich habe eine Liste. Alle, die mir nahe stehen, habe ich befragt, was sie an mir mögen. Drei Eigenschaften sollten sie spontan aufzählen, und diese notierte ich mir. Wenn ich mal schlechte Tage oder schwere Zeiten habe, nehme ich mir diese Liste zur Hand und lese sie durch, um mir Mut zu machen. Dazu wurde ich mal durch eine schöne Geschichte inspiriert. *„Was magst du an mir?"* lächle ich Matthieu spitzbübisch an. Seine Aufzählungen machen mich staunen: er zählt nur Dinge auf, die IHM gut tun. Eigenschaften, die MICH ausmachen, kann er nicht benennen. Er schafft es nicht!

Passwort?

Zwei Tage nach einem sehr schönen intimen Miteinander, das wirklich ganz besonders war und mir das Gefühl echter Verschmelzung schenkte, fragt mich Matthieu fast wehleidig am Telefon: *„Es gibt irgendwie keine schönen Filme mehr... Darf ich bei dir bei Amazon Prime mit Filme gucken?".* Ich: *„Aber dann kannst du ja auf meinen Namen alles bestellen über mein Bankkonto.".*
Er: *„Nein, die beiden Bereiche sind getrennt.".*

Ich überlege, bin mir gerade nicht mehr ganz sicher. Ich solle ihm doch bitte gleich das Passwort geben, damit er einen schönen Film anschauen und sich besser fühlen kann. Ich stutze und sage: *„Nein, auch wenn wir ein Paar sind, möchte ich das nicht. Und ich kann mir nicht vorstellen, dass „Filme schauen" und der Account getrennt sind. Ich muss da echt erst einmal nachschauen. Versteh mich bitte, ich möchte das nicht.".* Prompt ist er beleidigt, aber als er nach ein paar Minuten merkt, dass ich mich nicht erweichen lasse, schwenkt er urplötzlich um und ist wieder freundlich, charmant, liebevoll. ZU SCHNELL kam dieser Wechsel. Das fällt auf!

„Sozialverhalten"

Es ist Sommer. Wir kommen von einem schönen Ausflug zurück. Gewitterschwüle liegt in der Luft, dunkle Wolken kommen gezogen, und schon bald wird es wohl heftig regnen. Wir sind fast im Haus, da sehe ich Lauras Wäsche auf der Leine im Garten hängen. Seit Tagen versucht sie, die Kleidung ihrer Familie zu trocknen, aber immer wieder gab es Schauer. Heute - nach der Hitze des Tages - ist sicherlich alles trocken. Der leere Wäschekorb steht in der Wiese, und ich kann nicht anders: ich will helfen. Laura ist schwanger, ihr Mann beruflich stets sehr eingespannt. Ich möchte, dass die Wäsche trocken reinkommt, denn ich sehe, dass ihr Bus nicht da ist, also sind sie weg.

„Hilfst du mir bitte, Lauras Wäsche abzunehmen? Sie versucht sie seit Tagen trocken zu bekommen. Sonst wird sie wieder nass.".
Matthieu - trocken: ***„Das geht uns nichts an.".*** Ich schaue ihn ungläubig an. *„Wo kommen wir denn hin, wenn jeden alles nichts angeht...? So bin ich nicht. Ich bin müde. Bitte, hilf mir!".* Er verneint kurz und knapp mit einem Kopfschütteln, während ich erstaunt auf den Mann schaue, der mir hier eine Seite präsentiert, die mir nicht gefällt. Ich gehe an meinem Stock in den Garten, nehme langsam, weil müde, die Wäsche ab und finde bei der Gelegenheit auch noch einen großen Schlüsselbund mit Haus- und Autoschlüssel im Gras. Der muss Laura gehören! Ich lege ihn zwischen die Wäsche und schreibe ihr eine SMS. In kleinen Schritten laufe ich mit dem gefüllten Korb zum Haus zurück. Als Matthieu sieht, dass ich die wenigen Stufen der alten Steintreppe im Garten kaum bewältigen kann, kommt er mir dann doch entgegen, um mir den Korb abzunehmen und stellt ihn drinnen im Treppenhaus auf die unterste Stufe.

„Kannst du ihn denn nicht noch bitte schnell in den 3. Stock hochbringen? Die freuen sich sicher sehr...". Ich denke an Lauras dicken Babybauch und die Augenränder von Thomas, der im Moment viel machen muss, viel mehr, als er offensichtlich schafft.
Matthieu: ***„Das kann doch ihr Mann machen.".***
Ich: *„Bitte...".* Ich schaue ihn bittend an. *„Für mich ist so etwas selbstverständlich.".* Ich lächle ihn milde an: ***„Und übrigens nennt man das „Sozialverhalten"...*"**

Matthieu - total nüchtern: *„Naja, das lerne ich ja jetzt von dir.".*
Er nimmt den Korb und bringt ihn nun doch noch nach oben.
Ich denke: „Sozialverhalten kann man doch mit 50 nicht mehr lernen..." und schüttle den Kopf über diese eigenartige Bemerkung.

Du darfst wählen!

In den bisherigen sechs Monaten unseres Miteinanders haben wir immer gemeinsam entschieden, wohin wir einen Ausflug machen, welchen Film wir anschauen oder was wir kochen. Zunehmend und öfter beobachte ich etwas Spannendes: hat mir etwas besonders gut gefallen, machen wir es NICHT noch einmal.
Und immer wieder sagt Matthieu: *„Such dir schon mal aus, wohin wir fahren, was für einen Film wir anschauen, etc.".* Ist es dann soweit, dass ich meinen Vorschlag gemacht habe, kommt: *„Ach, lass uns DAS... doch machen.".* Er geht kein bisschen mehr auf das ein, was ich vorgeschlagen habe. Ich DARF mir zwar was auswählen, aber gemacht wird, was ER entscheidet. Nicht, was gesagt wird, zählt: die Taten sprechen für sich!

Käme das ein- oder zweimal vor, wäre das ja auch kein Problem. Aber über den Zeitraum von mehreren Wochen plötzlich das gleiche Schema ablaufen zu sehen, was einen ja auch unzufrieden macht, weil man nicht gehört wird mit seinen Wünschen - das ist dann eben doch wieder „ungut".

„Steter Tropfen höhlt den Stein..." - ein Sprichwort, das hier zutrifft wie kein anderes. Mal wird ein Wunsch von dir übersehen, mal eine deiner Entscheidungen zunichte gemacht. Wird das oft wiederholt, mindert es unseren Selbstwert, macht unzufrieden und drängt uns in die unterlegene Position - heimlich, still und leise. Das Machtspiel hat begonnen.

Schweigen oder Gesprächs-Irrgarten

In den letzten Monaten habe ich außerdem bemerkt: Matthieu schweigt oft, aber nicht einfach so, denn eigentlich ist er redselig. Ich kommuniziere gern mit ihm, aber stelle ich Fragen, erhalte ich auf diese oft keine oder nur eine unbefriedigende Antwort. Sehr häufig beginnt er auch einen Satz und führt ihn dann nicht mehr zuende. Das macht mich auch unzufrieden, weil man keinen Abschluss im Gespräch findet. Ich teile ihm meine Beobachtung und meine Unzufriedenheit mit, aber es ändert sich...nichts.

Wenn ich weine, fragt er nicht nach, wieso, schweigt und hat keine Geste des Mitgefühls für mich parat.

Er schweigt auch und vor allem, wenn ich ihm meine Grenzen aufzeige - klar, freundlich und kommunikativ. Generell WILL ich mich verständigen und teile ihm das auch mit. Und obwohl er immer wieder sagt, dass wir über dieses oder jenes mal in Ruhe reden sollten, kommt es eigentlich nie dazu. Gelingt es doch einmal, über ein FÜR MICH wichtiges Thema zu sprechen, dreht er die Dinge so lange im Gespräch hin und her, bis nichts mehr einen Sinn ergibt. Da ich gewaltfreie Kommunikation gelernt habe und sehr achtsam bin, den berühmten „roten Faden" im Gespräch nicht zu verlieren, teile ich ihm eines Tages lächelnd und liebevoll meine Beobachtung mit:
„Du machst das ganz geschickt. Du lenkst ab vom eigentlichen Thema, kommst von „Hin auf Kunz" und am Ende ist meine Frage nicht beantwortet. Kannst du dir vorstellen, dass mich das unzufrieden zurücklässt, wenn du das ein paar Mal so machst?".
Er lächelt, nein, er strahlt bis über beide Ohren, schaut mich mit stechend klugen Augen an, die keinen Zweifel daran lassen, dass er das voller Absicht gemacht hat: **„Gesprächs-Irrgarten"**. Ich erhalte keine Antwort auf meine Frage, nur sein alles sagendes Lächeln...

In der Fachsprache nennt man solch ein Verhalten übrigens **DESTABILISATION!**

Menschen zu verunsichern, sie unzufrieden zurückzulassen, ohne, dass sie merken, dass es vom Gegenüber ausgeht, schweigen als Strafe, wenn man sich nicht so verhält, wie der Partner es gern möchte - das ist HOCHTOXISCH. Menschen zu destabilisieren ist ein Konzept, mit dem man die Macht über den anderen in seinen Händen hält..

Tierarzt

Meinem Hund geht es nicht gut. Matthieu ist gestern gekommen und will heute mit mir einen Ausflug machen. Er sitzt auf der Couch, und ich frage ihn spontan, ob er mich bitte mit dem Hund zur Tierärztin fährt. Das war zwar nicht geplant, hat aber jetzt Priorität für mich. Ich muss mich um Fina kümmern.

Matthieu verschränkt umgehend seine Arme vor dem Brustkorb, die Wangenmuskeln arbeiten - man kann es deutlich sehen. Sein Gesicht ist „zur Faust geballt", und er schaut böse und mürrisch. Was ist los? Passt ihm das jetzt nicht? Aber er hat meinen Hund doch auch gern. Will er ihm nicht helfen? Ich erhalte keine Antwort. Schweigen. Es arbeitet in ihm - man kann es deutlich sehen... Ich warte eine Weile, dann wird mir die Situation zu dumm. Meinem Hund geht es nicht gut, er kann mich fahren. Warum macht er es nicht?

„Wenn du mich nicht fährst, dann muss ich mich jetzt um andere Hilfe bemühen. Dann fahre bitte nach Hause, ich muss mich jetzt um den Hund kümmern.". Klare Ansage. Anders kann ich es nicht machen... Unvermittelt springt er plötzlich auf und geht flotten Schrittes zur Tür. *„Also los.... Wir fahren!".*

Der Hund wird in Narkose gelegt, nichts Schlimmes, aber es muss gemacht werden. Ich setze mich ins Wartezimmer. Matthieu lässt mich allein und geht zum Auto. Nach ein paar Minuten kommt er wieder zurück und fragt, warum ich nicht mit ins Auto komme. Ich frage mich, warum er nicht hier bei mir bleibt, denn er weiß, dass mir flau im Magen ist. Irgendwie habe ich immer Angst um meine Kleine, wenn sie in Narkose liegt, und das hatten wir schon dreimal in ihrem Hundeleben. *„Ich bleibe hier...".*

Matthieu: *„Macht es dir etwas aus, wenn ich im Auto warte? Ich finde es hier nicht besonders gemütlich.".* Stimmt, das ist es nicht. Ist halt ein Wartezimmer. *„Mach ruhig..."* sage ich, aber eigentlich wünschte ich, er bliebe hier bei mir.

„So, Sie können reinkommen...". Erstaunt bemerkt die Tierärztin, dass ich allein im Wartezimmer sitze. *„Wo ist denn Ihr Mann?".* *„Im Auto.".* Ich gehe ins Sprechzimmer, meine kleine Hündin schläft noch tief und fest. *„Ich habe ihr eine Aufwachspritze gegeben, aber nur sehr gering dosiert, denn das ist immer anstrengend für den Kreislauf. Legen Sie sie ins Auto an einen sicheren Platz, damit sie nicht runterfallen kann. Sie wacht dann schon auf. Anfangs wird sie noch ein bisschen wackelig auf den Beinen sein, aber das gibt sich.".*

Matthieu hat das alles mitgehört, denn er hat sich während der Ansage der Ärztin mit dazugesellt. Er nimmt die Kleine auf den Arm. Ich muss noch bezahlen. Als ich erfahre, wie günstig mir die Tierärztin hilft, bringe ich das ganz spontan und dankbar zum Ausdruck, denn ich bin wirklich froh und erleichtert darüber, weil ich derzeit nicht so viel Geld habe. Sie lächelt und nickt, als hätte sie das geahnt...

Wir gehen zum Wagen. Matthieu legt mein Hündchen hinten auf den Sitz, auf das große, weiche Kissen, das ich extra für Fina mitgenommen habe. *„Ich setze mich besser mit hinten rein... Nicht, dass sie runter fällt, wenn du bremst. Immerhin ist sie noch in Narkose.".*
„Ach, der gehts dort hinten prima. Komm zu mir.".

Zögernd stimme ich zu, nachdem ich noch meine dicke Winterjacke in den leeren Raum zwischen Hund und Beifahrersitz gestopft habe, sodass sie nun wirklich nicht herunterfallen kann. *„Wollen wir noch einen kleinen Ausflug machen?"* frage ich. Matthieu lenkt den Wagen schon in Richtung Heimat. Er hat es offensichtlich eilig, heimzukommen. *„Das können wir doch später noch machen -*

einen Ausflug. Wir lassen den Hund daheim und fahren dann nochmal los.". „Ich lasse den Hund heute nicht allein daheim. Wenn Fina erbricht oder mal Pipi machen muss, wäre ich nicht da. Entweder wir machen JETZT einen Mini-Ausflug, weil sie eh noch schläft und wir sie dabei haben, oder das klappt heute nicht mehr.".

Unwillig lenkt er das Auto in die von mir vorgeschlagene Richtung, um gleich darauf so viel Gas zu geben, dass mir übel wird. Er weiß, dass ich das nicht vertrage und echt in Schwierigkeiten kommen kann. *„Fährst du bitte langsamer? Du weißt, dass ich das nicht vertrage...".*

Er: **„Du musst dich schon mal ein bisschen anpassen. Ich sitze am Steuer.".**
Ich bin sauer: *„Dann kann ich keine Beziehung mit dir haben, wenn du Dinge machst, dir mir schaden.".* Matthieu: *„Jetzt sei doch nicht immer gleich so rigoros... Denk doch nicht gleich an ein Beziehungsende. Vertrau mir doch einfach...".*
„Wenn es mir schlecht geht, erwarte ich, dass mein Partner Rücksicht nimmt...". Er nimmt widerwillig den Fuß vom Gas und fährt nun langsamer. *„Danke.".*
An einem hübschen, kleinen Schlösschen halten wir an. Ich möchte gern ein bisschen am Bach auf der Bank sitzen, die frische Luft und den Sonnenschein genießen und...die herrliche Natur. Es ist kühl, aber wir haben warme Sachen dabei. Mein Hündchen regt sich, sie will raus aus dem Auto. Das passt.
„Och, mir ist das zu kalt. Ich bleibe lieber im Auto...". sagt Matthieu selbstbewusst, als er die Hintertüre öffnet, um meinem Hündchen den Weg nach draußen zu ermöglichen. *„Okay. Ich würde mich aber trotzdem gern ein paar Minuten auf die Bank setzen. Ist das in Ordnung für dich?".* Er nickt. *„Hopp!"* weist er meinen Hund an, aus dem Auto zu springen. *„Die kann doch jetzt nicht springen, die ist noch nicht mal richtig wach!".* Ich lege gerade ein Kissen auf die Bank, die nicht weit entfernt vom Parkplatz steht und sich deswegen vorzüglich für einen kleinen Aufenthalt im Freien eignet.

„Kannst du die Kleine bitte schon mal rausheben?".

Völlig schlaftrunken wankt mein kleines 5 kg-Hündchen im Sitzen auf dem Kissen der Rücksitzbank. Springen wäre jetzt gar keine gute Idee, sonst bricht sie sich womöglich noch ein Beinchen. Matthieu greift nach ihr, ich stelle noch kurz meine Handtasche neben der Bank ab und drehe mich wieder zum Auto. Was ich aus dem Augenwinkel noch mitbekomme, ist: Matthieu steht ganz gerade und aufrecht neben dem Wagen und mein Hündchen landet just in dem Moment, wo Matthieu da steht, mit einknickenden Beinchen auf dem Schotter-Parkplatz. Ich traue meiner Wahrnehmung nicht: hat er gerade meinen kleinen Hund fallengelassen??

Da meine Hündin wirklich klein ist, müsste man sich schon - wenn man sie auf dem Boden vorsichtig absetzen wollte - bücken oder vornüber beugen. Matthieu aber steht kerzengerade. Ein kurzer, unsicherer Blick von seiner Seite in meine Richtung; dann geht er ums Auto herum und steigt ein. Hat Matthieu meinen Hund tatsächlich fallengelassen???

Das geht mir die ganze Zeit durch den Kopf, während ich zu Fina hingehe, meine Hündin vorsichtig hochnehme und warm einpacke. Dann setzen wir uns auf die Bank, und ich bin einfach nur glücklich, dass ihr von der Tierärztin geholfen wurde und es ihr gut geht...

Matthieu schreibt im Auto die ganze Zeit am Handy, und ich werde das unbestimmte Gefühl nicht los, dass er mit einer anderen Frau flirtet... Ich genieße die wärmenden Sonnenstrahlen und die kalte Luft. Es macht mir nichts aus, dass er im Auto sitzt, wenngleich ich es nicht verstehe. Ich bin glücklich, hier zu sein!

Was die Quintessenz der Geschichte ist? Heute weiß ich das. Es drehte sich ausnahmsweise mal NICHT um Matthieu. Er stand nicht im Mittelpunkt meines Interesses. Das war an diesem Tag mein Hund. Matthieu bockte, er wollte mich nicht fahren. Er wollte mich bestrafen mit dem Schnellfahren, wollte seine Macht demonstrieren. Er entzog mir seine Nähe und Aufmerksamkeit, indem er mich allein auf der Bank sitzen ließ. Er ließ meinen Hund fallen - und dessen bin ich mir heute sicher -, weil dieser nun sein Feind war. Mein Hund war gerade wichtig, nicht er. Das hat er nicht verkraftet.

Abgrenzung erzeugt Ablehnung

Ende November ist es soweit: ich muss mit Matthieu über etwas reden, das mich beschäftigt. Ihn darauf tatsächlich anzusprechen, fällt mir schwer.

Matthieu geht nun seit ca. einem halben Jahr bei mir ein und aus: mittwochs Abends und Samstag bis Sonntag. Im Urlaub ist er auch tageweise da. In all den Monaten hat er nicht ein einziges Mal... z.B. Kondome, Massageöl oder ähnliches mitgebracht. Intime Gebrauchsgegenstände - wer fragt da schon als Frau, ob man(n) sich daran beteiligt. Ich kenne es so, dass jeder seinen Beitrag leistet; oft besorgen Männer die Kondome. Keine Beteiligung finanziell, auch nicht am Duschwasser oder am Essen. Oft bringt er Kleinigkeiten mit, die er dann aber auch oder vorwiegend selbst verzehrt. Da ich derzeit nicht so viel Geld habe und mit meinem Geld wirklich sehr (!) haushalten muss, ist es Pflicht für mich, das Thema irgendwann auf den Tisch zu bringen. Anstandshalber hätte er selbst darauf kommen können - so denke ich.

Und auch meine beste Freundin meint: *„Das geht ja gar nicht. Der nassauert sich bei dir durch. Du hältst ihn aus und dem geht es gut!"*. *„Naja, es sind ja nur Kleinigkeiten..."* - das ist mein schwacher Einwand.

„Vielleicht reicht ihm das? Vielleicht ist er jeden Abend bei ner anderen und spart so Wasser- und Heizkosten...?".

Das geht mir nun eindeutig zu weit - solch ein Gedanke. Klar, er würde mich ja wirklich verletzen, würde er so leben. Doch das mit dem „Sich-so-gar-nicht-beteiligen" muss ich echt ansprechen. Als ich das mache, ist er eingeschnappt. Er schreibt später in WhatsApp kurz und knapp: „Ich habs begriffen!". Danach ändert sich allerdings...nichts.

Stellst du dir den Wecker?

Es ist weit nach Mitternacht. Ich liege und kann nicht einschlafen. Da mein Handy immer auf „stumm" gestellt ist, höre ich keine Nachrichten ankommen. Aus Frustration, dass ich nicht schlafen kann, und aus Langeweile schreibe ich einer Freundin. Ich sehe eine Nachricht von Matthieu.

Seine Antwort auf meine Frage, die ich ihm via Sprachnachricht gestellt hatte, bevor ich ins Bett ging, kam vor wenigen Minuten erst an - mitten in der Nacht. Ist er auch noch wach? Ich lese seine Zeilen...

Am nächsten Morgen fragt er mich am Telefon: *„Stellst du dir nachts extra den Wecker, um zu schauen, ob ich dir eine Nachricht geschickt habe?"*. Die Frage klingt herausfordernd. Es klingt für mich, als würde er sich versichern, dass ich abhängig bin von ihm und von seinen Nachrichten...

Meine flapsige Antwort lautet: *„Na sicher. Was sonst? Das ist es, was ich tagtäglich mache: mir den Wecker stellen und schauen, ob der Herr mir nachts noch geschrieben hat..."*. Er lacht - verhalten. Mir fällt ein: so richtig lachen gehört habe ich ihn in all der Zeit nur ein einziges Mal. Aber zurück zum Thema: Was soll diese Frage, ob ich mir den Wecker stelle? Das beschäftigt mich eine Weile. Dass mein erster Gedanke richtig war, darauf komme ich nicht.

Weihnachtsgeschenk

Wir haben den 24.12., und wir feiern den Heiligen Abend zusammen. Heute Vormittag haben wir uns aber eigentlich nur gestritten. Nun der Versuch, das wieder hinzubekommen.

Bescherung! Alle Geschenke, die ich von einer lieben, älteren Freundin bekommen habe, die eine Art „Ersatzmama" für mich geworden ist über viele Jahre hinweg, sind unter dem Tannenbaum aufgebaut. Dazu liegt Geld von ihr unterm Bäumchen. Ich freue mich so sehr!

In Matthieus Blicken erkenne ich kein Wohlwollen; er schaut fast neidisch auf diese reichlichen Gaben. Dann die Bescherung zwischen uns. Ich beschenke ihn, aber ihm scheinen meine Geschenke nicht zu gefallen. Enttäuschung macht sich in mir breit. Konnte ich so falsch liegen?

Matthieu überreicht mir neben anderen, kleinen Präsenten, die ich nicht gebrauchen kann, eine Sanduhr/Eieruhr mit den Worten: *„Die steht für unsere Beziehung...".*
Ich erwidere spontan, keck und erstaunt: *„Ach, läuft unsere Zeit ab?".* Ich lächle. Doch innerlich hat es mich getroffen. Matthieu meint: *„Nein, das hast du falsch verstanden...".* Ach, kann man das denn falsch verstehen??

Einige Wochen später kommen wir nochmal auf das Thema zu sprechen; da sagt er, das hätte er nicht zu mir gesagt...

Lüften

Ich öffne mein Badfenster nach dem Duschen. Als er von der Toilette kommt, ist es geschlossen. Als ich es bemerke, öffne ich es erneut.
Nach ein paar Minuten komme ich wieder ins Bad und sehe, dass das Fenster wieder geschlossen ist. Wie das? Ich hatte es doch gerade erst wieder geöffnet. Darauf spreche ich ihn nun an.
„Warum hast du das Badfenster wieder geschlossen?".
Er: *„Das war doch lange genug auf.".*
Ich schaue ihn an und sage: *„Ich habe gerade vor fünf Minuten geduscht. Ich möchte, dass die gesamte Feuchtigkeit abzieht, weil ich sonst Schimmel in meinem Bad bekomme. Ich möchte länger lüften...".*
Er nickt. Ich öffne das Fenster erneut - kopfschüttelnd.
Minuten später: das Badfenster ist wieder zu. Das gibt es doch nicht! Ich stelle ihn zur Rede, weil ich das als übergriffig empfinde in meiner Wohnung. Ich möchte entscheiden, was gemacht wird, denn ich habe das auch zu verantworten.

Ich bitte ihn wiederholt: *„Würdest du bitte das Badfenster offen lassen?"*.
Er: **„Du hast genug gelüftet."**
Ich: *„Und ich sagte dir, dass ich das gern selbst entscheiden will in meiner Wohnung... Ich möchte, dass es offen bleibt bis ich es schließe."*. Deutlich habe ich nun meinen Ton angezogen, als ich merkte, dass er mich nicht für voll nimmt.

Was soll ich sagen?

In der darauffolgenden Nacht:
Nachts schlafe ich immer bei offenem Fenster, weil ich das brauche und möchte. Matthieu und ich schlafen ja eh getrennt, weil er soooo laut schnarcht.

Matthieu kommt mitten in der Nacht zu mir ins Zimmer und schließt mein Fenster. Ich werde davon wach, frage ihn - völlig verschlafen: *„Was machst du da? Wieso schließt du mein Fenster?"*.
„Du kannst auch so schlafen, wenn das Fenster geschlossen ist."
Ich fasse es nicht!
Ich sage: *„Würdest du es bitte wieder öffnen? Ich glaub, es geht los!"*
Er antwortet nicht und verschwindet.
Ich muss selbst aufstehen und mein Fenster wieder öffnen.

Dass das eine eindeutige Grenzverletzung darstellt, ist mir eigentlich wohl bewusst, aber es ist mir irgendwie auch nicht bewusst. Nur tief in meinem Bauch finde ich das Verhalten mehr als seltsam... und bin damit kein bisschen einverstanden.

Vergorener Eintopf

Matthieu hat mir frische Gemüsepaste zubereitet - nach dem Rezept seines Großvaters, so sagt er. Ich freue mich über seine kleine, liebe Aufmerksamkeit. „Du kannst sie auch für Suppen benutzen. Sie hält lange, wenn sie im Kühlschrank steht, denn es ist viel Salz darinnen."

Eine Woche später: ich koche meine Kartoffelsuppe mit der Paste. Sie stand im Kühlschrank, und ich nehme ein / zwei Löffelchen, um mal auszuprobieren, wie die Suppe mit der Paste schmeckt.

Ich koche immer für mindestens zwei Tage, wenn ich diese Suppe koche. Am nächsten Tag schaue ich in den Topf. Da sehe ich, wie alles „brodelt" und „gärt". Igitt! Das ekelt mich! Wie kann das sein? Die Suppe stand kühl, wenngleich nicht im Kühlschrank. Es ist nicht warm, es hat nicht gewittert. Wieso ist sie gegoren? Es kann nur an der Paste liegen. Bei mir gärt sie nie! Da hält sie mindestens 3 Tage. Es ist ja auch nichts drinnen, was gären könnte, da ich sie komplett aus natürlichen Zutaten koche.

Matthieu ruft an: *„Na, was machst du Schönes?"*.
Ich: *„Ich habe gerade in meinen Suppentopf geschaut und gesehen, dass meine Suppe seit gestern gegoren ist. Das muss an der Paste liegen, denn was anderes habe ich nicht verändert am Rezept."*
Er: ***„Nein, das kann nicht an der Paste liegen. Die hält total lange. Du musst was anderes nicht richtig gemacht haben."***.
Ich: *„Was soll ich denn bei meinem einfachen Suppenrezept nicht „richtig" gemacht haben? Da sind doch nur Kartoffeln und Möhren dran, Salz, Pfeffer und Petersilie. Und am Ende noch n Schuss Öl."*.

Er bleibt dabei. Er diskutiert mit mir und hört nicht auf. Dass ich ihm die Paste zurückgeben will, macht ihn ärgerlich. Ich kann es spüren, aber er sagt es nicht offiziell.

Wenn mir jemand sagen würde: „Die Suppe gärt, und das einzige, was ich verändert habe, ist, dass ich deine Paste genommen habe..." ...da würde ich sagen: „Dann lass sie besser weg, ich schaue sie mir an, wenn ich das nächste Mal komme. Ich riech mal dran.". Fertig. Er aber hat sich vehement geweigert, auch nur die MÖGLICHKEIT einzuräumen, dass es von der Gemüsepaste kommen könnte. Völlig ausgeschlossen! Narzissten machen keine Fehler! Kritik ist nicht erwünscht - ganz gleich ob berechtigt oder nicht!

Danke!

Ich habe mich zurückgezogen. Er war kaltherzig, rücksichtslos und gemein in meinen Augen. Meine Trauer ist immens... Ich sehe keinen anderen Weg, als mich trennen zu müssen. Doch noch zögere ich...

Ich bin in der Stadt unterwegs: Gassi mit dem Hund. Ich fotografiere in der Altstadt. Als ich die wunderschönen Bilder in den Status bei WhatsApp stelle, schreibt er mir in unserem Chat - bezugnehmend auf die Bilder:
„Danke, dass du dir diese wunderschöne Stadt angesehen hast.".
Und kurz danach schreibt er: *„Du siehst sehr glücklich aus.".*

Er WEISS, dass ich leide... Warum schreibt er so etwas? Und was sollte der Dank, dass „ich mir diese wunderschöne Stadt angesehen habe"? Ist das nicht irrwitzig? Unstimmigkeiten, die es zuhauf gab, seltsame Begebenheiten, die mich zwar haben aufhorchen lassen, aber mich nicht zum Handeln gebracht haben, weil sie belanglos schienen.

ZOOM-Probevortrag

Ich halte einen Probe-Vortrag über ZOOM. Freunde hören zu, Matthieu auch. Ich versuche, mit ZOOM klarzukommen; ich mache das zum ersten Mal. Möchte gern demnächst Vorträge für den guten Zweck halten, aber man soll auch verstehen können, wovon ich rede. Das Thema ich fachlich kompliziert, und ich versuche, es für jedermann verständlich zu erläutern und praktische Tipps zu geben, die helfen können. Ich bin ein bisschen unsicher, was den theoretischen Teil angeht, ob jeder auch versteht, was ich da erzähle...

Meine Freunde geben mir am Ende des Vortrags den Daumen nach oben; sie haben alles verstanden und fanden den Vortrag richtig gut. Matthieu sagt das auch, gratuliert mir, und dann bleibt er am Telefon und nimmt meinen Vortrag nicht nur auseinander; er zerpflückt und verdreht alles dermaßen, bis alles gar keinen Sinn mehr ergibt, ich erstaunt diesen Ausführungen zuhöre, bis ich total erschöpft bin und mich am Ende frage, was er denn eigentlich damit sagen will?

„Ich habe nichts von dem verstanden, was du erzählt hast. Das wollte ich dir damit sagen, dass du es anders machen musst.". Frustriert und nachdenklich, völlig verwirrt lege ich auf. EINE Person - Matthieu - hat angeblich nicht verstanden, was ich erzählte. Er ist schlau, klug, eloquent, kein bisschen dumm. Alle anderen Teilnehmer haben verstanden, was ich sagen wollte, und er nicht? Ich bin sehr traurig an diesem Abend und lege das Projekt auf Eis.

„Wenn ER mich nicht versteht, wie könnten es dann die anderen?" frage ich mich selbst und **mache IHN damit tatsächlich zum Maßstab aller Dinge!** Ich muss wohl noch an dem Thema arbeiten, weiß aber gar nicht genau, was ich da verändern oder verbessern könnte...

Erst später werde ich erkennen - lange nach unserer Trennung -, dass es da nichts zu verändern oder zu verbessern gab! Er wollte mich irritieren, mich aus meiner Mitte bringen. Erst als Lob getarnt, und dann in den Abgrund gestürzt. Ziel: entwerten und destabilisieren. Keiner darf besser sein als ER! Ich darf kein eigenes Leben führen, ich soll IHN unterstützen und immer für ihn da sein. Wenn ich eigene Vorträge hielte, wo kämen wir denn da hin...?

Monate nach unserer Trennung halte ich meinen Zoom-Vortrag mehrfach und jeder versteht, was ich zu sagen habe und findet den Vortrag klasse!

Keine Planung

Es ist Freitag. *„Willst du mich denn gar nicht sehen am Wochenende? Du hast noch gar nichts gesagt!"* spricht Matthieu keck ins Telefon.
„Da ich dich eh nicht besuchen kann, weil ich nicht mobil bin (was du ja weißt) und du zu mir fahren musst, warte ich eigentlich eher auf deine Ansage, ob du kommen willst und wann. Ich habe nichts vor.".
Er kommt gern, so habe ich den Eindruck. Aber er gibt mir immer erst KURZ vor dem Wochenende Bescheid, ob und wann es bei ihm klappt.

Es herrscht immer **U N S I C H E R H E I T** , keine Planung. Da ich eh nicht so der Typ zum Planen bin, kommt mir das gelegen. Doch will ich am Wochenende mal was machen, dann sagt er: *„Willst du mich denn gar nicht sehen?".*
„Da ich nicht weiß, ob du kommst, und das aber gerne machen möchte, bin ich nun verplant.". Dann ist er innerlich sauer - das merke ich. Und er ist meistens DANN besonders interessiert, zu kommen, wenn ich sage, dass ich nicht kann.

Handtuchhalter

Ich lasse für Matthieu einen Handtuchhalter in meinem Bad befestigen. Ich habe nur einen im Bad, und der zweite sollte eh schon längst angebracht werden.
Als ich ihm zeige, dass sein Handtuch auf dem **oberen Handtuchhalter** hängt – **auf dem schönen verchromten**, da gibt es einen zufriedenen Ausdruck in seinen Augen. Freude kann man das nicht nennen.
Ich habe meinen alten Handtuchhalter aus Plastik behalten, denn er gefällt mir. Er ist - etwas in der Höhe versetzt - weiter unten befestigt.

Als ich viele Monate später die „Handtuchordnung" ändere, weil Matthieu seltener bei mir ist und ich es praktischer finde, mein Handtuch VOR das seine auf die gleiche Ebene und den gleichen

Handtuchhalter zu hängen, um den niedrigeren für das Handtuch vom Hund zu nutzen, ist er „angepisst". Anders kann ich es nicht beschreiben. Er versucht es zu verbergen, aber es ist offensichtlich. Seltsam...

Fragespiel...

Ich sitze auf der Toilette. Ganz oft schaut er immer mal wieder ins Bad herein, was ich da mache... Wir reden über etwas, und plötzlich steht er gedankenverloren vor mir, scheint seltsam betroffen und sagt zu mir aus heiterem Himmel: *„Du brauchst einen anderen Mann als mich!"*. Aha... Wieso das denn? Ich sage mit zärtlicher Stimme zu ihm: *„Ich brauche DICH, weil ich dich liebe."*.

Matthieu: *„Liebst du mich, weil du mich brauchst, oder brauchst du mich, weil du mich liebst?"*. Ich antworte wahrheitsgetreu: *„Ich brauche dich, weil ich dich liebe. Und sollte es irgendwann anders sein, dann ist es keine Liebe, sondern Abhängigkeit!"*. Er lächelt und geht.

Du kannst mir alles sagen!

Wir telefonieren.

Irgendwann sagt er zu mir: *„Du kannst immer über alles mit mir reden. Ich will, dass du mir ganz genau sagst, was du von mir brauchst."*.
Ich: *„Okay, aber wieso sagst du mir das? In einer Beziehung sollte das doch ganz selbstverständlich sein..."*.
Er: *„Ich möchte das hier mit uns nicht wieder vergeigen."*.
Meint er unsere Beziehung...? Offensichtlich.
Ich: *„Wieso? Hast du das denn schon oft getan? Du hattest doch eine zwanzigjährige Ehe..."*. Keine Antwort.

Teppichmesserklinge

Ich stehe vor meiner Wohnungstüre. Links davor steht mein Holzregal, in dem ein Stapel mit Zeitungen liegt. Ich suche etwas, was ich dort abgelegt hatte, und dann ziehe ich das Blatt heraus. Was mir entgegen fällt, ist eine Teppichmesserklinge ohne Teppichmesser.
Wie kommt die, bitte, dorthin? Ich hebe sie auf und gehe ganz erstaunt in meinen Flur; die Wohnungstüre war nur angelehnt. Matthieu sitzt auf meiner Couch und schreibt am Handy.

„Zwischen meinen Zeitungen lag eine scharfe Teppichmesserklinge..." Keine Reaktion, er schaut noch nicht einmal von seinem Handy auf.
„Matthieu, hörst du, was ich dir gerade gesagt habe? Zwischen meinen Zeitungen lag eine Teppichmesserklinge... Wie kommt die dorthin?". Er reagiert nicht. DAS wiederum macht mich stutzig. Hätte ich einen Partner, der mir das sagt, würde ich gucken kommen und schauen, was los ist.
„Wenn ich richtig zugegriffen hätte, hätte ich mir die Handfläche aufschneiden können...". Keine Reaktion.

Ich frage ihn genau deshalb: *„Hast du die dorthin gelegt?".* Keine Reaktion. Rede ich hier eigentlich mit der Wand? Er schreibt weiter in seinem Handy, dem er sowieso hörig zu sein scheint, denn eine Handyfreie Zeit gibt es für ihn so gut wie gar nicht.
„Ach, die hat vielleicht der Zeitungsausträger verloren; die öffnen ihre Zeitungspäckchen oft mit einem Teppich-messer...".
Ich überlege kurz. Nein, die Klinge lag zwischen zwei verschiedenen Zeitungen, nicht IN einer Zeitung. Ich hole pro Woche EINE Zeitung selbst hoch und lege sie hin. **Die Klinge muss jemand danach dazwischen gelegt haben!**
Sein Desinteresse ist, was mich wirklich stutzig macht. Ich lasse die Angelegenheit auf sich beruhen, aber ich bin kein bisschen beruhigt. Wer sollte so etwas tun und warum?

Zusammenbrüche

Ich bin chronisch krank. Matthieu weiß das. Manchmal breche ich - ohne Voranmeldung - einfach zusammen: kein Muskeltonus mehr, ich kann mich keinen Zentimeter bewegen, oft kann ich noch nicht einmal meine Augen öffnen oder sprechen. Bei den ersten beiden Zusammenbrüchen blieb Matthieu bei mir und liebkoste mich, fragte, was ich brauche, ob er mir etwas bringen kann. So lieb!

Als es ein drittes Mal geschieht nach vielen Wochen, lässt er mich im Wohnzimmer einfach liegen und geht in die Küche, um Geschirr abzuwaschen. Ich frage mich innerlich, was er da macht...
Wieso ist er nicht bei mir? Wieso fragt er mich nicht, was ich brauche? Ich fühle mich alleingelassen.
Als er reinkommt, sagt er sachlich: *„Ich mach jetzt Frühstück.".* Ich kann mich weder bewegen noch essen. Ich kann nicht einmal aufstehen. Weg ist er. Mein Hündchen kuschelt sich an mich und spürt, dass ich in Not bin. Matthieu weiß, dass in diesen Momenten Lebensgefahr besteht. Ich habe es ihm erzählt.

Irgendwann kommt er rein, bringt frisch gekochte Eier (wir mögen sie beide weich) und ein tolles Frühstück mit und sagt: ***„Du musst jetzt aufstehen, das Frühstück ist fertig.".*** Er ist fast ärgerlich, dass ich immer noch da rumliege. Ich kann es an seiner Stimme hören. *„Ich kann nicht..."* hauche ich und liege, wie ich liege. Er stellt das Frühstück in meiner Nähe auf dem Couchtisch ab, überlegt offensichtlich kurz, was zu tun ist, legt sich entgegengesetzt neben mich auf den Fußboden, greift nach meiner Hand, hält sie fest und schließt die Augen.

Nach ein paar Minuten merke ich, wie Energie von ihm zu mir fließt. Es strömt regelrecht durch meine Hand in meinen Arm - ein gewaltiger Strom an Energie! Ich verliere umgehend meine körperliche Schwäche und setze mich zittrig auf. Ich kann mich wieder bewegen! Ich hieve mich aufs Bett, Matthieu liegt müde am Boden, reicht mir dann das Frühstück und wir essen gemeinsam auf dem Bett, was er Leckeres angerichtet hat. *„Ich bin plötzlich soooo müde... Du hast mir alle Energie genommen."* sagt er.

Naja, für mich fühlte es sich an, als hätte er mir alle Energie *gegeben...* Wir legen uns hin, kuscheln uns aneinander und schlafen gemeinsam sofort völlig erschöpft ein. Erst Stunden später wachen wir auf; es geht mir und auch ihm besser...

Als ich Wochen später im Treppenhaus auf den untersten Stufen einen Schwächeanfall habe - nicht so ausgeprägt wie in der Wohnung letztens -, da kann ich mich gerade noch so auf die kalten Stufen setzen. Ich komme keinen Schritt weiter.
Meine Hündin Fina bleibt bei mir, Matthieu schnappt sich meine Handtasche, die ich eigentlich immer bei mir haben will, weil da meine Medikamente drinnen sind, und ist verschwunden. Er kommt auch zeitnah nicht wieder, bringt mir später aber ein Glas Wasser. Da ich nicht trinken kann, weil ich dazu im Moment nicht in der Lage bin, geht er unwirsch wieder. Nur Fina sitzt treu neben mir.

Es dauert eine ganze Weile, bis ich wieder hoch in meine Wohnung kann. Er hat in der Wohnung etwas gemacht - das habe ich gehört, aber ich weiß nicht, was. Nur zwischendurch hatte ich das komische Gefühl, dass er meine Unterlagen durchschaut. Wieso sollte er? Diese innere Frage folgt auf dem Fuße.

Als er später nach Hause gefahren ist, suche ich etwas in meiner Handtasche. Mein Portemonnaie ist offen. Ich habe es nicht geöffnet. Nie im Leben stecke ich es so in meine Handtasche! War er da dran? Und wenn ja, wieso? Geld fehlt keins.

Erst später erfahre ich, dass die Möglichkeit besteht, ein Foto vom Personalausweis zu machen und meine Kontonummer auf der ec-Karte in Erfahrung zu bringen, bei welcher Bank ich bin, welche Versichertennummer ich bei der Krankenkasse habe, usw. Was soll er damit?

Massage gegen Schmerzen

Ich habe starke Schmerzen. An dem Wochenende, an dem ich nach Stunden in der Notaufnahme alleine daheim nicht klarkomme, will Matthieu auf zwei Partys seinen Geburtstag nachfeiern. *„Ich würde ja so gerne kommen und dir helfen, aber es ist doch schon alles vorbereitet... Du musst das doch verstehen...".* Ich verstehe gerade nur Bahnhof. *„Wenn mein Freund mich mit starken Schmerzen allein zu Hause sitzen lässt in dem Wissen, dass ich alleine gerade nicht klarkomme, dann ist da jedes Wort zuviel! Du sagst, du wärest gerne hier, aber du kommst nicht. Das spricht für sich!".*

Er merkt, dass hier meine Grenze erreicht ist, und kommt für wenige Stunden... Ich bitte ihn: *„Kannst du mir bitte die Punkte massieren an meinem Rücken? Du kannst das doch so gut. Ich habe solche Schmerzen!".* Er macht es. Er kann das wirklich richtig gut! Am nächsten Tag sind die Schmerzen immer noch sehr stark. Ich bitte ihn, es noch einmal zu machen, bevor er fährt. Er lehnt es ab: *„Nein. Ich habe es doch gestern schon gemacht.".* Ich: *„Aber ich habe immer noch starke Schmerzen.".* Er schüttelt den Kopf und geht.

Kannst du mir Geld leihen?

Er erzählt von seinem Haus, in das er nach seiner Scheidung zurück will. Das ist alles, worauf er es abgesehen hat: er will wieder in SEIN HAUS! Prompt kommt mitten im Telefonat die Frage: ***„Kannst du mir Geld leihen, damit ich mein Haus zurückkaufen kann?".***
Ich - völlig baff: *„Hallo! Ich - wenig Geld derzeit... das weißt du doch!".*
Er: *„Ach, es gibt ne Menge Leute, die Hartz IV beziehen und ein Erbe zu Hause liegen haben...".*
Ich: *„Erstens beziehe ich nicht Hartz IV, und zweitens habe ich dir doch erzählt, dass das Erbe meiner Oma weg ist, dass ich keinen Cent davon bekommen habe.".*

Das hinterlegte Testament wurde für ungültig erklärt wegen eines Formfehlers, und das ganze Geld ging an meine Mutter statt an mich. Das interessiert ihn gerade gar nicht. Sein Fokus liegt auf seinem Haus.

Und er wird mich zwei Wochen später noch einmal nach Geld zu diesem Zweck fragen...

Mein Geburtstag

„Was wünschst du dir zu deinem Geburtstag?".

Ich freue mich, dass Matthieu mich fragt. Mein Geburtstag ist immer etwas Besonderes. Ich heilige ihn; an diesem Tag bin ich auf diese Welt gekommen. Immerhin habe ich schon ein paar Jährchen geschafft, und das soll bitte auch noch ein bisschen so weitergehen - in Lebensfreude, soweit machbar. Ich bemühe mich, dem Leben mehr L e b e n abzuringen. Krank ist das oft nicht einfach. Ich versuche, mich nicht unterkriegen zu lassen, tue mein Bestes. Mehr geht halt nicht. Ich habe keinen materiellen Wunsch.

„Ich wünsche mir, dass wir ein ganzes Wochenende Zeit miteinander haben - ein ganzes Wochenende...". Das ist mein Wunsch. Ich sehe in seine Augen. Und schon merke ich, wie in ihm Widerspruch entsteht. Ich weiß in diesem Moment, er wird es nicht zulassen. Doch so hoffe ich dennoch, dass er es mir zuliebe umsetzt. Ich weiß, er muss viel arbeiten, und da er jeden Samstag bis zum frühen Nachmittag auf Arbeit ist, bleibt uns nur die Zeit von Samstag Abend bis Sonntag. Meist fährt er da aber nun mittlerweile schon um 16.00 Uhr heim. Vor ein paar Monaten war das anders...

Er: *„Ich schau mal, was ich tun kann. Versprechen kann ich nichts...".* Heute ist Sonntag. Noch 6x schlafen.

Wir haben mittlerweile Mittwoch. Samstag ist es soweit! Ich werde feiern... Nur weiß ich noch gar nicht, mit wem. Bis heute sollte mir Matthieu Bescheid geben, ob er frei machen kann oder nicht. *„Ich kann es dir noch nicht sagen. Einige sind in Quarantäne wegen Corona... Ich muss abwarten.".* *„Na gut, dann lade ich einfach meine Freunde ein. Alleine sein möchte ich nicht.".* Es ist ihm nicht recht. Ich kann es deutlich spüren. *„Ich sage dir Donnerstag Abend Bescheid. Okay?".* Eigentlich ist es mir zu spät. Ich ahne, es klappt nicht. Ein Anflug von Traurigkeit macht sich breit. Einfach mal Zeit haben, einfach lieben und geliebt werden. Es ist immer schön, wenn wir zusammen sind. Naja, meistens.

Donnerstag Abend kurz vor 23.00 Uhr. Er kann mir keine Zusage machen. Leider. Ich müsste doch V e r s t ä n d n i s haben. Ja, das muss ich immer haben, und bitte noch mehr Verständnis für i h n , nicht er für mich! Es ist Freitag Abend. Er bedauert: *„Leider muss ich doch einspringen. Ich komme morgen halt ein bisschen später. Mach dir einen schönen Tag!".* Ja, das mache ich! Ich habe nicht auf seine Ansage gewartet, weil ich mittlerweile weiß, die kommt nicht zu d e m Zeitpunkt, wann ich sie brauchen würde. Diese Erfahrung habe ich schon machen dürfen... Ich benötige Unterstützung bei so vielen Dingen in meinem Alltag. So kurz auf knapp kann ich die nicht organisieren. Und das weiß er genau.

Samstag! Ich habe Geburtstag... juchhu! Kurz nach Mitternacht kommt ein sehr lieb geschriebener Geburtstagsgruß von ihm. Dann ist er verschollen. Ich genieße meinen Tag: Anrufe von Freunden, schönes, gemütliches Frühstück allein. Später kommt ein lieber Freund vorbei und bringt überraschenderweise einen großen runden Geburtstagskuchen mit. Sogar an Geburtstagskerzen für den Kuchen hat er gedacht! Ich freue mich so sehr...! Eine lieb geschriebene Karte und schöne Geschenke - später auch von meiner Freundin und ihrer kleinen Tochter, die noch vorbeikommen. Wir lachen viel und haben Spaß! Mein Geburtstag ist gerettet!

Erst gegen 17.30 Uhr findet sich mein Freund ein. Feierabend ist samstags - seiner Ansage nach - immer gegen 14.30 Uhr. Einen kleinen gebundenen Blumenstrauß bringt Matthieu mir mit, wirkt eher kühl, nicht herzlich, nicht warm. Es scheint ihm nicht recht zu sein, dass ich einen schönen Tag hatte, denn es gab kein nettes Wort und keinen Kommentar zu meinen herrlichen Bildern im Status, die er tagsüber immer wieder mal angeschaut hat.

Meine Freundin ist nett, einnehmend, **er flirtet mit ihr.** Ich bemerke es umgehend. Kann das sein? **Er flirtet an meinem Geburtstag mit meiner Freundin??** Zum Glück hat diese einen Freund, ist frisch verliebt. Als sie mit ihrer Tochter geht, sind wir allein.

Nun, ich bin müde. Mein Pulver habe ich für heute verschossen. Seine Frage kommt: *„Was machen wir jetzt?"*. Nebenher hat er ein Stück Kuchen gegessen.

„Ich würde gern noch einen schönen Film mit dir schauen... Das reicht mir für heute.". An Sex mag ich heut nicht denken. Bin echt k.o.. Ich liebe den Sex mit ihm, und trotz meiner körperlichen Einschränkungen sind wir in dieser Hinsicht recht aktiv. Und wenn ich mal nicht kann, weil es mir nicht gut genug für „Turnübungen" geht, dann verwöhne ich wenigstens ihn. Ich mache das gern. Doch heute will ich nur noch kuscheln und Ruhe. Ich hatte einen schönen Geburtstag! Und nun ist mein Freund da und wir machen es uns gemütlich... Ich freue mich.

„Welchen Film willst du schauen? Du hast Geburtstag, du darfst wählen." Ja, sicher wähle ich heute... Das lasse ich mir nicht nehmen. In den letzten Wochen hat er immer mal wieder gesagt, ich könne einen Film aussuchen, aber dann war er ihm nicht recht. Also wollte er einen anderen schauen. Heute nicht! Ich wähle. So ganz glücklich ist er mit der Wahl nicht. Das wird er schon überleben...
Ich kuschel mich an ihn. *„Wieso bist du eigentlich erst so spät gekommen? Ich hatte gehofft, du kommst zum Kaffeetrinken."*.
Kritik? Naja, eher eine Frage, eine berechtigte Frage, wie ich finde.

Ich habe heute Geburtstag. Er hätte doch schon früher hier sein können. Das kommt nicht gut an, dass ich danach frage. Das Ergebnis ist ein maulender Freund, der plötzlich todmüde ist und die Couch verlässt, um ins Bett zu gehen.

„Du kannst den Film ruhig noch anschauen, das stört mich nicht...".

Sein Bett steht in meinem Wohnzimmer - zwei Meter von mir entfernt. Ich schlafe heute im Bad. Da er laut schnarcht, und ich meine wirklich richtig laut, ist an ein Schlafen gemeinsam in einem Raum nicht zu denken. Mir macht es nichts aus, im Bad zu schlafen. Mein Bad ist groß, es ist geräumig und sehr schön. Dort steht nun mein Bett für heute Nacht. Auf die Idee, mich heute im Wohnzimmer schlafen zu lassen, weil ich Geburtstag habe, kommt er nicht. Stattdessen genehmigt er mir gönnerhaft, dass ich noch Fernsehen darf in meiner eigenen Wohnung. Er liegt schnell im Bett, und ich habe das Gefühl, er ist gar nicht wirklich müde und macht das gerade mit Absicht. Wieso sollte er so etwas machen? Ich schiebe mein Bauchgefühl weg. Das kann nicht sein. Punktum.

Ich bleibe ein wenig traurig auf meiner Couch zurück. Ich hatte mich so auf ihn gefreut! Nun sitze ich alleine hier. Aber ich lasse mir meinen Tag nicht vermiesen. Es kommen immer noch Geburtstagsnachrichten via SMS, und ich beantworte sie alle mit einem Lächeln im Gesicht. Als ich auf meine Geschenke schaue, die ich auf einem kleinen Tisch arrangiert habe, fällt mir auf, dass sein Geschenk am kleinsten ausgefallen ist.

„Das eigentliche Geschenk kommt noch!". Er hat mir etwas in Aussicht gestellt, was ich letztens toll fand, aber irgendwie habe ich das Gefühl, ich werde es nie erhalten. Es wird sich bewahrheiten...

Noch eine Woche muss er arbeiten, dann hat er eine ganze Woche Urlaub. Für uns gemeinsame, kostbare Zeit - so sagt er immer. Doch das, was er sagt, ist nicht identisch mit dem, was er macht... Man soll bei einem Mann immer d a r a u f schauen, was er macht, also, wie er handelt, und nicht darauf, was er redet. *„Die Tat macht den Mann!".* Wer es gut mit dir meint, wird auch zu deinen Gunsten handeln. Das sollte man immer im Blick haben. Ich bemerke, dass er nicht immer zu meinen Gunsten handelt, sondern oft nur schön redet. Ich bin aufmerksam. Ich bemerke es, speichere es ab und sammle die Fakten. Und irgendwann ergeben die Puzzleteile vielleicht ein Bild, das ich auch verstehe. Ich hoffe, mir gefällt noch, was ich dann sehe.

Donnerstag nach meinem Geburtstag erzählt er mir verärgert, dass es Stress auf Arbeit gab, und dass er nun doch noch am Samstag arbeiten soll. Dabei hatte er extra seinen eigentlich freien Samstag von letzter Woche auf das kommende Wochenende verlegt, damit sich sein Urlaub lohnt. Ich denke, ich höre nicht richtig...

Zwei Botschaften sind es, die meine Aufmerksamkeit auf sich ziehen - und zwar umgehend:

1. **Es gibt offensichtlich freie Samstage!** So lange, wie wir uns kennen, hat er bisher j e d e n Samstag angeblich gearbeitet.

2. **Er hatte eigentlich an meinem Geburtstag frei.** Und er hat zu seinen Gunsten den freien Tag auf seinen Urlaubsbeginn gelegt.

Und mit ein bisschen Staunen erreicht mich noch eine dritte Botschaft, die ich zu verdauen habe - mit einer vierten, versteckten Information:

3. Matthieu wird an diesem nun freien ersten Urlaubs-Samstag mit seinem Vater schön essen gehen. Er hat einen Gutschein fürs Steak-House in seinem Heimatort geschenkt bekommen, und da ich es nicht schaffe, mit ihm dorthin zu fahren, geht er mit seinem Vater. Ich verstehe das...
Doch am Samstag Nachmittag erzählt er mir plötzlich, dass er mit Freunden gleich essen geht.

„*Nicht mit deinem Vater?*" frage ich. Er stutzt ganz kurz, Millisekunden...
„*Nein, der will nicht...*".

4. „**Ich gehe mit DEN Freunden, mit denen ich schon im letzten Sommer auf dem Stadtfest war.**". Nun stutze ICH. „*Da warst du allein.*". „*Was?*". „*Auf dem Stadtfest warst du allein. Du hast mir noch Fotos geschickt und Videos, und ich war traurig, weil du mich nicht mitgenommen hast.*".

Er sagt, ich müsse mich irren. Nein, ich irre mich nicht, **ich weiß es g a n z g e n a u** !

Warum diese Kurzgeschichten?

Ich habe meiner Wahrnehmung nicht getraut.

Ich habe IHM vertraut. Die Wahrnehmung ist so eine Sache: man wird beeinflusst durch verschiedene Faktoren, und dann ist es plötzlich anders - in der eigenen, subjektiven Realität.

Die OBJEKTIVE REALITÄT begreift jeder, der mit ein bisschen Abstand und einigem Fachwissen über diese kleinen Ereignisse drüberschaut. Da sind offen oder versteckte Hinweise, die mich aufhorchen lassen müssten...

...Abwertung

...Dominanzgebahren

...Egozentrik

...Ein NEIN wird nicht akzeptiert

...Empathielosigkeit

...Gaslighting

...Grenzen werden nicht akzeptiert

...Kontrollzwang

...Kritikunfähigkeit

...Lügen

...Fehlende Hilfsbereitschaft

...Manipulation

...Rücksichtslosigkeit

...Schweigen als Bestrafung (Silent Treatment)

...Verantwortungslosigkeit

...Zerstörungswut als Bestrafung

„Kleinigkeiten" sind wichtig!

Vielleicht lässt sich anhand der Aufzählung, die sicher nicht komplett ist, erkennen, dass das alles Merkmale einer toxischen Beziehung sind. Das allein reicht schon aus, um die Entscheidung treffen zu müssen, dass es keinen gemeinsamen Weg geben kann, keine Partnerschaft auf Augenhöhe.

Einander wohlwollend Gutes tun, sich gegenseitig unterstützen: das sind Merkmale einer Partnerschaft, die Liebe lebt. Empathie, Trost, echtes Sozialverhalten lassen sich in einer toxischen Beziehung nicht finden.

DESHALB sind Kleinigkeiten WICHTIG, denn sie verraten dir mehr über dein Gegenüber, als der andere vielleicht preisgeben will. Achte gut auf die kleinen, aber feinen Zwischentöne.

Führe TAGEBUCH, lade all deine Gedanken ein, sich auszudrücken. Schließ dein Tagebuch ab und verstecke es. Es gehört nur dir! Es wird dir schnell zeigen, wer was zu wem gesagt hat und wann dich dein Partner nur verwirren will.

Abwertung durch Freunde

Familie wie auch Freunde erkennen oft nicht, was da vor sich geht in deiner Beziehung. Was WIRKLICH passiert, können sie nicht erfassen.

Sei dir sicher: du bist NICHT VERRÜCKT! Du hast all das erlebt, und das macht etwas mit dir. Das ist MISSBRAUCH, was da stattfindet: **psychischer/emotionaler Missbrauch**!

Man kann diese Art von Missbrauch nicht so schnell erkennen, manchmal gar nicht, denn es ist nicht so offensichtlich wie körperliche Gewalt. Und dennoch ist es **GEWALT**!

Lass dich nicht noch mehr verunsichern, wenn Freunde nichts Schlimmes hinter den kleinen Begebenheiten entdecken können und dir vielleicht sagen:

„Das ist doch alles halb so wild..."

„Du wirst langsam paranoid!"

„Alle machen mal Fehler..."

„Jetzt sei doch nicht so!"

„Stell dich nicht so an!"

Man fühlt sich nicht gehört mit seinen Problemen, und dadurch steht man oft ganz allein.

Ich rate dir: wende dich an Menschen, die so etwas durchgemacht haben. Sie erkennen leichter und schneller, was da wirklich abgeht. Gib bitte nicht auf und denke: *„Das hat doch alles sowieso keinen Sinn. Mich versteht keiner!"*.

Es gibt immer Menschen da draußen, die verstehen.
Du musst sie nur FINDEN!

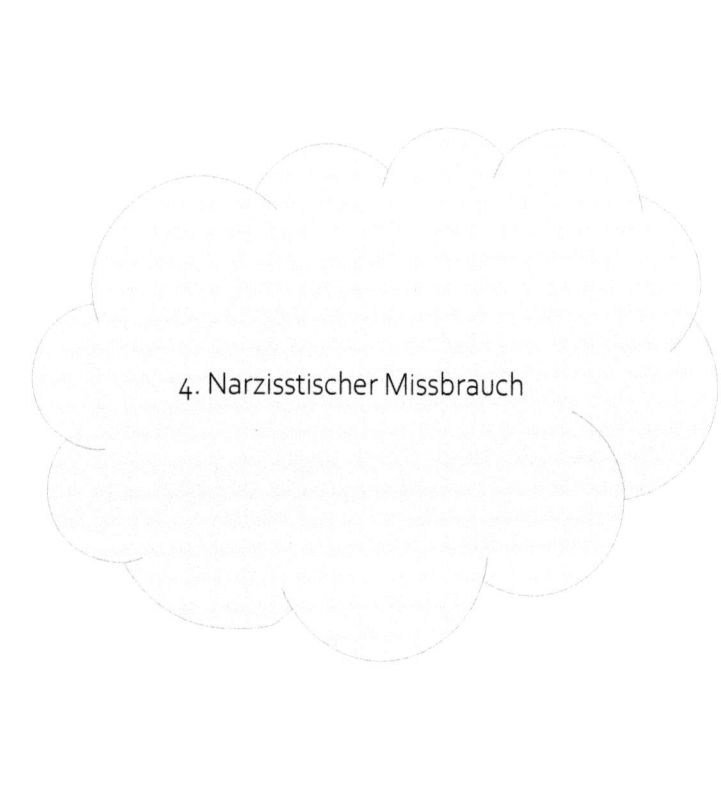

4. Narzisstischer Missbrauch

Narzisstischer Missbrauch - was ist das?

Narzisstischer Missbrauch = Narzisstische Gewalt!

Zum Erläutern wähle ich jetzt mal eine Quelle aus Wikipedia:

> > >

„Narzisstische Gewalt taucht auch in Beziehungen unter Erwachsenen auf, insbesondere in Partnerschaften und am Arbeitsplatz. Der Narzisst sucht einen erfolgreichen (unabhängigen, gebildeten und attraktiven) und empathischen Partner, um Bewunderung für die eigenen Eigenschaften sowie Macht und Kontrolle zu erhalten – die narzisstische Bestätigung (englisch: narcissistic supply, narcissistic feed).

Die narzisstische Person erzeugt durch seine Psychodynamik eine Täter-Opfer-Beziehung, die zu einer traumatischen Bindung führt, die es dem Partner erschwert, die zunehmend gewalthafte Beziehung zu verlassen. Co-Abhängige suchen vorsätzlich Beziehungen zu Narzissten.

Die Beziehungen der narzisstischen Persönlichkeit sind charakterisiert von einer Periode intensiver Werbung (englisch: love bombing) und Idealisierung des neuen Partners, gefolgt von einer schleichenden Abwertung und einem schnellen Fallenlassen des Partners. Statt des Fallenlassens kann sich dieses Szenario auch wiederholen, indem die Kommunikation mit der co-abhängigen Person zunächst eingestellt wird und sie dann durch Liebesbeweise und Versprechungen zurück in die Beziehung geködert wird. Zu Beginn der Beziehung (oder eines neuen Zyklus') zeigt der Narzisst dem Partner nur ein ideales Selbst mit Pseudo-Empathie, Liebenswürdigkeit und Charme. Hat sich der Partner auf die Beziehung eingelassen (Hochzeit, Geschäftsbeziehung), zeigt sich allmählich das authentische Selbst des narzisstischen Partners.

Die narzisstische Gewalt beginnt mit herabsetzenden Kommentaren und entwickelt sich zu Verachtung, wobei absichtliches Ignorieren, Seitensprünge, Triangulierung, Sabotagen und manchmal körperliche Gewalt entstehen können. Grundlegend für diese Taten sind eine Anspruchshaltung und ein niedriger Selbstwert. Gefühle der

Unzulänglichkeit werden auf das Opfer projiziert. Wenn sich die narzisstische Person unattraktiv fühlt, wird sie das Aussehen des Partners herabsetzen. Macht der Narzisst einen Fehler, wird er die Schuld des Partners daran feststellen. Narzisstische Persönlichkeiten begehen auch heimtückische, manipulative Gewalt (Gaslighting), in deren Folge das Opfer die eigene Wahrnehmung in Frage stellt. Eine weitere Gewaltform ist die öffentliche Bloßstellung des Opfers, wobei der Narzisst nur einen scheinbar neutralen Kommentar macht, allerdings in der Absicht, das Opfer anzugreifen. Jede Kritik am Narzissten, entweder tatsächlich ausgesprochen oder von ihm nur so wahrgenommen, ruft eine narzisstische Kränkung und eine vollkommene Leugnung, wohl möglich mit einem Wutanfall oder späterer Rache wie versteckter Sabotage (Streuen von Gerüchten, Verweigern der Kommunikation, Verstecken von Gegenständen etc.), hervor.

Narzisstische Personen stoßen ihre Partner häufig schnell ab, sobald sie narzisstische Bestätigung aus einer neuen Quelle gefunden haben. In Partnerbeziehungen kann die narzisstische Bestätigung auch durch Affären abgedeckt werden. Der neue Partner wird vollkommen idealisiert und bekommt zunächst nur das ideale Selbst des Narzissten zu sehen. Narzissten übernehmen nicht die Verantwortung für Beziehungsprobleme und zeigen keine Gefühle der Reue. Stattdessen sehen sie sich selbst als Opfer der Beziehung, da der Partner ihre Erwartungen nicht erfüllen konnte. " (15*)

Untragbar? Unfassbar? Ja, das kann man so sagen.

Man merkt es wirklich erst, nachdem „das Kind in den Brunnen gefallen ist", sprich: wenn man mittendrin ist in der narzisstischen Beziehung! Dann da wieder raus zu kommen ist wirklich schwer.

Unabhängigkeit zu bewahren, eigenständig Entscheidungen zu treffen - auch in der Partnerschaft: das ist immens wichtig. Macht man sich nicht zum Opfer des Narzissten, hält an seinen eigenen Wertvorstellungen fest und lebt nach seinen eigenen Regeln, die man für wichtig hält, dann wird es dem Narzissten nicht nur schwerer gemacht, Missbrauch ausüben zu können, sondern man bemerkt auch leichter diese „verrückten Dinge", die da passieren...

Der „narzisstische Kreislauf" ist nichts anderes als ein Spiel, das den Partner, also das „Opfer", binden soll. Man lässt sich zunehmend mehr beeinflussen / manipulieren, ohne, dass man es merkt. Und darauf kommen wir nun zu sprechen...

Narzisstischer Kreislauf

Ein Kasperletheater kennen wir alle. Der Kasper sagt dem Publikum artig „Guten Tag!", und das Publikum erwidert den freundlichen Gruß. Diesen verbalen Austausch kennt jedes Kind.
Nun habe ich mir mal diese Form der Kommunikation zwischen Narzisst und „Opfer" hergenommen, sie stark vereinfacht und deutlich übertrieben, aber dennoch: der Inhalt und die Form passen.
Ich lade dich ein, dich auf dieses Experiment einzulassen, narzisstischen Missbrauch einmal anders zu beleuchten, und ich will den Missbrauch mit dieser Art der Darstellung auf gar keinen Fall kleinreden. Ich möchte diesen Weg wählen, weil er uns überdeutlich zeigt, wie verrückt und absurd all das eigentlich ist, was da passiert. Aber die/der Betroffene merkt es oft nicht - leider! Verzeih mir bitte, dass ich „du" geschrieben habe im Dialog, aber ich hoffe, damit einen Nerv zu treffen: deinen Nerv, DAMIT du merkst, OB du betroffen bist. Das ist sehr wichtig, das zu erkennen! Horch / lies mal rein in mein Drehbuch und sage laut, ob du dich wiederfindest in dem Geschehen...

****

Narzisst trifft dich:

Narzisst: „Hey, ich finde dich SUUUUUPER!!!".

Du: „Echt jetzt?".

Narzisst: „JAAAAAA!!!!! Auf dich habe ich mein Leben lang gewartet!!!!".

Du, ungläubig staunend: „Wow!".

Narzisst: „JAAAA! Ist das nicht unglaublich?! Ich bin sooooo glücklich, dich getroffen, nein, gefunden zu haben. Fühlst du nicht auch, dass wir SEELENPARTNER sind?".

Du: „Ein Mann sagt so etwas??? Der muss ja etwas ganz Besonderes sein!".

Narzisst freut sich! Lächelt sich insgeheim ins Fäustchen, weil du das glaubst.

****

Kasper: „Ist das nicht sooo gemein vom Narzissten, sich ins Fäustchen zu lachen, nur, weil sie das glaubt?".

Publikum: „JAAAA!".

Kasper: „Schauen wir mal, wie das Ganze weiter geht...".

****

Narzisst: „Wollen wir an den Strand fliegen, auf die Malediven? Ich möchte so gern viiiiel Zeit mit dir verbringen. Du tust mir sooooo gut!". (Ist noch nicht mal gelogen, dass du ihm gut tust. Du tust ihm wirklich gut, denn er bekommt etwas von dir, was er gerade braucht.)

Du: „Wirklich?????!!!!" - große Augen, staunen.

Narzisst: „Ja, und wir machen es uns in meinem großen, schönen Haus gemütlich. Du kannst bei mir wohnen, musst keine Miete mehr zahlen. Ich arbeite für uns beide, und wenn dir dein Job keinen Spaß mehr macht, dann lass ihn einfach sausen. Du kannst dich um DIE DINGE kümmern, die dir Spaß machen. Ich unterstütze dich gern dabei. Ich LIIIIIEBE DICH!!!!!".

Du - baff: „Das geht mir jetzt aber ein bisschen zu schnell..."

Narzisst: „Ach, wieso schnell? Das Leben wartet nicht. Wir lieben uns, wir sind füreinander bestimmt! Worauf warten?".

Du: „Eigentlich hat er recht. Ich liebe ihn wirklich! Er ist mein Traumprinz!!!".

****

Kasper: „Und, liebe Zuschauer, was meint Ihr? Wird sie zu ihm ziehen?"

Publikum: „Bestimmt nicht! Sie würde doch ihr ganzes, eigenes Leben aufgeben!".

Kasper: „Aber es klingt doch seeehr verlockend, oder nicht?".

Publikum: „JAAAA!!!".

Kasper: „Oh, ich glaube, jetzt geht es weiter... Schauen wir mal, was sie macht."

****

Narzisst: „Jetzt habe ich dich schön weichgekocht, oder?".

Du: „Bitte????".

Narzisst: „Ich habe dich soooo lieb!".

Du: „Du hast doch gerade etwas ganz anderes gesagt...".

Narzisst, vollkommen unschuldig und charmant: „Nein, da musst du dich verhört haben!".

Du: „Echt jetzt?".

Narzisst: „So eine dumme Nuss! Ich kann ihr erzählen, was ich will, sie hört nur, was sie hören will!".

Du: „Was hast du gerade gesagt????"

Narzisst: „Ich habe nur gesagt, dass ich deine Klugheit sehr schätze und froh bin, eine so starke, gutmütige und sensible Frau getroffen zu haben...".

Du - fühlst dich gesehen! „Wie lieb du bist! Ich wäre wirklich dumm, NICHT zu dir zu ziehen!".

****

Publikum: „Neiiin, nicht zu ihm ziehen!!!".

Kasper: „Jetzt wirds lustig!". Lacht...

****

Narzisst: „Jetzt bereite ich dir ein schönes Lager, und ab morgen wirst du für mich arbeiten, hart arbeiten. Die schöne Zeit in deinem Leben ist vorbei! Ich werde dich beschäftigen - rund um die Uhr. Und am Ende wirst du nicht mehr wissen, wer du bist!".

Du säuselst verliebt: „Was hast du gesagt, mein Schatz?".

Narzisst: „Ich werde dir den Himmel auf Erden bereiten!".
Lacht und denkt: „...wohl eher die Hölle auf Erden. Wie gut, dass sie das nicht weiß!!!".

Du: „Ich komme.....!!!!".

****

Kasper: „Wird Euch gerade auch so schlecht wie mir? Wie können wir sie retten?".

Publikum, traurig: „Keine Ahnung!".

Es geht weiter...

****

Du: „Ich bin da, mein Liebster!".

Narzisst denkt: „Endlich habe ich wieder ein „OPFER"!".

Du: „Ich möchte mich gern erholen von dem Umzug!".

Narzisst: „Meinst du nicht, du könntest mir etwas Leckeres zu essen kochen? Du machst das doch immer sooo toll, Schatz!".

Du: „Aber ich bin wirklich müde...".

Narzisst: „Ich bin noch viiiiiiiel müder als du!".

Du: „Also gut, ich liebe dich ja, ich koche gern für dich.".

Narzisst grinst: „Na, geht doch!".

Du: „Bitte?".

Narzisst grinst still.

****

Kasper: „Wie holen wir sie da wieder raus?".

Publikum weint: „Das ist sooo hässlich! Er ist sooo gemein, und sie merkt es nicht einmal!".

Kasper: „Genau, wir müssen es so machen, DASS sie es merkt, dass er nur das Beste FÜR SICH SELBST WILL! Wie machen wir das?".

Publikum denkt nach: „Keine Ahnung!".

Kasper: „Ich lasse mir etwas einfallen... Wäre ja gelacht, wenn wir das nicht schaffen!".

Kasper rennt hin und her und denkt nach...
Er pustet in seine Zaubertüte und schenkt dir einen Traum.

****

Du: „Ich habe geträumt, dass du nur DEIN BESTES willst und nicht meins...".

Narzisst: „So ein Unsinn, was du wieder redest! Und schau dich doch mal an: du warst mal so klug, und nun redest du so einen Schwachsinn. Ich bin der einzige, der dich liebt, denn so eine dumme Frau nimmt ja eh kein anderer Mann!".

Du, sehr traurig und verunsichert: „Ich dachte, du liebst mich, und nun sagst du so böse Sachen über mich. Dann kannst du mich ja gar nicht lieben!".

****

Publikum freut sich zusammen mit dem Kasper! Jetzt hat sie es bemerkt!

****

Narzisst, charmant: „Och, Dummchen, keiner liebt dich sooo sehr wie ich, denn sonst würde ich dich ja nicht an meiner Seite behalten, auch, wenn du so dumme Sachen erzählst. Du weißt doch, wie sehr ich dich liebe, mein Zuckerschnäuzchen, oder?".

****

Publikum: „NEIIIN, er liebt dich nicht!".
Kasper: „Mann, der ist schon wirklich sehr geschickt!".

****

Du: „Ja, ich weiß, dass du mich liebst. Ich werde mich mehr anstrengen, wieder klüger zu sein, denn so hast du dich ja in mich verliebt. Ich werde ALLES dafür tun, damit du wieder eine kluge Frau an deiner Seite hast. Ich streng mich GANZ DOLLE an! Versprochen!".

****

Kasper: „Nimmt das denn gar kein Ende?".

ᴀᴀᴀᴀᴀᴀ

Narzisst: „Hast du schon die Wäsche gewaschen? Warst du beim Bäcker und hast Brot geholt? Du weißt doch, dass ich für uns beide arbeite, da kannst du dich schon mal um die kleinen Dinge kümmern....!".

Du: „Ja, du hast recht. Morgen werde ich alles gleich erledigen.".

Narzisst: „Und was machst du heute? Ach, weißt du was, du könntest mir mal meine Füße massieren. Ich bin heute sooo viel gelaufen auf Arbeit. Und es war ziemlich anstrengend, sodass ich Muskelkater habe...".

Du: „Natürlich, gern!".

Narzisst: „Wenn die wüsste, dass ich heute bei einer anderen Frau war nach Feierabend... Aber sie weiß es ja nicht! DESHALB habe ich Muskelkater!". Lacht.

Du: „Was hast du gesagt?".

121

Narzisst: „Ach, hör auf nachzufragen, fang an!".

****

Publikum: „Wir müssen ihr helfen!".

****

Narzisst: „Hey, wo sind die Brötchen und das Brot? Warst du in der Stadt? Hast du die Wäsche gewaschen? Hast du gebügelt? Warst du in der Reinigung und hast den Teppich geholt? Wieso ist das Bad noch nicht geputzt? Wieso muss ich mich nur mit dir Nichtsnutz so plagen? Ich könnte so ein schönes Leben haben, aber du versaust mir meinen Tag, weil du so faul bist!".

Du: „Ich habe alles erledigt, was du mir gestern gesagt hast...".

Narzisst: „Ja, aber ein bisschen mitdenken kann Madame ja schon... Oder bist du noch dümmer als ich letztens dachte?".

Du, weinend: „Ich bemühe mich ja, aber ich wusste nicht, dass dir das wichtig ist. Ich werde das alles morgen erledigen. Ich verspreche es dir!". Du kuschelst dich an ihn... Tränen kullern über dein Gesicht. Dir fehlt der charmante, liebenswürdige Mann von vor ein paar Wochen...

Narzisst: „Stell dich nicht so an! Deine Mutter hat heute auch gesagt: du bist manchmal ein bisschen seltsam. Also strapaziere meine Geduld nicht allzu sehr!".

Du, entsetzt: „Meine Mutter hat DAS über mich gesagt?".

Narzisst: „Nein, nicht deine Mutter, deine Schwester hat das gesagt...".

Du, völlig verwirrt: „Gerade eben hast du gesagt, meine Mutter hat das gesagt.".

Narzisst: „Wenn du nicht richtig hören kannst, geh zum Ohrenarzt!". Er steht auf und geht, lässt dich traurig zurück.

Du bist völlig durcheinander, weißt nicht, wo dir der Kopf steht. „Ich muss mir einfach mehr Mühe geben. Und es ist ja auch egal, wer das über mich gesagt hat: ob nun meine Mutter oder meine Schwester... Da muss ich mich eben NOCH MEHR ANSTRENGEN!". Traurig gehst du ins Bett. Der Narzisst schläft schon.

* * * * * * *

Kasper: „Jetzt müssen wir uns aber ganz dringend etwas Kluges einfallen lassen! Sie wird immer trauriger!".

Publikum: „Ja! Aber WAS???". Der Kasper flüstert der Mutter ins Ohr: „Sag ihr etwas Liebes und klär das alles auf!".

Publikum applaudiert! „Ja, dann merkt sie, dass da was faul ist!".

* * * * * * *

Narzisst: „Wieso hast du heute nicht den Kuchen gebacken, den ich mir gewünscht habe? Was hast du heute überhaupt gemacht? Mit wem hast du telefoniert? Wo warst du?".

Du - verwundert: „Ich war heute bei meiner Mutter. Ich wollte mit ihr über all das reden, was sie über mich gesagt hat. Aber sie hat das gar nicht gesagt.". Vorwurfsvoll schaust du ihn an.

Narzisst: „Glaubst du wirklich, deine Mutter würde DIR sagen, dass sie DAS über dich gesagt hat? Sie ist doch nicht blöd!".

Du: „Wir vertrauen einander. Sie würde mir ALLES sagen!".

Narzisst: „Bist du dir da GANZ SICHER???". Er geht ins Bad und pfeift selbstsicher ein Liedchen vor sich hin.

Du bleibst völlig verunsichert zurück. „Wem kann ich glauben?".

Einige Wochen später:

Narzisst: „Wieso hast du nicht das Haus gewischt? Du warst auch nicht in der Apotheke... Wer soll mir jetzt meine Vitamine holen? Es ist spät. Die Apotheke hat jetzt geschlossen. Hast du wenigstens den Müll geleert, die Wanne gesäubert, die Teppiche gesaugt? Hast du gekocht für morgen und gebacken, wir bekommen ja Gäste! Hast du die Blumen draußen im Garten gegossen? Warst du bei dem Metzger, von dem ich die Kalbsmedaillons so gern esse und hast sie für morgen vorbereitet? Was ist mit meinen Hemden, sind sie aufgebügelt? Hast du die Mail für mich geschrieben und abgeschickt? Hast du die Gardinen aufgehängt?".

Du, sprachlos und müde... „Ich habe so viel erledigt, wie ich konnte, aber ich kann nicht mehr. Ich möchte so gern Urlaub machen. Meine Arbeit und zusätzlich der Haushalt - das ist anstrengend für mich!".

Narzisst: „URLAUB??? WENN du mir zeigst, dass dir das mit uns wichtig ist, wenn ich nicht alles alleine machen muss, DANN können wir auch gerne in den Urlaub fahren...".

Du, mit einem zaghaften, hoffnungsvollen Lächeln im Gesicht: „Auf die Malediven?". Das hatte er dir ja versprochen.

Narzisst: „Ach, und woher soll ich das Geld dafür nehmen? Ich muss in die Firma investieren, muss alles gut durchdenken! Da habe ich jetzt kein Geld dafür... ich muss UNSERE Zukunft absichern! DU hast aber doch noch Geld auf dem Sparkonto. Wenn du mir hilfst, den Urlaub zu bezahlen, dann können wir u.U. auch auf die Malediven!".

Du: „Aber ich habe doch schon fast alles für den Umzug ausgegeben, für die neue Couchgarnitur im Wohnzimmer und für den neuen Kleiderschrank im Schlafzimmer.".

Narzisst: „Naja, jeder muss halt ein bisschen was mit einbringen. Immerhin lebst du hier mietfrei!".

Du, traurig: „Fahren wir in den Urlaub?".

Narzisst: „Lass uns morgen darüber reden. Ich muss jetzt wirklich ins Bett. Der Tag war anstrengend!".

Du: „Aber morgen Abend kommst du ja noch später, und dann können wir wieder nicht darüber reden...".

Narzisst: „Du solltest schon ein wenig VERSTÄNDNIS aufbringen für deinen Mann. Wenn er den ganzen Tag hart arbeitet, ist er abends nun mal müde... Gute Nacht, mein Schatz, schlaf schön! Ich hab dich lieb!".

Du: „Kann er mich wirklich noch lieb haben, wenn ich doch nichts auf die Reihe bekomme? Immerhin habe ich nur einen Teil von dem geschafft, was er alles aufgezählt hat... Ich muss mich NOCH MEHR anstrengen. Und er hat Recht: er kann nicht alles bezahlen. Ich spare ab sofort für unseren Urlaub, und dann entspannen wir schön gemeinsam am Strand...". Wehmut stellt sich ein. Tränchen laufen. Wieso, weißt du nicht.

****

Publikum weint mit.

Kasper: „Das ist ja nicht zum Aushalten! Sie muss immer mehr arbeiten, und am Ende glaubt sie auch noch, dass sie „nichts auf die Reihe bringt". Was können wir nur tun? Sie ist gar nicht mehr glücklich...".
Der Kasper flüstert dir ein: „Sag ihm morgen, dass du dich mal um DICH kümmern musst. Du machst jetzt einfach mal

was nur für dich! Das wird dich wieder glücklich machen!".

Publikum: „Tolle Idee! Wenn sie merkt, wie schnell sie dadurch wieder glücklich wird, merkt sie vielleicht, dass es ihr IN der Beziehung gar nicht so gut ergeht, wie sie gerade denkt!".

****

Narzisst, sauer: „Wo warst du?".

Du: „Ich habe heute mit meinen Freundinnen etwas Schönes gemacht: wir waren im Kino und anschließend essen... Simone hat mich heute morgen angerufen und gefragt, ob ich heute Nachmittag mitkomme.". Du strahlst.

Narzisst, verschränkt die Arme, schaut grimmig: „Simone, DIE Simone, die mich letztens erst noch gefragt hat, ob du schwanger bist, weil du so dick geworden bist?".

Du, völlig entsetzt: „Was? DAS hat sie über mich gesagt?".

Narzisst: „Ja, DAS hat sie über dich gesagt. Und sie hat es nicht freundlich gesagt. Aber heute hat sie dich vermutlich nicht gefragt, oder? Das traut sie nicht nicht... Aber hinter deinem Rücken denkt sie das. Ich würde mich von dieser Frau fernhalten, denn wer hintenrum so über einen spricht, kann niemals die beste Freundin sein! Das ist meine Meinung!".

Du, supertraurig: „Bin ich denn dick? Hat Simone wirklich so etwas über mich gesagt?".

Narzisst: „Also wenn du mir nicht glaubst, dann frag sie doch...!".

Du weinst. Klein fühlst du dich plötzlich, nicht mehr strahlend. „Findest du mich zu dick?".

Narzisst, lächelnd: „Naja, ein paar Kilos mehr finde ich nicht schlimm. Du achtest doch auf dich, oder? Vielleicht könntest du ein bisschen weniger essen, das würde dir sicher gut tun. Ich will doch mein Schätzchen auch weiterhin gern im Bett verwöhnen und mich wohl dabei fühlen, dich sexy finden und geil, nicht?". Er zwinkert und geht.

Du weinst. Du denkst nun, du bist zu dick. Und Simone ist ab jetzt nicht mehr deine beste Freundin!

****

Narzisst: „Hallo Schatz! Ich habe eine Überraschung für dich!".

Du, erstaunt, müde vom Tag: „Wirklich???".

Narzisst: „Ja, zieh dich um! Ich entführe dich...".

Müde schleppst du dich ins Schlafzimmer, ziehst dich schick an.

Narzisst kommt herein: „Ach, kannst du nicht das enge Schwarze anziehen, wo ich deinen Hintern so sexy finde? Tu es mir zuliebe...".

Du ziehst dich noch einmal um.

Narzisst: „Ich möchte, dass du heute Abend strahlst! Du bist meine schöne Frau, und ich bin glücklich, dass du an meiner Seite bist!".

Du fühlst dich gesehen und gehört: „Er liebt mich DOCH!!!!". Hattest du doch in den letzten Monaten daran gezweifelt, weil du ihm NICHTS mehr recht machen konntest.

Ihr fahrt weg. Im Restaurant: „Setz dich, ich möchte nur nochmal kurz den Schröders „Hallo" sagen. Sie sitzen dort hinten am Tisch... Hab sie gerade entdeckt.". Er schaut dich durchdringend an. Du nickst. Widerworte wären hier nicht angebracht, oder? Eigentlich dachtest du, Ihr wäret zu zweit - endlich mal Zeit zu zweit!

Eine Viertelstunde später: er kommt zurück. „Es tut mir leid. Es gab noch Wichtiges wegen eines Projektes zu besprechen, und du weißt ja: Thomas findet nie ein Ende, wenn er erst einmal anfängt.". Weißt du das? Nein.

Er bestellt für euch beide. Du hast gar nicht gesagt, was du essen möchtest. „Ich wollte eigentlich Muscheln essen...". Die magst du sehr. Er: „Ach, ich dachte, du freust dich! Ich wollte dich verwöhnen heute... Lass mich das doch bitte machen, mein Herz!".
Du nickst, wenngleich traurig. Sooo gern würdest du Muscheln essen, aber du willst ihm die Freude nicht verderben. Verwöhnen will er dich, wie lieb!

Später am Ausgang:

Narzisst: „Ich muss nochmal auf die Toilette. Ich komm gleich nach. Geh doch schon mal vor zum Wagen, Schatz!".

Du sitzt im Auto und wartest. Er kommt nicht. Was er wohl da drinnen so lange macht? Bestimmt ist er Thomas wieder über den Weg gelaufen, denn der war noch da.

40 Minuten später: er kommt nicht. Du steigst aus dem Wagen und gehst ins Restaurant. Da siehst du ihn mit einer Frau am Tisch sitzen, er flirtet. Du wartest im Wagen auf ihn und er flirtet?

Er sieht dich: „Ach, das hier ist Thea! Ich habe sie fast über den Haufen gerannt, und ihr Knöchel war verstaucht. Da habe ich mich freundlicherweise noch kurz mit an den Tisch gesetzt...".

Du: „...kurz???". Du schaust auf deine Armbanduhr. „Ich warte seit 40 Minuten im Wagen auf dich.".

Narzisst: „Ja, aber schau mal: das hier ist eine Frage des Anstands. Frauen WIE SIE kann man nicht einfach sitzen lassen...".

Du: „Frauen WIE SIE...? Und MICH kannst du sitzen lassen?".

Narzisst: „Jetzt mach doch kein Drama daraus! Nun geht man einmal schön essen, und gleich versaust du einem die Stimmung. Wir fahren!". Galant verabschiedet er sich von der Dame am Tisch und geht zur Tür.
Du im Wagen: „Warum hast du das gesagt: Damen WIE SIE? Bin ich keine Dame in deinen Augen?". Du bist verletzt.

Narzisst: „Wenn du etwas falsch verstehen willst, dann nur zu... Ich habe es dir erklärt, aber wenn du mir und meinen Worten keinen Glauben schenkst, dann können wir das hier gleich sein lassen: gemeinsam essen gehen, denn jedes Mal will ich nicht so ein Drama haben. Das ist mir echt zu anstrengend!".

Du: „Was hast du mir erklärt?".

Narzisst, sichtlich gereizt: „Ich habe es gewusst: mit dir kann man nicht mal mehr schön essen gehen! Ich habe keine Lust auf solche Gespräche. Ich fahre jetzt heim, und ich will meine Ruhe. Verstehst du?".
Du denkst: „Vielleicht hat er es ja wirklich nicht so gemeint... Und er wollte doch nur nett sein zu der Dame. Ich bin wirklich viel zu empfindlich. Weiß auch nicht, woher das kommt. Es war ja auch nicht kalt im Wagen, ich kann schon mal warten. Vielleicht bin ich wirklich zu anstrengend...'.

****

Kasper: „Ich halte das im Kopf nicht aus! Was kann ich TUN????? Wieso merkt sie nicht, was da läuft?".

Publikum: „Sie ist verliebt!".

Kasper: „Ja, aber das MUSS sie doch merken, wie schlecht sie behandelt wird! Nächster Versuch: ich streue etwas Zauberstaub in SEIN Wasser heute Abend, und dann wird alles gut!".

****

Daheim angekommen.

Du: „Es tut mir leid. Du hast alles richtig gemacht. Entschuldige!".

Narzisst trinkt sein Wasser mit dem Zauberstaub. Danach wird er wütend: „Ich habe mich so auf diesen Abend gefreut, und DU hast ihn mir versaut! Glaubst du eigentlich, ich plage mich ewig mit dir?". Er schnaubt fast vor Wut.

Du: „Aber ich habe dir doch gesagt, dass es mir leid tut! Und es hat mich wirklich verletzt, dass du mich hast so lange warten lassen. Ich war traurig. Ich saß 40 Minuten im Wagen. Und dann hast du das noch gesagt: „Eine Frau WIE SIE... kann man nicht sitzen lassen.". Das ist nicht nett. Und ich möchte von dir so nicht behandelt werden!". Du weinst schrecklich!

* * * * * * *

Publikum ruft: „Jetzt erkennt sie, was passiert. Gleich wird sie gehen! Dann ist sie endlich wieder frei!".

* * * * * * *

Narzisst schaut dich PLÖTZLICH mit stechend-kalten Augen an: „Meine Liebe..." sagt er mit eiskalter Stimme, „DU sagst mir nicht, was ich zu tun und zu lassen habe, und wenn dir das nicht passt, wie ich bin, wieso hast du mich dann geheiratet vor acht Wochen? Wieso bist du zu mir gezogen, hast deinen Job neulich an den Nagel gehängt? Wieso muss ich dich aushalten und soll mich dann noch so verhalten, wie es DIR gefällt. DU BIST SCHULD, dass ich jetzt WÜTEND bin, und denke bloß nicht, dass ich das sobald vergesse!". Er geht ins Bad und lässt dich weinend zurück.

* * * * * * *

Publikum ruft voller Freude: „Jetzt packt sie ihre Sachen, bestimmt! Der Zauberstaub hat gewirkt! JETZT sieht sie, wie er WIRKLICH ist!!!".

Kasper, nachdenklich: „Wohin soll sie gehen? Sie hat keine Familie mehr, keine Freunde. Den Kontakt hat sie abgebrochen, weil sie dachte, alle reden schlecht über sie. Sie hat keinen Job mehr, weil sie sich ganz auf die Partnerschaft konzentrieren wollte und auf ihn. Sie hat DESWEGEN auch kein eigenes Einkommen mehr. Wie soll sie eine Pension oder eine Wohnung finanzieren? Sie ist nur noch müde, hat kaum noch Kraft, weil sie ALLES, wirklich ALLES allein machen muss. Und mittlerweile glaubt sie, dass sie nichts wert ist. Woher soll sie den MUT nehmen, zu gehen?".

****

Der narzisstische Kreislauf ist ein Komm-her- / Geh-weg-Spiel. Lieb sein, nett, freundlich und charmant. Dann die leisen Abwertungen, zunehmende Kontrolle, nichts ist gut genug, was man tut. Und wieder das Charmante, Liebenswerte, in das man sich verliebte...

Willst du JETZT an dieser Stelle aus dieser Beziehung rausgehen, wird er vermutlich versuchen, dich wieder einzufangen, indem er sich wieder so charmant gibt wie am Anfang der Beziehung. Hat er dich wieder sicher, gehen die Abwertungen und das Spiel von vorn los.

Der Narzisst **beschäftigt** seinen Partner/seine Partnerin, damit sich alles in dem Leben des „Opfers" um den Narzissten dreht. So hat er alles unter Kontrolle.

Seine Regeln gelten für DICH, aber nicht für IHN.

Er DARF flirten, er DARF fremdgehen, er DARF wütend sein, er DARF einschränken, er DARF lügen. Er DARF einfach alles. Das „Opfer" darf irgendwann gar nichts mehr. Aber der „schöne Schein nach außen" wird gewahrt! Wird dieser zerstört, indem das Opfer tatsächlich geht, ist es ab sofort FEIND NUMMER 1!

Der Narzisst kennt nur schwarz oder weiß: wer nicht FÜR ihn ist, ist GEGEN ihn! Dazwischen gibt es nichts.

Es ist wie beim Wetterhäuschen: es gibt die helle Seite, die Sonnenseite, die schönes Wetter verspricht. Da freut man sich, wenn sie da ist, denn alles ist schön! Ist die dunkle Seite da, die regnerische, stürmt und wettert es, erkennt man den Narzissten nicht mehr wieder. Dieses Dunkel will man nicht erleben!

Wieso geht man dann nicht einfach?

Was hat der Kasper am Ende gesagt? Erinnere dich!
Das ist der Grund, und noch viel mehr...

Die 7 Phasen des Traumabondings

> > >

„Unter Traumabonding versteht man die emotionale Abhängigkeit eines Opfers von seinem Täter. Das Wort Bonding kommt aus dem Englischen und heißt streng übersetzt „Verbindung", was bedeutet, dass der Täter durch den schleichenden, aber systematischen Missbrauch seines Opfers eine traumatische Bindung erzeugt. Indem er in der Beziehung eine Dominanzstellung einnimmt und sein Opfer vereinfacht gesagt durch abwechselnde Belohnung und Bestrafung gefügig macht, wird es emotional abhängig von ihm.". (16[*])

Noch eine Quelle:

> > >

„Traumabindungen (auch traumatische Bindungen genannt) sind emotionale Bindungen zu einem Individuum (und manchmal auch zu einer Gruppe), die aus einem wiederkehrenden zyklischen Muster von Missbrauch entstehen, das durch intermittierende Verstärkung durch Belohnungen und Bestrafungen aufrechterhalten wird.". (17[*])

Du fühlst dich NICHT betroffen?

Das kann DIR doch nicht passieren?

Diese 7 Phasen des Traumabondings geschehen heimlich, still und leise. Meistens erkennt man sie nicht, WEIL man sie nicht kennt! ERKENNT man sie nicht oder zu spät, ist die TRAUMA-BINDUNG oft bereits vollzogen und **man kann nicht mehr ohne weiteres gehen. Man KANN ES EINFACH NICHT!**

Nun möchte ich dir diese **7 Phasen** einmal aufzeigen, und später gehe ich etwas näher auf die einzelnen Phasen ein, damit du einen Überblick bekommst, was da so vor sich geht. Gelegentlich spicke ich sie auch mal mit einem Erlebnis aus der Praxis.

Los geht`s:

1. „LOVE BOMBING"

2. „Vertrauen & Abhängigkeit"

3. „Abwertung & Kritik"

4. „Manipulation & Gaslighting"

5. „Resignation"

6. „Verlust des Selbst"

7. „Die Sucht nach dem Kreislauf"

Hin und Her - Sucht nach Nähe entsteht durch biochemische Prozesse im Körper, wenn man abwechselnd Glückshormone (z.B. Dopamin) und Stresshormone (z.B. Kortisol) ausschüttet. Das macht der Körper ganz von selbst. Dieser Kreislauf, der uns abhängig macht, wird „NARZISSTISCHER KREISLAUF" genannt. Schädlich für uns, aber NICHT für den Narzissten.

Abhängigkeit entsteht durch:

1. „LOVE BOMBING". Es wird NÄHE aufgebaut, körperliche Streicheleinheiten machen, dass Oxytocin ausgeschüttet wird. Das ist das Kuschel- / Bindungshormon, und es tut uns einfach nur gut. Es macht „süchtig" nach mehr... Nähe und Glück.

Du wirst **überschüttet mit Nähe, „Liebe", Aufmerksamkeit,** dir werden deine Wünsche von den Augen abgelesen. Du wunderst dich, wie du so lange ohne diesen wundervollen Partner leben konntest und schwebst förmlich auf Wolke 7! Du bist glücklich, siehst alles durch eine „rosarote Brille" und **glaubst, DEN Partner fürs Leben gefunden zu haben...**

2. „Vertrauen & Abhängigkeit"

Das **Vertrauen zum Partner**, das du langsam aufbaust, wird gefestigt, indem er sich bei dir z.B. nützlich macht.
„Was er alles für mich tut! Er muss mich wirklich sehr lieb haben..." denkst du.
Du bist erstaunt, dass es solche Männer überhaupt noch gibt, und du schwebst immer noch auf Wolke 7. So langsam entsteht durch diese enge Bindung, die er anstrebt, da er dich auf Händen trägt, bereits eine gewisse „Abhängigkeit". Du kannst dir ein Leben ohne ihn fast oder gar nicht mehr vorstellen. Er ist so wundervoll - so einen Mann findest du niemals wieder! Das glaubst du. Und: DAS SOLLST DU GLAUBEN!

3. „Abwertung & Kritik"

Leise Töne können weh tun, wenn sie „treffen". Spitzen - mal hier, mal da. Leise, klein, fein, aber: zielsicher!
„Vor dem Friseurtermin hast du mir besser gefallen.".
„Das ist dein Lieblingskleid? Ist es nicht ein bisschen ordinär?".
„Dieser Hut steht dir nicht!"
„Wieso bist du da nicht früher drauf gekommen?"

Viele kleine, fast unwichtig erscheinende Aussagen, die man noch nicht einmal „ernst" nehmen müsste. Ist das wirklich eine ernsthafte Abwertung? Das sind doch „nur" **Kleinigkeiten...**

Aber: das Gesagte hat Auswirkungen auf dich, ob du das nun bemerkst oder nicht. Bist du jemand, der seinen WERT kennt und GRENZEN setzt, dann sagst du z.B. auf die Kommentare: „MIR gefällt die neue Frisur. Ich weiß gar nicht, was du hast!" und meinst das auch so. „Dieses Kleid liebe ich über alles, und es ist kein bisschen ordinär. Du musst ja nicht mit mir ausgehen, wenn es dir nicht gefällt." „Ich finde, mein Hut steht mir gut, sonst hätte ich ihn mir gar nicht erst gekauft!". „Ich habe es früher eben nicht erkannt. So einfach ist das. JETZT habe ich es erkannt, genau zur richtigen Zeit!".

Erkennst du, was es ausmacht, sich selbst treu zu sein, sich selbst wichtig zu nehmen?

Narzissten spekulieren darauf, dich zu **v e r u n s i c h e r n**, dich **a b z u w e r t e n** in vielen kleinen Dingen des Alltags. Sie wollen dich so lange manipulieren, bis sie **JEDE Grenze niederrennen können** und dich damit in der Tasche haben, denn: ohne deine Grenzen und Werte hast du keine eigene Identität mehr!

„Hättest du das nicht früher einkaufen können? Meine Ex-Frau hat das alles immer super organisiert. Da ist so etwas nicht passiert!".

Du könntest nun entgegnen: *„Und warum bist du nicht bei deiner Ex-Frau geblieben, wenn sie das so toll gemacht hat. Du musst hier nicht sein!".*

Dazu braucht man SELBSTBEWUSSTSEIN! Wer ANGST hat, dass der Partner gehen könnte, weil man sich „unfreundlich" oder „unpassend" verhält, der sitzt schon in der **toxischen Beziehungsfalle**. Hältst du dagegen und er hat gerade ausgetestet, wie weit er gehen kann, kann er auch locker nochmal in Phase 1 und 2 zurückrutschen, also wieder lieb und freundlich, charmant und wundervoll werden, um die Bindung nun erst noch weiter zu festigen. Du bist also noch nicht da, wo der Narzisst dich gern haben möchte.

In dieser Zeit passiert auch meistens **der erste AUSBRUCH!** Nun lässt er zum ersten Mal seine Maske fallen. Das ist das zweite, das dunkle Gesicht des Narzissten, von dem du bisher noch keine Ahnung hattest, dass es das überhaupt gibt. Würde dir ein Fremder oder eine Bekannte davon erzählen, dass DEIN PARTNER so sein kann: du würdest es NIEMALS glauben können.

» Erlebst du solch einen Ausbruch und verlässt deinen Partner sofort und dauerhaft, ist die Traumabindung gescheitert und du bist wieder frei.

» Setzt du ihm Grenzen, redest mit ihm und sagst, dass du so ein Verhalten kein zweites Mal erleben willst, s o n s t gehst du, dann wird er sich - vermeintlich freundlich und reuevoll - bei dir entschuldigen mit dem Hinweis darauf, dass er nicht wusste, was mit ihm los war. Er sei sonst nicht so...

Wenn du DAS glaubst, hat er dich wieder an der berühmten „Angel", obwohl du ihm fast vom Haken gesprungen wärst - und das zu Recht! Doch so einfach ist das mit dem Gehen nicht: du liebst ihn, du vertraust ihm bereits, und: du bist in der Regel bereit, einen „Ausrutscher" zu verzeihen...

4. „Manipulation & Gaslighting"
Manipulieren kann man leise...
„Ich wünsche mir doch so sehr, dass du mir mein Gesicht massierst. Du kannst das doch so gut wie niemand anders...". Zack. Du fühlst dich geschmeichelt und los geht`s. Er bekommt, was er will und braucht: Entspannung und Streicheleinheiten, und du darfst dafür etwas TUN. Denn dazu bist du da: **dem Narzissten seine Bedürfnisse zu erfüllen** - welche auch immer das sein mögen.
Mag er gern mehr Kontakte, die Einfluss haben und Ansehen, dann bist du möglicherweise der Schlüssel dazu. Vielleicht kennst du genau solche Menschen und stellst sie ihm vor. Will er Sex und Leidenschaft, bist du vielleicht diejenige, die ihm das schenkt - auch noch von Herzen, weil er dich ja auf Händen trägt (wenn auch nur für eine kurze Zeit).
Nach der Love-Bombing-Phase sollst du aber weiterhin sein Bedürfnis nach Sex und Intimität erfüllen, nur, das das nun anders aussieht: du wirst kürzer kommen! Manipulieren kann man auf vielfältige Weise. Gib Acht! Du wirst es vermutlich kaum oder gar nicht bemerken. Du kannst nur darauf achten, ob AUCH DU das bekommst, was DIR gut tut - ob das zwischen euch ausgewogen ist, dauerhaft! Die Anfangsphase ist sowieso da nicht „mitzurechnen". Diese „Love Bombing-Phase" ist spätestens dann mehr oder weniger erst einmal vorbei, wenn du Gaslighting erleben darfst.

> > >

„Gaslighting ist definiert als „Ausübung von psychischer Gewalt, durch die das Opfer manipuliert, desorientiert und in seiner Realitäts- und Selbstwahrnehmung stark verunsichert wird". Der Begriff bezeichnet also eine Manipulationstechnik, die darauf abzielt, den Betroffenen durch falsche Informationen dazu zu bringen, seiner eigenen Wahrnehmung zu misstrauen und seine eigene psychische Gesundheit zu hinterfragen. Damit dreht der Täter die Situation um und macht das Opfer zum Täter."

Typische Sprüche für diese Manipulationsmethode sind:

- "Du spinnst!"
- "Du bist verrückt!"
- "Das bildest du dir ein!"
- "Du hast psychische Probleme!"
- "Du brauchst Hilfe!"

Verantwortung wird nicht übernommen, sondern auf das Gegenüber abgewälzt. Dann fallen beispielsweise folgende Sätze:
- "Übertrag deine Unsicherheit nicht auf mich!"
- "Lass mich aus deiner Eifersucht raus!"
- "Das sagst du nur, weil du so ein geringes Selbstvertrauen hast!"."

(18*)

In meinem Fall war es so, dass mein Partner MIR immer DIE Eigenschaften zusprach, die er eigentlich genaugenommen SELBST besaß und mich damit aufzog - erst spielerisch, später bekam ICH die **Schuld** am Geschehen, was auch immer es war. Kleine Dinge, größere Dinge - ganz egal.

Er konnte **k e i n e V e r a n t w o r t u n g** übernehmen - für nichts!

Ein **Beispiel für Gaslighting**: Du legst deinen Schlüssel auf der Kommode ab und findest ihn später an genau dieser Stelle nicht mehr. Du fragst deinen Partner; dieser weiß angeblich nicht, wo dein Schlüssel ist. In Wirklichkeit hat er ihn woanders hingelegt. Das ist aber kein Spaß, den er sich erlaubt, denn dann würde man hinterher - nach einer kurzen Suchphase - den Scherz aufklären.

Es ist ein b e w u s s t e s V e r w i r r e n des Gegenübers/des Opfers, damit DIESES an seinem Verstand und vor allem an seiner Wahrnehmung zweifelt. Denn wenn DAS geschieht, dann ist man in der Abhängigkeitsfalle bereits drinnen – OHNE ES ZU MERKEN!

Man traut seiner e i g e n e n W a h r n e h m u n g nicht mehr, also damit auch nicht mehr sich selbst. Kann man sich selbst und seiner Wahrnehmung noch VERTRAUEN? Merke: das Vertrauen in das eigene Selbst, auch SELBSTVERTRAUEN genannt, darf uns NIEMALS abhanden kommen, denn dann kann uns JEDER ALLES einreden!

Musst du nun jedem Menschen gleich misstrauen? Kannst du niemandem mehr wirklich vertrauen? Weißt du nun nie mehr, ob es jemand gut mit dir meint oder ob er dich manipulieren will? Lies dazu mein Kapitel: „TEST: Bist du ein Narzisst?". Dann wirst du verstehen, dass es durchaus noch Hoffnung gibt, einen wohlwollenden Menschen von einem narzisstisch-manipulativen Menschen zu unterscheiden!

5. „Resignation"

In Phase 5 versuchst du zunehmend, Konflikte zu vermeiden, gibst eher nach. Du versuchst, dich anzupassen. Vielleicht fragst du dich u.U. auch, ob du tatsächlich Schuld bist am Verhalten des Narzissten. Du legst Verhaltensweisen an den Tag, die dem Narzissten gefallen könnten, denn diese sollen diese Beziehung einigermaßen stabil halten. Du wünschst dir ja nichts sehnlicher als die Rückkehr zur Phase 1: zum „LoveBombing", denn damals warst DU glücklich!

Die bittere Wahrheit ist: es wird NIEMALS wieder so schön werden, wie es einmal war, denn das sieht die missbräuchliche Vorgehensweise eines Narzissten nicht vor. Du kannst durchaus immer wieder schöne Zeiten mit ihm erleben, aber du weißt nie, wann es wieder „eskaliert". Du läufst wie auf Eiern... Dass du dich dabei selbst schon verloren hast, bemerkst du sicherlich nicht. Du denkst nach, was du „falsch" gemacht haben könntest, warum er sich nur so verhält, fragst dich, was du anders machen kannst, damit „alles wieder gut" ist. Aber das, wonach du dich sehnst, das, wonach du strebst, wirst du in Wahrheit NIE MEHR ERREICHEN!

Und dennoch: die BINDUNG ist nun schon so stark, dass du vermutlich nicht mehr ohne weiteres einfach gehen kannst. EIN „NEIN" zur Beziehung und damit zum Narzissten wird er nicht akzeptieren, denn dann würde ja sein ohnehin fragiles Selbst, das keiner erkennen darf, in „Schwierigkeiten" kommen. Dass er DICH aber LÄNGST in Schwierigkeiten gebracht hat durch den „narzisstischen Kreislauf", dich bewusst (oder unbewusst) ABHÄNGIG von ihm gemacht hat - das erkennst du meistens erst spät, oft ZU SPÄT!

Narzissten können kein NEIN respektieren; das wirst du schnell feststellen. Und dennoch erscheint es dir nicht als so wichtig, als dass es ausschlaggebend wäre, zu gehen.

Als ich merkte, dass Matthieu ein NEIN nicht respektiert, habe ich zu ihm gesagt: *„Wenn du kein „Nein" respektieren kannst, dann kannst du keine Partnerschaft auf Augenhöhe leben!".*

Er sagte: *„In einer Partnerschaft darf es kein „Nein" geben. Da muss man IMMER einen Konsens finden.".*

Dass DIESER KONSENS aber am Ende immer so aussehen würde, dass gemacht wird, wie ER es will, das übersieht man leicht im Alltagsgeschehen, wenn man nicht GANZ GENAU hinschaut.

Auch mein „NEIN" zur Beziehung am Ende unseres Miteinanders respektierte er nicht, als ich ihm zu verstehen gab, dass seine angestrebte Dominanz in unserer Beziehung für mich nicht tragbar ist. Er meine es doch nur gut mit mir... - so seine Worte.

„Das Gegenteil von gut ist gut gemeint.". Das war meine entschiedene Antwort, da ich allmählich zu verstehen begann... Und dennoch konnte ich nicht gehen, mich (noch) nicht lösen.

Bitte beachte:

> > >

„Es gibt viele Gründe, warum eine missbrauchte Person nicht einfach gehen kann, einschließlich Sicherheitsbedenken. Es ist natürlich zu befürchten, dass das Verhalten eines Missbrauchers eskalieren könnte, wenn er spürt, dass er die Kontrolle verliert, wenn ein Opfer droht zu gehen oder tatsächlich zur Tür hinausgeht. Die Dinge können eskalieren und bei vielen häuslichen Streitigkeiten physisch oder tödlich werden.". (19*)

6. „VERLUST DES SELBST"

Der Narzisst hat dir am Anfang eurer Beziehung etwas geschenkt, nach dem sich jeder Mensch sehnt: **VERSCHMELZUNG!** Er war dir nicht nur nah, er hat dich ausgefüllt, **dich ERFÜLLT!** Dieses Gefühl ist so dermaßen unbeschreiblich, dass man es nicht wiedergeben kann. Niemand, der es nicht selbst erlebt hat, versteht, wovon ich hier schreibe und spreche. Diese Verschmelzung hat dir bewusst gemacht, dass es eine EINHEIT im Leben geben kann, die sich einfach nur grandios anfühlt. Wie könntest du so etwas unvorstellbar Schönes jemals wieder aufgeben? Dass dir das unmöglich erscheint - dafür hast du mein vollstes Verständnis, denn mir ging es genauso. Und dann kommst du an einen Punkt, an dem du dein Selbst verlierst, weil du um jeden Preis diese Verschmelzung, die du einst erlebtest mit diesem Mann/dieser Frau, nicht aufgeben KANNST! Dass diese Verschmelzung sich so nicht wiederholen wird, dass diese schönen Phasen immer kürzer werden, das erkennst du nicht. Das kannst du auch gar nicht erkennen, denn die biochemischen Prozesse in deinem Körper haben dich süchtig nach dem Narzissten und damit abhängig gemacht.

Ich bin durch die Hölle der Trauer und des kalten Entzugs gegangen, und das steht vermutlich jedem bevor, der es wagt, auszusteigen aus diesem Kreislauf der Abhängigkeit. Hätte mir jemand gesagt, dass ich „abhängig" bin, hätte ich souverän gelacht. Ich? Abhängig? Niemals!

Heute weiß ich: Du verlierst dich in diesen vorangehenden Phasen allmählich selbst, denn wenn du deine persönlichen Grenzen nicht wahren kannst, ohne kritisiert, abgewertet, angegriffen oder dafür „schuldig gesprochen" zu werden, dann bist du irgendwann nicht mehr du selbst. Ohne deine Grenzen, die deine Identität schützen, löst du dich regelrecht auf...

Deine Werte zu schützen, deine Identität nicht aufzugeben und sie um jeden Preis zu wahren ist der einzige Weg hinaus aus diesem Sumpf!

Hast du dich in die **Isolation** begeben, keine Freunde mehr, keinen Kontakt mehr zur Familie, dann bist du vermutlich in ernsthaften Schwierigkeiten. Isolation und die Aufgabe der eigenen Werte und Grenzen können dich so weit zerstören, dass du kein Vertrauen mehr hast - weder in dich und deine Wahrnehmung noch in irgendetwas, was dir wieder ein gutes Gefühl von dir selbst schenken könnte, sodass u.U. Selbstmord oft der einzige Ausweg zu sein scheint. Hier hat definitiv **MISSBRAUCH** stattgefunden!
Dir das einzugestehen ist fast unmöglich, denn **du willst dich selbst nicht als „Opfer" sehen.** Du schämst dich, du fühlst dich vielleicht auch den Kindern gegenüber schuldig, dass du keine Grenze und keinen Schlussstrich ziehen kannst. Es ist eine sehr schwierige Situation, und in dieser darfst und musst du dir Hilfe suchen und auch annehmen! **Scham ist fehl am Platz**!
Obwohl auch ich mich hinterher „geschämt" habe, dass ich in solche eine Beziehung geraten bin und ich es nicht gemerkt habe, so habe ich doch **entschlossen und zügig gehandelt**, als ich merkte, hier wird es „ungut" für mich. Nicht jeder hat diese Kraft - das weiß ich heute. Aber ich weiß auch, wie schwer das ist, sich zu trennen von einer Illusion, die man aufgebaut hat, die man halten WILL, weil es ja mal so unglaublich schön war...

Hast du nun seine Maske fallen sehen, hast die dunkle Seite erkannt, hast den wahren Menschen, die schwarze Seite des Narzissten kennengelernt, dann kann es sein, dass du alle Kraft zusammennimmst und es wagen willst, dich zu trennen. Ich garantiere dir: er wird es merken, dass du auf dem Rückzug bist. Und dann... beginnt alles - mehr oder weniger - wieder von vorn.

7. „Die SUCHT nach dem KREISLAUF"

Du hast dich auf einen Menschen eingelassen, der dir „den Himmel auf Erden bereitet hat". Es war SOOOOO SCHÖÖÖÖN! Ja, das war es wirklich. Aber: es war NICHT ECHT!

Ich habe einmal nachgespürt, was denn Matthieu an mir liebte. Ich habe diese Fähigkeit, zu fühlen und zu spüren. Das Ergebnis war „unpersönlich": er liebte NICHT MICH. Er liebte die Art meiner WEIBLICHKEIT, das SANFTE an mir. Das hatte GAR NICHTS mit meiner Persönlichkeit zu tun! Ich konnte das damals nicht verstehen und wollte es auch nicht glauben, aber mein Bauchgefühl sagte mir über meine eigene Wahrnehmung, DASS es GENAUSO war!

TRAU DIR SELBST und dem, was du fühlst, was du denkst, welche „Aha-Momente" du hast, die dir etwas einflüstern. Ich rief bereits nach 6 Monaten Beziehung bei der Polizei an, weil mich so ein Verdacht beschlich, er könnte vielleicht nicht friedlich mit seiner Frau auseinandergegangen sein. Matthieus Tochter hatte ihm etliche handschriftliche Schreiben über den Anwalt der Mutter zukommen lassen mit dem Inhalt, dass sie KEINERLEI KONTAKT mehr mit ihrem Vater haben will. Das machte mich natürlich stutzig, obwohl mich seine Erklärungen bisher immer überzeugt hatten.

Ich bekam eine freundliche Ansage von dem Polizisten am Telefon: *„Vertrauen Sie Ihrem Bauchgefühl! Wir dürfen keine Auskunft über Personen geben, aber: alle, die ein ungutes Bauchgefühl hatten, haben sich hinterher immer bestätigt gefühlt."*

Mir hat diese Aussage UND mein Bauchgefühl NICHT gereicht, um zu gehen. Ich habe gewartet, dass sich aus den vielen, sich unstimmig anfühlenden „Puzzle-Teilchen" ein Bild ergibt, das ICH deuten kann. Als es soweit war, war es fast zu spät. Ich war bereits in dem narzisstischen Kreislauf, setzte aber bei seinem zweiten Ausbruch meine Grenze. Ich hielt, was ich ihm einst versprach: *„Behandle mich noch ein zweites Mal so, und ich bin weg.".*

Ich hielt, was ich einst versprach, vor allem, um das Gesicht vor mir selbst nicht zu verlieren. Dass ICH innerlich starb in dieser Zeit der Trauer - das war ihm egal.
ICH hatte ihm alles gegeben, was er brauchte, und er war längst bei einer anderen Frau...

Matthieu hatte mich dazu gebracht, mich zu trennen, WEIL ich seine angestrebte Dominanz nicht als akzeptabel hinnehmen konnte. Ich hatte die „Wahl": **entweder stehe ich zu meinen WERTEN und verliere meine LIEBE, oder ich stehe zu meiner LIEBE und verrate meine Werte.** Wie ich mich auch entscheiden würde: ich würde verlieren!

Jemanden dazu zu bringen, eine Entscheidung treffen zu MÜSSEN, die er nicht treffen will, ist MISSBRAUCH, ist GEWALT!

Ich wollte mich nicht trennen, aber ich hatte keine Wahl.
Ich wollte ich selbst sein, meine Werte leben, lieben UND geliebt werden. Daran war nichts „falsch". Ich war genau richtig, wie ich war. Doch seine plötzliche Kehrtwende in die Dominanz innerhalb unserer Beziehung hat mich vor die Wahl gestellt. Ich habe mich für meine Werte entschieden, denn diese machen mich aus! Liebe konnte ich in der Kälte seiner Erscheinung am Ende unserer „Beziehung" nicht mehr erkennen, als er mir seine dunkle Seite offenbarte. Und so blieb mir nur der Weg in die Trauer und die Hoffnung, daraus eines Tages wieder aufzutauchen....

> > >

„Eine sogenannte „Traumabindung" entsteht dann, wenn ein Missbraucher Manipulationstaktiken und Missbrauchszyklen angewendet werden, um dem Opfer das Gefühl zu geben, von ihm für Fürsorge und Bestätigung abhängig zu sein, was zu einer starken Bindung führt. Dies tritt häufig in romantischen, narzisstischen Beziehungen auf, kann aber auch in Familien, Freundschaften oder Arbeitsbeziehungen auftreten. Ganz gleich, ob der Missbrauch körperlich und/oder psychisch stattfindet: es kann sich als „nicht machbar" anfühlen, einfach „wegzugehen", selbst, wenn man verletzt wird. In den sieben Stadien der Traumabindung beginnen diese oft als scheinbar hervorragende Beziehungen, bevor sie sich allmählich zu einer missbräuchlichen Dynamik entwickeln. Dieser Fortschritt ist einer der Gründe, warum diese Bindung die Weltanschauung, die Wahrnehmung der Realität und die Beziehung zu sich selbst eines Opfers tiefgreifend beeinflussen kann.". (20[*])

TEST: Bist du ein Narzisst?

Akzeptierst DU, wenn dein Partner sagt: „Ich brauche mal ein bisschen mehr Ruhe, ich möchte abends nicht mehr so lange telefonieren?". ACHTEST du seine Ansage? Hältst du dich an seine Bitte? **Respektierst du seine Grenzen?**

JA?

Dann bist du mit hoher Wahrscheinlichkeit KEIN NARZISST!

Der Umkehrschluss lautet: Wie erkenne ich einen Narzissten?

Ganz einfach: LIMITIERE DEINE ZEIT!

Ich habe Matthieu gesagt, dass ich abends ab sofort eher Schluss machen muss mit schreiben und telefonieren.
„Das wird mir gerade zu viel. Ich brauche ein bisschen mehr Ruhe am Abend."
Er: *„Natürlich, das verstehe und respektiere ich!".*
Ich dachte: *„Ein Traum von einem Mann!"* und war glücklich. Kaum hatte ich abends meine letzte Nachricht geschrieben, kam eine halbe Stunde später ein Anruf. Ich nahm nicht ab, schaute etwas irritiert aufs Telefon. Ich schrieb: *„Sorry, ich möchte doch Ruhe."*
Er: *„Ja, war ein Versehen."*

Nächster Abend: *„Gute Nacht und Dir einen schönen Abend!".*
Eine Stunde später kam seine Nachricht: *„Ich überlege schon die ganze Zeit, was so wichtig sein könnte, dass du mir schreibst...".*
Ich schaute irritiert auf mein Handy, fand es aber nicht weiter „schlimm oder bedenklich" und antwortete. Er schob es auf seine Sehnsucht.
Ab diesem Tag durfte ich nun mehrfach beobachten, dass, wenn ich Grenzen setzte, diese unbedingt einzureißen versucht wurden - von Matthieu, dem lieben, „rücksichtsvollen, verständnisvollen Mann" an meiner Seite. Ich konnte früh benennen, dass er ein Problem

damit hatte, Grenzen zu achten - auch meine.

Und als ich ihm sagte: *„Wenn Du keine Grenzen achten kannst von anderen, dann wärest du ein potentieller Vergewaltiger, denn der kann auch keine Grenzen von anderen achten.".* Er lächelte nur...

Jemand, der solch eine „Beziehung" nicht erlebt hat, kann all das leicht bagatellisieren. Man könnte auf die Idee kommen, zu sagen: *„Die spinnt doch. Das ist doch alles halb so wild!".* Das ist bekannt, dass solche Ereignisse „heruntergespielt" werden, man „nicht für voll genommen wird". Schlägt jemand eine Frau, sieht man es. Tritt aber psychische oder emotionale Gewalt an die Stelle körperlicher, ist das sehr schwer nachzuvollziehen und nachzuweisen. Da hilft nur eines: das „Führen eines Tagebuchs".

Man kann Tagebuch führen und ganz frisch notieren, was passiert ist, was er gesagt hat, was du gesagt hast, welche Emotionen du dabei hattest, wie du dich gefühlt hast, welche körperlichen Symptome auftraten, usw.

Je genauer man es führt, umso größer die Wahrscheinlichkeit, dass man mit ein bisschen Abstand erkennen kann - schwarz auf weiß, dass Missbrauch stattgefunden hat: emotional oder psychisch!

Da Narzissten keine Grenzen achten, versuchen sie IMMER, diese zu umgehen, einzureißen, wegzureden. Sei achtsam! Setze Grenzen und halte sie ein. Das verträgt kein Narzisst!

GRENZEN NICHT ZU ACHTEN IST EINE FORM VON GEWALT UND TYPISCH FÜR NARZISSTEN!

Übrigens: wenn du dich und deine Handlungen ernsthaft hinterfragst, bist du mit hoher Wahrscheinlichkeit kein „echter Narzisst", denn Menschen mit einer narzisstischen Persönlichkeitsstörung reflektieren ihr Verhalten nicht. Das ist die gute Nachricht!

5. Grenzen...los
Gewissen...los
Empathie...los
Gewalt...los?

...-los

- GRENZEN zu achten ist Respekt.

- Überschreitet man Grenzen, hat man normalerweise ein schlechtes GEWISSEN.

- Das schlechte Gewissen hat man, weil man sich in Betroffene einfühlen kann, also EMPATHIE zeigt.

- Wer Empathie zeigt und sich einfühlt, übt meiner Erfahrung nach keine „grenzüberschreitende GEWALT" aus, denn er will ja Grenzen achten und respektieren!

Grenzen...los

Narzissten kennen und akzeptieren keine Grenzen. Es führt sie in den totalen Kontrollverlust, wenn sie Grenzen aufgezeigt bekommen, weil sie dann ja nicht uneingeschränkt bestimmen können, was aber definitiv letzten Endes ihr Ziel ist!

Setze dich damit auseinander, dass Kontrolle von außen immer Einflussnahme auf deine Autonomie und auf deine Selbstständigkeit bedeutet! Kontrolliert dich jemand, hast du nicht die Entscheidungsgewalt über die Dinge, die dir persönlich wichtig sind und dich ausmachen als Persönlichkeit.
Kontrolliert dich also jemand zunehmend - und das wird ganz sicher nicht von heute auf morgen, also nicht über Nacht geschehen -, dann verlierst du zunehmend die Kontrolle über dein eigenes Leben und letztens Endes auch über dich.

Narzissten gehen dabei äußerst geschickt vor. Erst sind sie charmant, höflich, treten in der Regel selbstbewusst auf, sind an dir sehr interessiert und tragen dich auf Händen. Dieses Gefühl wirst du haben - ganz sicher! So viel Glück nur für dich! Dir schwirrt der Kopf, denn du taumelst vor Glück und Liebe... Du schwebst wahrlich auf Wolke 7!

Hat dich der Narzisst an diesem Punkt, wo er der Meinung ist, dich „sicher" zu haben, kippt die Angelegenheit. Dann folgt die Abwertung - schleichend und leise beginnt sie, so, dass du es (noch) nicht bemerkst. Zunehmend wird auch Kontrolle ausgeübt - auf ganz verschiedenen Ebenen und sehr subtil. Ohne es zu merken, schlitterst du in eine Situation, aus der du dann leider meistens nicht mehr einfach herausgehen kannst. Wieso das so ist, habe ich bereits in einem anderen Kapitel eingehend erläutert.
Du liebst, merkst, dass du nicht mehr gut behandelt wirst, erfindest Ausreden, die sein Verhalten erklären und entschuldigen sollen, aber du spürst genau: etwas stimmt nicht. Vielleicht wagst du spontan den Absprung und schaffst es. Dann hast du Glück, mehr Glück, als dir vielleicht bewusst ist in diesem Moment. Doch wenn du schon zu tief drinnen bist im Geschehen, dann ist es praktisch unmöglich, alleine zu gehen, ihn oder sie zu verlassen. Dann brauchst du HILFE! Grenzen, die es vielleicht einmal gab, die DEIN INNERES REICH schützten, haben sich aufgelöst, und du hast es nicht bemerkt. Schäme dich nicht dafür! Sieh es als Erfahrung an, die dich weiterbringen kann.

Jeder Mensch hat Grenzen. Die braucht er, um seine Identität zu schützen und zu bewahren. Angriffe auf diese Grenzen sind ein Angriff auf die eigene Persönlichkeit. Grenzen zu überrennen ist... GEWALT.
Stell dir eine Mauer vor. Sie ist dein Schutzwall rund um deine Identität und erwünscht. Nun kommt der Narzisst und hämmert an dieser soliden Mauer herum. Du weist ihn darauf hin, dass dir das nicht gefällt. Dann hält er kurz inne, denn er will dich ja erst noch erobern. Noch kann er sich keinen Ausbruch und keinen Bulldozer leisten, um die Mauer schallend einzureißen. Das wäre zu riskant, denn: er will in kleinen Schritten möglichst unerkannt zum Ziel. Sein Ziel ist: dich ausbeuten!
Es wird weiter gehämmert - heimlich, still und leise. Es ist ein bisschen wie ein „Hintergrundgeräusch": du hörst es, sagst, du

willst das nicht, und dann ist kurz Pause. Es geht wieder los, wieder Pause. Wieder geht es los, und irgendwann hast du dich an dieses Hämmern im Hintergrund „gewöhnt". Du denkst, das gehört halt zu deinem „Partner" dazu... Aber was du nicht sehen kannst: er hämmert so lange an deiner Schutzmauer, bis er sie niedergerissen hat. Du löst dich praktisch auf, denn die GRENZEN sind nicht mehr da, die Grenzen, die dich als Individuum ausmachen und vor den ungesunden und nicht wohlmeinenden Einflüssen von außen schützen!

DEINE GRENZEN GEWÄHREN DEINEN SCHUTZ!
Wer sie KONTROLLIERT, hat die Macht über DICH!
Sind deine Grenzen nicht mehr existent, flüstert dir dein Partner all die Dinge ein, die du glauben sollst und wirst. Das ist der Weg in den Abgrund, denn du wirst dich auflösen in all den Anforderungen, die dein Partner an dich stellt. Der 7. Liebeshimmel hat sich gemausert, und nun bist du dabei, zu erkennen, dass du dort vielleicht nicht mehr bist! Doch wo bist du dann? Bist du schon in deiner ganz persönlichen SEELENHÖLLE? Kann es wirklich sein, dass du dich tatsächlich in einen Menschen verliebt hast, der deine Grenzen NICHT ACHTET? Das kannst du dir nicht vorstellen, denn: dann hätte er doch sicher dabei ein schlechtes Gewissen, oder?

Gewissen...los

Grenzen von anderen zu akzeptieren ist eine Frage des Respekts! Wer die persönlichen Grenzen von anderen nicht ernst nimmt, hat keinen Respekt. Wer keinen Respekt hat, achtet niemanden. Und niemanden zu achten, bedeutet, dass man sich herausnimmt, was man will...
Narzissmus zeigt sich in unterschiedlich starken Ausprägungen, und die können von einigen narzisstischen Zügen, die jeder Mensch mehr oder weniger hat, bis hin zur pathologischen „narzisstischen Persönlichkeitsstörung" reichen.

Da ein Narzisst mit großer Wahrscheinlichkeit nicht zum Therapeuten gehen wird, um sich „analysieren zu lassen" (das zieht er niemals ernsthaft in Erwägung, weil er ja großartig ist und alle anderen immer Schuld sind, wenn etwas nicht gelingt), wirst du also niemals wissen, um welche Ausprägung es sich tatsächlich handelt. Du kannst es letzten Endes nur vermuten.

Wir alle haben narzisstische Persönlichkeitsmerkmale. Das ist okay und auch gut so. Wir würden sonst niemals auf einer Bühne auftreten, uns zeigen, uns darstellen. Doch: **wer Grenzen wahrhaft achtet und das nicht nur SAGT, ist niemals ein Narzisst!** Wer Grenzen achtet und nicht einfach über das Leben eines anderen bestimmt, ist achtsam mit seinem Gegenüber. Wäre er das nicht, hätte er ein „schlechtes Gewissen". Jemandem absichtlich zu schaden, ist nicht möglich, wenn man ein Gewissen hat. **Menschen, die kein Gewissen haben, schaden anderen Menschen, ohne mit der Wimper zu zucken. Es macht ihnen schlichtweg nichts aus!** Sie leben ganz einfach nach ihren eigenen Regeln. Sie lassen sich nichts sagen, denn sie akzeptieren ja keine Grenzen, die ihnen gesetzt werden.

Narzissten, die einen Partner haben, haben in der Regel kein schlechtes Gewissen, ihn auszunehmen, alles von ihm zu fordern und zu bekommen. Ein schlechtes Gewissen kennen sie nicht, das sie daran hindern könnte, ihre „Untaten" fortzusetzen. Deshalb sind sie so gefährlich für ihr Umfeld! Wohin sie ihre Schritte setzen, richten sie Schaden an: wirtschaftlichen, finanziellen und vor allem seelisch-körperlichen.

Gewissenlos zu handeln ist mehreren Menschen eigen - u.a. auch den **Psychopathen.**
Sich selbst in die eigene Tasche wirtschaften, selbst erhalten statt geben - das ist das erklärte, anfangs oft gut versteckte Ziel.

Aufgepasst!
Es gibt Menschen, die kein Gewissen haben, und dessen muss man sich bewusst sein!

Empathie...los

Narzissten haben kein Einfühlungsvermögen.

Was bedeutet Empathie? Empathie bezeichnet die Fähigkeit und Bereitschaft, Gedanken, Empfindungen, Emotionen, Motive und Persönlichkeitsmerkmale einer anderen Person zu erkennen und zu verstehen. Es gibt die kognitive, die soziale und die emotionale Empathie. Letztere ist es, worauf es mir ankommt in diesem Buch: bei emotionaler Empathie kann man die Gefühle seines Gegenübers annehmen und sich mit ihm freuen oder mit ihm leiden. Sich in andere Menschen einfühlen zu können, ist eine wichtige soziale Kompetenz.

Ohne Einfühlungsvermögen kein Verstehen der Situation seines Gegenübers. Wer sich nicht einfühlen kann, ist sicherlich auch nicht hilfsbereit. Und überhaupt: ein Narzisst, der jemandem einfach so hilft - uneigennützig, von Herzen -, das gibt es nicht! Das ist so sicher wie das Amen in der Kirche.

Unterstützt der Narzisst dich in irgendeinem Bereich deines Lebens, tut er Dinge für dich, ist er entweder in der Phase, wo er dich einfangen, sprich: verliebt machen will, oder er verfolgt ein anderes, größeres Ziel DAHINTER.

Hilfsbereite Narzissten sind wie blaue Elefanten: es gibt sie nicht! Ich wiederhole mich gern!

Mach dir bewusst: es gibt einen Plan, den der Narzisst verfolgt. Er will gut dastehen in seinem Leben, **er will Macht, Kontrolle, Ansehen, Bewunderung, Geld, Prestige. Er will GESEHEN WERDEN, und er BRAUCHT ANERKENNUNG!**

Und dieses Gefühl gibt er auch dir am Anfang: dass du gesehen wirst. Das ist so einmalig und berauschend, dass du gar nicht anders kannst als dich zu verlieben. Dich trifft wahrlich keine Schuld. Du wurdest vom Narzissten „erwählt", du wurdest gezielt ausgesucht, und du wirst nur dann deine Grenzen zu deinem Schutz wahren können, wenn sie dir vorher schon bewusst waren.

Narzissten kennen keine Empathie. Sie fühlen nicht mit anderen, wenn diese sich freuen oder leiden. Sie können das nicht! Wie verhält sich wohl ein Mensch, der nicht mitfühlt? Ignorant? Kalt? **Gefühlskalt!**

Laufen dir die Tränen über die Wangen, was macht dann dein Partner/deine Partnerin?
Achte genau auf seine/ihre Reaktionen. Du wirst schnell merken, dass mitfühlen etwas anderes ist als nur da sein und daneben sitzen.

Am Anfang wirst du gesehen, hast das Gefühl, er fühlt mit dir. Doch das wandelt sich, sobald du Grenzen setzt: DEINE GRENZEN. Dann hört die Freundlichkeit auf und toxische Muster beginnen...

Ich frage dich: was willst du mit einem Menschen, der nicht mitfühlt mit dir, der sich nicht in dich einfühlen kann, der sich nicht für dich freut, nicht mit dir weint, dich nicht von ganzem Herzen tröstet? Was willst du mit einem solchen Menschen?

Gewalt...los?

Narzissten üben GEWALT aus - subtil und leise.
Manchmal werden sie auch lauter, und die Gewalt nimmt zu.

Generell kann man sagen, dass die Gewaltbereitschaft des Narzissten im Laufe der „Beziehung" wächst. Die Hemmschwelle, die eigentlich nie da war, wird sich auch später nicht aufbauen. Du hast bisher einen Menschen geliebt, von dem du nicht WUSSTEST, dass er solch ein Wesen hat - eines, das Grenzen anderer ohne schlechtes Gewissen und ohne Mitgefühl verletzt.

Diese dunkle Seite war schon immer da, nur war sie bisher nicht sichtbar für dich. Das jetzt zu erkennen ist bitter und tut weh! Aber: es ist die Wahrheit, und die Wahrheit kann weh tun. Und: sie macht dich frei! Wer die „Fratze des Narzissmus" erkannt hat, kann handeln. Zuvor war alles im Nebel verborgen: du hast nachgedacht, gegrübelt über so viele Unstimmigkeiten und seltsame Begebenheiten, die einfach in deinem Wertesystem keinen Sinn ergaben. Nun hast du klare Sicht auf ein Grauen, von dem du nicht ahnen konntest, dass es existiert!

Wie du damit umgehen sollst?

Ganz einfach erklärt: Narzissmus bedeutet Missbrauch, und Missbrauch ist Gewalt!

Du brauchst dich einfach nur zu fragen:

Will ich missbraucht werden?
Will ich so weiterleben?
Will ich Gewalt in meinem Leben und im Leben meiner Kinder akzeptieren?

Wenn deine Antwort NEIN ist, dann steht dir ein weiter Weg bevor, der nicht leicht ist. Doch viele Frauen und Männer sind diesen Weg vor dir bereits gegangen. Du weißt, dass es viele geschafft haben, sich zu befreien, wieder sie selbst sein zu können. Es kann dauern, aber es ist diesen Schritt wert!

Was man genau beachten muss bei solch einer wichtigen Entscheidung, das liest du weiter hinten im Buch! Lies das alles sehr genau!

Jeder will sein Leben unter Kontrolle haben und bestimmen, wie es verläuft. Doch Narzissten MÜSSEN kontrollieren, sie können gar nicht anders, und sie wollen ANDERE kontrollieren! Sie wollen sich mächtig fühlen, wollen Macht über dich. Das verleiht ihnen dieses Gefühl der Großartigkeit, das sie in sich sehen. Übrigens: Narzissten machen keine Fehler. ;-) Deshalb darf man sie auch niemals kritisieren, denn da sind sie mehr als nur empfindlich! Sie sind äußerst schnell gekränkt!

Dass jeder Mensch Fehler hat und diese auch zugeben darf, ist allen bekannt. Narzissten aber machen keine Fehler - so ist ihre Sicht auf die Welt! Also wälzen sie alle Schuld für alle möglichen und unmöglichen Ereignisse auf dich oder andere ab. Ob das einen Sinn ergibt oder nicht - der Narzisst wird dafür sorgen, DASS es einen Sinn ergibt, oder er sorgt dafür, dass du jeden roten Faden im Gespräch oder Geschehen aus den Augen verlierst, weil er dich so durcheinander bringt, dass du am Ende an DEINER Wahrnehmung zweifelst. Psychische Gewalt findet hier statt. Ein perfides Spiel!

In dem Film „Der Unsichtbare" wird sehr deutlich klar, dass diese unsichtbare Macht der „Kontrolle" immer da ist, ob Adrian nun physisch anwesend zu sein scheint oder nicht. Adrian kontrolliert weiterhin Cecilias Leben, die sich immer noch beobachtet fühlt. STALKING = GEWALT!

Kontrolle abzugeben ist nicht der Plan eines Narzissten. Er will kontrollieren und nimmt sich das Recht dazu einfach so heraus. Erst probiert er in kleinen Dingen, wie weit er gehen kann und darf. Immerhin muss er es langsam angehen lassen, denn sonst bliebe er ein Leben lang allein. Wer würde sich mit einem Kontrollfreak einlassen? Niemand! Dann - so allmählich - reißt er leise und ausdauernd immer öfter kleinere Grenzen nieder, kontrolliert zunehmend, was du machst, sagst, denkst. Und am Ende... bist du nicht mehr du selbst. Dann hast du dich wahrlich verloren...

Niemand hat das Recht, andere zu kontrollieren, sie zu besitzen. Wer das versucht, will sich erheben und den anderen klein machen, ihn abwerten, um sich selbst noch größer zu fühlen. Eigentlich eine traurige Dynamik, aber Narzissten ändern sich in der Regel nicht. Da sie sich als großartig und bewundernswert empfinden, sehen sie keinen Grund für eine Änderung. Wer so ist, wie er ist, Kontrolle ausüben will und Macht, ist starr in seinen Mustern und wird immer wieder in diese zurückfallen.
Da hilft nur loslassen, wenn man solch ein Verhalten in der eigenen Partnerschaft oder auch innerhalb familiärer Strukturen erkennt. Dieses Loslassen ist aber auch eine Chance: man darf nochmal ein ganz neues Leben beginnen...

Du musst eigentlich nur erkennen, was HINTER der Maske des Narzissten steckt: eine dunkle Seite, die du am Anfang weder sehen konntest noch später glauben konntest. Doch sei dir sicher: die Fratze des Narzissten, die dunkle Seite, ist hässlicher, als du es dir gerade vorstellen kannst. Gewalt ist IMMER mit im Spiel!

Da hilft nur eines: **lauf, lauf, so schnell du kannst und kehre nie mehr zurück!**

„**Was mit Gewalt erlangt wird,**

kann nur mit Gewalt bewahrt werden."

Mahatma Gandhi

6. Kontrolle

KONTROLLE

„Kontrolle"... ist die Überwachung oder Überprüfung eines Sachverhaltes oder einer Person und somit ein Mittel zur Herrschaft oder Gewalt über jemanden oder etwas.
(21*)

Narzissten mit einer narzisstischen Persönlichkeitsstörung **müssen k o n t r o l l i e r e n** . Sie brauchen das, um sich sicher zu fühlen in ihrer Welt. Eine Handlung, die sie selbst ablehnt, eine Aussage, die „nein" zu etwas sagt, das von ihnen ausgeht - das ist in ihrer Welt nicht vorgesehen, denn: es käme einem kleinen Erdbeben gleich, was ihren Selbstwert angeht. Narzissten müssen kontrollieren, sie können gar nicht anders. Man könnte sagen, sie sind in diesem „Zwang" gefangen. Wie der Narzisst wirklich ist, wird allerdings für den Partner meist erst später offensichtlich, wenn man sich bereits in der berühmten „Liebesfalle" befindet.
Der Narzisst nimmt sich heraus, all das zu tun, was ihm gefällt, beliebt und angenehm ist. Er hat die Kontrolle über sein Leben, über das, was ihm wichtig ist. Er wird versuchen, zunehmend dein Leben zu kontrollieren. Und weil sein Verhalten bei dir Traurigkeit auslöst, kontrolliert er mit seinem Verhalten auch noch deine Emotionen und noch viel mehr...

Matthieu und ich sind Samstag Nachmittag verabredet, wir wollen einen Ausflug machen. Matthieu ruft an. *„Mein Chef hat irgendetwas vor. Ich muss mit. Ich melde mich gleich nochmal...".* Was bedeutet „gleich"? Keine Ahnung. Ich warte. Es ist Funkstille. Nach vier Stunden - der Nachmittag ist längst vorbei - ruft er an.
Er: *„Mein Chef hat mich zu einem Rundflug eingeladen.".*
Ich: *„Wir waren verabredet - du wolltest vor Stunden hier sein... Und da ist es dir nicht möglich, mir eine kurze SMS zu senden mit der Info, dass Ihr fliegt?".*
Er: *„Naja, im Flugzeug ging das nicht, und wir hatten nur einen kurzen Zwischenstopp... Versteh mich doch!".*

Ich: „*Ich verstehe das NICHT! Ich warte seit Stunden auf dich, wir sind verabredet gewesen, wir wollten etwas unternehmen.*".

Er: „*Jaaa, es tut mir ja auch leid, aber ich kann das nicht machen, wenn ich neben meinem Chef sitze...*".

Ich: „*Ne SMS schreiben ist nicht möglich, wenn du neben deinem Chef sitzt???*".

Konnte er sich nicht in mich hineinversetzen, wie ich mich dabei fühle? Nein, schlimmer: er WILL, dass ich mich so fühle! Sein Nicht-Bescheid-Sagen hat zur Folge, dass ich keine ORIENTIERUNG habe, was nun passiert. „Orientierung" und „Kontrolle" sind GRUNDBEDÜRFNISSE! Wer die Orientierung hat, was wann wo passiert, hat auch die Kontrolle über das Geschehen. Das ist sicher verständlich... Es gab keine genaue Information an mich. Keine genaue Information = du wirst im Dunkeln sitzen gelassen, also „in die Orientierungslosigkeit" gedrängt. Derjenige, der das machen KANN, hat die Macht und die Kontrolle über die Situation! Eine kurze SMS hätte gereicht, mich zu **informieren**: „*Bitte dich um dein Verständnis: bin von meinem Chef auf einen Rundflug eingeladen worden. Weiß noch nicht, wie lange es dauert.*". So wäre ich informiert gewesen und hätte mich neu orientieren können, was ich an diesem Nachmittag mache. Mein Verständnis für den Rundflug hätte er gehabt, denn: so etwas lässt man sich nicht entgehen. Das Machtgefälle wurde durch ihn klar definiert: ich habe die Information, du nicht. Ich lasse sie dir erst dann zukommen, wann immer ICH das für richtig halte, nicht, wann du das möchtest. Obwohl er wusste, dass ich auf ihn warte, kam keine genaue Information, die mich aus dem emotionalen Zustand der „Unsicherheit" herausgeholt hätte, der sich automatisch einstellt, wenn man nicht ausreichend informiert ist. Informationen vorzuenthalten ist in dieser Situation eine Form von „Kontrolle ausüben": was gebe ich weiter und wann? ICH hätte die Kontrolle über meine Zeit und über das Gesamtgeschehen wiedererlangen können, wenn ich ihm nach einer kurzen Wartezeit geschrieben hätte: „*Bitte komm nicht mehr, bin jetzt anderweitig beschäftigt.*". Ein Machtgefälle zu entlarven, bei dem die **Bedürfnisse** des einen überwiegend erfüllt werden und die des Partners nicht, ist nicht leicht, aber es ist extrem wichtig! **Grundbedürfnisse** sind nicht verhandelbar. Sie **MÜSSEN erfüllt werden! AUCH DEINE!**

Wer kontrolliert WEN?

Wer hat die MACHT über WEN?
Auf den ersten Blick lässt sich das manchmal nur schwer sagen.
Auch „intern" in Beziehungen spielen da viele Faktoren eine Rolle.

Fakt ist: in Beziehungen auf Augenhöhe sind die Positionen ausgeglichen. Da hat einer mal das Sagen, dann wieder der andere.

KONTROLLE ist eine Maßnahme, um Macht zu erlangen und zu behalten. Weiß man viel über den Partner, kennt man seine Schwachstellen, dann ist es oft ein Leichtes, ihn zu manipulieren.
Glücklicherweise ist der Großteil der Menschen so nicht veranlagt, aber es gibt immerhin noch einige Millionen Menschen, für die Manipulation ein Spiel ist: ein Spiel zu ihren Gunsten.
Wer manipuliert, will etwas erreichen. Er hat ein Ziel!
Im Alltag hilft nur Achtsamkeit und das Führen eines Tagebuchs, damit man erkennt, wer die Fäden in der Hand hat.

- Wer trifft die meisten Entscheidungen?
- Wer gibt öfter nach?
- Wer fühlt sich schlecht mit einer Entscheidung?
- Wer fühlt sich gut und ist fröhlich?

Der Narzisst geht charmant vor - am Anfang auf jeden Fall. Sei dir sicher: du bemerkst erst spät, was da wirklich vor sich geht. Das soll dich aber nicht entmutigen, denn: deine Würde zu behalten oder zurückzuerlangen, das ist jederzeit und an jedem Punkt der Beziehung wieder möglich. Dich zurückzuziehen, nachzulesen, was Narzissten antreibt, dich zu schützen - darauf kannst du jederzeit zurückkommen, wenn du es brauchst und willst.
Ich war im 7. Liebeshimmel, und es gab viele kleine Anzeichen, die ich k o m i s c h oder s e l t s a m fand, für die ich keine Worte und keine Erklärungen hatte. Merkst du so etwas, findest du mehrere Begebenheiten „komisch", dann geh auf Abstand und rede mit Freunden darüber. Führe ein Tagebuch über Gesagtes!
Kontrolle kann in kleinen Dingen passieren...

- „Schneid die Zwiebeln mal so, und nicht so...".

- „Häng den Lappen hier auf, dort trocknet er nicht so gut.". (Wieso trocknet er hier, nicht aber dort? Das ergibt keinen Sinn!)

- „Wo bist du gerade?".

- „Du hast am Wochenende keine Zeit für mich? Och, und ich wollte mit dir das tun, worauf du dich schon lange gefreut hast..." (was aber dann, wenn er da ist, doch nicht gemacht wird).

- Er legt zwei Paar Socken in den Einkaufswagen, ich bezahle sie an der Kasse und gebe sie ihm später, weil ich glaube, er hat sie für sich gewählt. „Nein, die sind nicht für mich. Die sind für dich.".
  Ich: „Aber ich wollte sie gar nicht. Sonst hätte ich sie mir ausgesucht.".
  Ich habe diese Socken bis heute nicht getragen. Demnächst gehen sie in die Altkleidertonne.

- Er schafft MEIN Leergut zum Automaten; es sind mehrere Beutel voll - sicherlich fast 10 Euro Pfand. Er steckt es ein und denkt nicht einmal daran, es mir auszuhändigen...

- Ein Anruf kommt: „Hey mein Schatz! Du sprichst doch französisch... Bestell mir mal schnell bei Amazon in Frankreich diese 3-D-Brille. Kannst du mal schnell nachschauen? Jetzt!!?".
  Ich schaue bei Amazon Frankreich und finde sie. „Warum bestellst du sie nicht in Deutschland?".
  Er: „Die gibt es hier nicht. Ich will sie unbedingt haben! Bestellst du sie mir s c h n e l l ?".
  Ich: „Wenn du mir das Geld auf mein Konto überweist, dann kann ich sie bestellen, sonst nicht. Ich habe nicht mehrere

hundert Euro auf meinem Konto am Monatsende.".
Er: *„Ich geb dir das Geld später - in bar.".*
Ich: *„Nein, Matthieu, es geht nicht, selbst, wenn ich wollte...".*
Er legt beleidigt auf. Zwei Tage später kommt er mit der Brille bei mir an und erzählt mir, dass gestern Abend - welch Wunder - bei ebay solch eine Brille zum Verkauf angeboten wurde, er spontan die weite Strecke hingefahren sei und sie gekauft habe. Ich habe das Gefühl: kein Wort von dem, was er sagt, ist wahr. Eher habe ich das Gefühl, jemand anderes hat sie ihm gekauft...

Narzissten legen ihre Tentakel genau dahin, wo du ihnen unweigerlich in die Arme läufst. Wenn du glaubst, dass du den Partner oder die Partnerin an deiner Seite „auserkoren" hast, dann lass dir gesagt sein: der Narzisst/die Narzisstin hatte DICH im Visier.
Er oder sie h a t d i c h a u s g e s u c h t , weil du etwas zu bieten hast, was ihm oder ihr gut tun würde. Das kann deine Bereitschaft zu sexuellen Eskapaden sein, deine liebevolle, fürsorgliche Art oder gar dein finanzieller Background. Was auch immer dazu geführt hat, dass Ihr beide zusammengekommen seid: sei dir sicher - es war kein Zufall!

Narzissten wollen kontrollieren !!!

Kontrolle über Geld, auch über d e i n Geld!

- Wie viel Geld hast du ihm / ihr schon gegeben?
- Waren es kleinere Beträge?
- Hast du größere Anschaffungen für ihn / sie gemacht?

Kontrolle über d e i n e Gefühle !

- Wie oft hat er dich traurig gemacht, ohne, dass es ihm wirklich leid tat?
- Ist er noch auf deinen Gefühlen herumgetrampelt?

- Hat er dich liebevoll in den Arm genommen und alles getan, dass es dir besser geht? Oder musstest DU noch Dinge machen, die ihm gut taten, selbst, wenn du traurig warst?

Kontrolle über d e i n e Handlungen!

- Wie oft hat er dir das ausgeredet, wenn du eigene Pläne hattest: nochmal studieren, nochmal einen Beruf erlernen, alleine mit einer Freundin in den Urlaub fahren,... etc.?

Kontrolle über d e i n e Zeit!

- Wie oft hast du etwas machen wollen, und er sagte, dass er genau zu diesem Zeitpunkt aber... dieses und jenes machen will mit dir, und du hast deine Ideen sausen lassen?

Kontrolle über d e i n e Kleidung!

- *„Das steht dir nicht! Zieh lieber das an...!".*
- *„Findet du das wirklich hübsch? Also... ich weiß nicht. Mir gefällt das hier besser."*

Kontrolle über d e i n e n Umgang mit Freunden!

- *„Denkst du wirklich, du solltest sie besuchen? Vielleicht passt ihr das heute gar nicht, weil sie... das und das noch zu tun hat, bevor...?".*
- *„Ich will nicht, dass du deine Freundin heute besuchst, denn ich wollte dich eigentlich bitten, mich heute so richtig schön zu verwöhnen... Das magst du doch auch...!"*

Kontrolle über d e i n e Vorstellungen vom Wohnen und Leben!

- *„Ich räum dir das morgen mal um; das geht doch so nicht.".* Ich: *„Ich will das aber gar nicht anders haben.".* Er: *„Ich meine es doch nur gut. Da hast du mehr Platz und mehr Stauraum.".*

- *„Es wäre besser, du würdest das Rollo festkleben am Fensterrahmen, dann kann es nicht mehr herunterfallen.".*
  Ich: *„Ja, ich weiß, aber ich will es nicht. Ich werde in Kürze umziehen, und deshalb will ich es nicht erst festkleben.".*
  Er: *„Ich hab dir das jetzt schon zweimal heute aufgehängt. Ich klebe es jetzt fest.".*
  Ich: *„Es fällt ja sonst auch nicht zweimal am Tag herunter. Ich möchte es so lassen, wie es ist. Es ist doch meine Wohnung, da kann ich entscheiden, wie ich es haben will oder eben nicht.".*
  Er: *„Ich möchte doch nur, dass du keine Arbeit mehr mit dem Rollo hast. Ich mache das jetzt!".*
  Ich: *„Was, bitte, an NEIN verstehst du denn nicht?".* Als ich mich durchsetze, ist er nicht nur SAUER, seine narzisstische Wut ist entfacht!

Kontrolle über d e i n e Entscheidungen!

- *„Ich möchte heute ausgehen.".*
  Er: *„Du gehst heute nicht aus. Du bleibst heute daheim. Habe ich mich verständlich ausgedrückt? Du weißt, was passiert, wenn du mich verärgerst...!".*

Kontrolle über d e i n e Worte!

- Er: *„Ich will nicht, dass du so etwas über uns erzählst!".* Ich: *„Aber es war doch gar nichts Schlimmes. Ich hab doch nur...".*
  Er: *„Denk doch mal daran, was die jetzt über dich denken!".*
- Ich: *„Ich freue mich so sehr, dass das so wenig gekostet hat!".*
  Er: *„Ja, aber das nächste Mal sagst du das der Frau nicht. Dann wird es beim nächsten Mal teurer! Das macht man nicht, das sagen...".*
  Ich: *„Aber ich war doch so überrascht, und ich wollte ihr nur sagen, wie dankbar ich bin, dass sie so einen niedrigen Preis für mich angesetzt hat.".*

Kontrolle über d e i n e Gedanken!

Immer dieses Auf und Ab... Mal ist er nett, mal ist er bestimmend, böse, schiebt dir die Schuld in die Schuhe für nichtige Sachen oder für Dinge, die du gar nicht getan hast.

Er wertet dich ab, um dich später wieder auf ein Podest zu stellen und zu sagen, wie sehr er dich liebt. Du denkst unentwegt über all diese Dinge nach, grübelst, überlegst, ob er Recht hat. ER ist in deinen Gedanken - er beherrscht sie. Du hast kaum noch Motivation für eigene Dinge, für neue Pläne. Was ist, wenn sie ihm wieder nicht gefallen?
Du willst dich verabreden mit einer Freundin, denkst aber gleichzeitig daran, ob ihr nicht doch besser zusammen Versöhnungs-Sex haben solltet, denn immerhin möchtest du doch, dass es zwischen euch läuft...

* * *

Alles dreht sich nur noch um ihn!
ER BEHERRSCHT DICH!

* * *

Einige Beispiele sind aus meinem eigenen Leben, also von und mit Matthieu; einige habe ich von einer Bekannten, die als Therapeutin arbeitet und mir anonym Begebenheiten ihrer Klienten erzählte..., dass z.B. eine Frau das Haus nur dann verlassen durfte, wenn ihr Mann es explizit gestattete. Er nahm ihr sogar die Autoschlüssel und die Geldbörse weg. Und schrecklich zu hören: das ist gar nicht mal so selten!

Behalte deine Freiheit, und wenn du sie nicht mehr hast, sie dir gerade abhanden kommt, dann schau mal, was du für dich tun kannst. Kümmere dich gut um dich selbst, denn der Narzisst wird sich nicht um dich kümmern - auch nicht, wenn es manchmal so aussieht. Er tarnt sich gut, ist charmant, wortgewandt. Nimm dich in Acht und sei auf der Hut! Und sollte dich ein Narzisst in seine

Fänge bekommen haben, dann sei dir sicher: es gibt einen Weg hinaus. Oft ist er schmerzhaft, man leidet Qualen, man muss stark sein. Aber jeden Tag ohne seine Kontrolle ist besser als jeden Tag unter seiner Kontrolle zu sein...

* * *

„Um dich zu kontrollieren, benutze deinen Kopf.
Wenn du andere kontrollieren willst, benutze dein Herz.“
- Eleanor Roosevelt -
US-amerikanische Menschenrechtsaktivistin

* * *

Matthieu erklärte mir den Hintergrund seines Erfolges im Job ganz am Anfang unseres Kennenlernens:

„Ich verkaufe keine Waren, ich verkaufe Emotionen!“.

Und nichts anderes macht er privat, um Menschen „einzufangen"...
Und dann beginnt er zu kontrollieren, denn: die Kontrolle ist des Narzissten größtes Bedürfnis, seine Waffe, sein Instrument.
Damit ist die größte Niederlage des Narzissten... der Kontrollverlust.

Kontrollverlust = U n k o n t r o l l i e r b a r k e i t

Leidet der Narzisst unter Kontrollverlust, wirst du es zu spüren bekommen! Du hast Grenzen gesetzt, deine eigene Meinung vertreten, dich um dich selbst gekümmert?
Das kann den Narzissten so wütend machen, dass er alles vergisst.
Trennst du dich, bist du ab sofort sein Feind! Man kann nicht in Frieden und in Freundlichkeit auseinandergehen. Du hast ihm Grenzen gesetzt, und dafür wirst du bezahlen! Narzissten können so weit gehen, dass sie dich vernichten. Sie wollen die Kontrolle zurück, und wenn sie dich nicht bekommen können, dann werden sie alles daran setzen, dass du deine Entscheidung bereust! Sie kennen keine Grenzen, da sie keine Grenzen akzeptieren.
Oft liest man, dass sogar K.O.-Tropfen eingesetzt werden, um sich ein letztes Mal mächtig zu fühlen, um „es dem anderen zu zeigen"...

Es ist einfach nur erschreckend, wie Menschen sein können, wie Narzissten sein können.... Sei dir dieser Gefahr immer bewusst!

Und jetzt kommt die gute Nachricht:

bist DU unkontrollierbar geworden,
hast du deine Freiheit wieder!

<u>Macht & Kontrolle</u>

„Dominanz bedient immer nur sich selbst!".
Das waren meine Worte zu Matthieu, als er mir zu verstehen gab, dass er mich und mein Leben dominieren will - natürlich „nur zu meinem Besten".
Es ist nicht so, dass jemand ankommt und sagt: *„Hey, ich will jetzt die Kontrolle über DEIN Leben und über DICH!".* Du würdest ihm galant oder nachdrücklich den Weg weisen... Macht und Kontrolle schleichen sich über die Hintertür ein - besonders in Beziehungen. Wer sie offen lebt, lässt leicht erkennen, worum es ihm geht. Dann hat man die Wahl: man kann sich von diesem Menschen entfernen oder nicht.
Merkt man aber gar nicht, dass das Gegenüber langsam und stetig die Kontrolle übernimmt, wenn all das getarnt wird unter dem Deckmantel des Wohlwollens - dann wird es kritisch!
Missbrauch ist immer so gestaltet, dass er NIEMALS dem „Opfer" dient, nur dem TÄTER!
Wer Missbrauch feststellt in seiner Beziehung, MUSS GEHEN!
Auf Dauer macht dieses Machtungleichgewicht sonst krank, und zwar den, der seine Macht verliert und die Kontrolle zunehmend abgibt. Es gibt sogar Menschen, die haben sich aus solchen destruktiven, toxischen Beziehung nur auf eine Art und Weise zurückziehen können: durch ihren Tod. Manche haben nicht die Kraft, zu gehen. Da kann einem auch schon mal eine „Krankheit" zupass kommen, um den Seelenwunsch nach Freiheit zu erfüllen.

Gar nicht mal so selten, aber immer ein Drama!
Gib DIR die Macht über DEIN Leben und DEINE Entscheidungen zurück! Du kannst das jederzeit, an jedem Punkt deiner Beziehung. Es braucht nur deine ENTSCHEIDUNG: Macht & Kontrolle über dich und dein Leben durch den Narzissten: JA oder NEIN???

Frei sein...!

Wer ist frei? Wer eigene Entscheidungen treffen kann...

Willst du FREI SEIN?
Willst du entscheiden, was du aus deinem Leben noch alles machen kannst?
Willst du entscheiden, was du anziehst?
Willst du entscheiden, welche Freundinnen du triffst?
Willst du entscheiden, was du für einen Beruf ausübst und wie viele Stunden am Tag du in diesem Beruf arbeitest?
Willst du entscheiden, mit wem du dich umgibst?
Willst du entscheiden, wofür du dein Geld ausgibst?

Entscheidungen zu treffen - das ist: Leben gestalten!
Nutze diese Freiheit schon in der kleinen Form, in der sie dir JETZT zur Verfügung steht. Fang an, dir dieser Möglichkeit und Kraft bewusst zu werden...

Du willst frei sein? Dann sage ich dir jetzt, welche Erkenntnisse ich zusammentragen konnte für dieses Buch, die dir hoffentlich hilfreich sein können, um dein Vorhaben umzusetzen. Ich wünsche dir von ganzem Herzen, dass dir das BALD gelingen möge!

„Freiheit... ist die Möglichkeit,
ohne Zwang zwischen unterschiedlichen Möglichkeiten
auswählen und entscheiden zu können."
(22*)

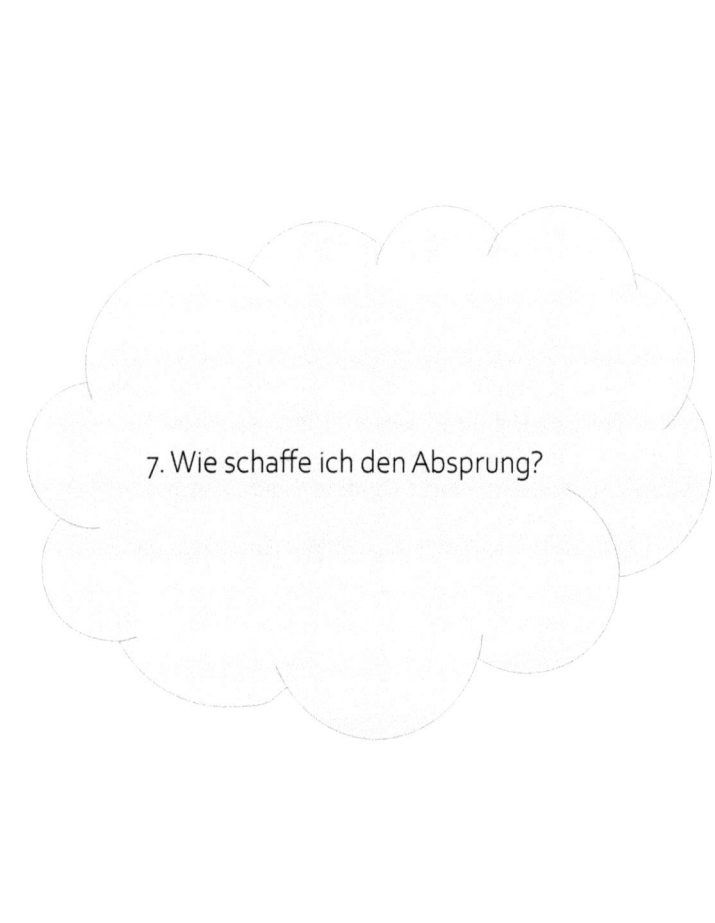

7. Wie schaffe ich den Absprung?

Wie schaffe ich den Absprung?

Sich selbst wichtig genug nehmen, um sich wieder ein MENSCHENWÜRDIGES Leben aufzubauen oder in dieses zurückzukehren... - das ist das Ziel. Ist es auch DEIN Ziel?

Deine Würde zu achten, zu ehren, dich nicht mehr klein machen zu lassen, dir alles zurückzuerobern, was dich stärkt und dir Kraft gibt, was dich glücklich macht - das muss DEIN ZIEL sein!

Ich sage dir: es ist machbar!

Viele Frauen und Männer vor dir sind diesen Weg gegangen, und er liegt nun vor dir - mit all seinen Möglichkeiten. Es gibt manchmal Umwege, Hindernisse, Gefahren - im Leben ist das so. Aber eines ist ganz klar: nimmst du dich selbst ernst, dann kannst du es schaffen!

Da du dich in all den Manipulationen vermutlich mehr oder weniger selbst verloren hast und vielleicht gar nicht mehr weißt, wer du bist, brauchst du erst einmal einen „Schutzraum", wo du das alles aufarbeiten und verdauen kannst. Das geht nicht von heute auf morgen.
Emotionaler oder anderweitiger Missbrauch, der vielleicht Jahre oder Jahrzehnte stattgefunden hat - den kann man nicht einfach „wegwischen", indem man sagt: ich gehe jetzt und das war`s. DAS ist unrealistisch, und dessen muss man sich bewusst sein.

Es gibt Menschen, die noch niemals von Missbrauch gehört haben, nicht von diesem, dem narzisstischen. Es gibt Menschen, die vielleicht mittendrin stecken und nicht wissen, dass sie sich genau da befinden.

Es gibt Menschen, die Angst haben, diese Beziehung zu verlassen, WEIL sie Angst haben, dann allein zu sein, seine Wut und seinen

Zorn zu spüren, nie wieder einen lieben Partner finden zu können... ÄNGSTE finden nicht begründet in der Gegenwart statt, ANGST ist immer mit der Zukunft verbunden. Du hast keine Angst, weil die Situation jetzt so ist, wie sie ist, du hast Angst, weil du VERMUTEST, es KÖNNTE sich so oder so entwickeln.

ANGST ist also immer mit Situationen in der ZUKUNFT verbunden.

Hast du z.B. Angst vor dem Zahnarzt, dann hat das nichts mit der Tatsache zu tun, dass du dich gerade auf dem Weg zum Zahnarzt befindest. Auf dem Weg dorthin tut dir niemand etwas. Du hast ANGST vor späteren MÖGLICHEN SCHMERZEN.

Befreie dich ein wenig von deiner Angst, denn sie dürfte es sein, die dich abhält, DEIN LEBEN zu leben und dich zu befreien.

Die Angst kann ein kluger Ratgeber sein, manchmal warnt sie uns vor Dingen, die wir intuitiv spüren, und diesem Gefühl sollten wir vertrauen. So machen wir die Angst zu unserer Verbündeten. Wir heißen sie willkommen als Ratgeberin, weisen ihr aber auch DEN Platz zu, den wir ihr geben wollen.

„Liebe Angst, ich höre dich. Ich nehme dich ernst. Du darfst kommen, und du darfst auch wieder gehen... Und ich entscheide gemeinsam mit meiner Intuition und meinem Bauchgefühl, was jetzt am Besten für mich ist, welchen Schritt ich als nächsten machen will.".

Die Angst warnt dich. DAS IST GUT!

Aber sie kann dich auch gefangen nehmen und dich nicht mehr loslassen. DAS IST NICHT GUT! Denn das hindert dich am Weitergehen im Leben!

Wie du den Absprung schaffst? Deine Angst aufspüren: wo sitzt sie im Körper, wo spürst du sie? Hält sie deinen Hals umklammert, dass du kaum noch atmen kannst? Hast du einen Kloß im Hals? Ist dein Brustkorb „eng"? Hast du „Bauchweh"?

Überall dort kann man die Angst oft deutlich spüren.

Ein Freund von mir hat einmal den Satz gesagt: „Glaub nicht alles, was du denkst!". Ursprünglich stammt dieser Satz von einer Frau: Byron Katie. Ihr Ansatz / ihre Methode „The Work" ist wahrlich spannend.

Der Grundgedanke dahinter ist: *„Die Welt um mich herum ist nicht die Ursache meines Leidens, es ist MEINE ÜBERZEUGUNG über die Welt!".*

Damit landet man wieder in der Eigenverantwortung und kann nicht sagen *„Die Welt hat Schuld, dass es mir so schlecht geht."*, sondern man wird darauf gestoßen, dass man sagen darf: *„So, wie ich die Welt SEHE und FÜHLE, wie ich sie sie wahrnehme, so empfinde / so erlebe ich sie.".*

Welche Gefühle hast du?
Wie kannst du sie verändern?

Denkt man „neue Gedanken" über ein Thema, „fühlt" man auch andere Gefühle. Diese Veränderungen im Denken und Fühlen haben eine neue Betrachtungsweise zur Folge.

Du hast Angst diese Beziehung zu verlassen, weil du Angst davor hast...

...niemals wieder einen Partner zu finden.
...nicht in Ruhe gelassen zu werden von deinem jetzigen Partner.
...dass er wütend wird und dir oder deinen Kindern weh tut.
...du sehr leiden wirst, wenn du ihn verlässt.
...dass du sterben wirst, wenn du ohne ihn leben musst.

Mal ganz nüchtern und sachlich betrachtet: das alles KANN SEIN, MUSS ABER NICHT passieren. Es ist derzeit reine Vorstellung in deinen Gedanken - in Bildern, und diese rufen ein Gefühl hervor: ANGST!

Du ziehst gar nicht in Erwägung, dass es sich vielleicht...

...befreiend,
...erleichternd,
...gut,
...froh,
...selbständig,
...kraftvoll anfühlt?

MUT brauchst du, um einen Schritt zu machen, und irgendwann wirst du diesen Schritt nach vorn gehen - wenn der Leidensdruck zu groß geworden ist und du es nicht mehr aushältst. Vielleicht musst du erst an diesen Punkt kommen. Vielleicht gehst du vorher, weil du es einfach satt hast und die Mechanismen langsam aber sicher erkennst.

Wann auch immer du dazu bereit bist: dann solltest du einige Dinge beachten. Ohne Angst schüren zu wollen gebe ich dir den Rat: sei auf Sicherheit bedacht, denn: Narzissten akzeptieren in der Regel keine Trennung. Vielleicht hast du Glück, und er hat schon eine andere Gespielin gefunden.
Mach dich uninteressant: „GREY-ROCK"! Mach dich uninteressant wie ein „grauer Stein". Sei nicht mehr emotional - weder positiv noch negativ. Lass ihn erzählen, schreien, schweigen. Zieh dich innerlich zurück, hülle dich ein in eine Schutzhülle aus goldenem Licht. Stell dir vor, dass du schon DEIN LEBEN GLÜCKLICH lebst und all das, was dich hier klein macht, der Vergangenheit angehört.

Reize ihn nicht, indem du sagst, dass du glücklich bist, wenn du dich mit deinen Freunden triffst. Kommuniziere nur noch sachlich, erzähle nichts mehr über dich, zeige keine Gefühle mehr. WERDE „GRAU", werde ein „graues Mäuschen".

Narzissten brauchen „Zufuhr" - emotional und überhaupt. Sie wollen jemanden an ihrer Seite haben, der ihr Drama mitspielt. Machst du das NICHT, wirst du zunehmend uninteressant für den Narzissten. Und mit ein bisschen Glück „entsorgt" er dich - ohne jeden Kommentar bist du ihn dann los. Das kann so sein, muss aber nicht. Für den Fall, dass er nicht geht - von sich aus, musst du dich heimlich auf dein Gehen vorbereiten. Erzähle niemandem davon: halte es vor jedem geheim. Der Narzisst hat so seine Beziehungen - auch zu Menschen, denen du vertraust. Er kann sie aushorchen - ganz geschickt, durch MANIPULATION.

Sei auf der Hut! Riskiere keine narzisstische Wut, wenn du sie vermeiden kannst. Sei achtsam in allem, was du machst!
Aber: SEI TROTZDEM MUTIG, deinen Weg zu gehen!

Buchtipps:

Konfliktlösung mit „The Work" von Byron Katie
ISBN 978-3-442-21885-1

Wer sich intensiver mit der Methode von Byron Katie beschäftigen will, ist hier gut aufgehoben.

„Tödlich verliebt" von Chris Oeuvray
ISBN 978-3-906325-72-9

Verstehen, begreifen, wozu Narzissten fähig sind: das kannst du mit diesem Thriller. All ihr Wissen rund um Narzissmus hat die Autorin in dieses Buch gepackt. Lies es, verstehe und begreife, dass du dich schützen musst!

Chris Oeuvray hat auch eine Internetseite, bietet Coaching an für Menschen, die aus narzisstischen Beziehungen kommen. Es gibt auf ihrer Internetseite viele wichtige Tipps, die es lohnt, nachzulesen!

Geld

Geld braucht man in unserer Welt zum Überleben. Ohne geht es kaum.
Gehst du aus einer toxischen Beziehung weg, brauchst du Geld.

Geld braucht man für die Miete, für Essen und Kleidung, für Medikamente.

Solltest du mit deinem Partner EIN Konto haben, kann er Buchungen sehen und weiß, wo du dich aufhältst. Er wird dich dann vermutlich stalken...

Nimm also RECHTZEITIG Geld beiseite, spare es, deponiere es in bar an einer Stelle außerhalb eurer gemeinsamen Wohnung, wo es keiner außer dir finden kann. Für etliche Monate - mindestens für ein halbes Jahr - brauchst du BARGELD!
Nutze keine Kredit- und keine ec-Karte. Bestelle nichts online, denn die Lieferadresse ist leicht ausfindig zu machen. Kaufe und bezahle in bar!

Freunde

Wem kannst du vertrauen, wirklich vertrauen? Nur dieser Person / diesen Personen darfst du anvertrauen, wo du dich aufhältst. Alle anderen Familienmitglieder und Verwandten, Freunde und Bekannten müssen erst einmal im Ungewissen bleiben: zu deinem SCHUTZ!

Wer ist dir ein WAHRER Freund?

Geheim halten

Geheim halten solltest du alles: dass du Geld beiseite legst, dass du planst, deinen Partner zu verlassen. Unterschätze niemals die narzisstische Wut!
Sie kann dich wahrhaft vernichten!

Geheimhaltung ist in diesem Fall dein Freund!

Mach das Schweigen über deine Pläne zu deinem Verbündeten. Sprich zu dir selbst:

> *„Alles, was ich zu meinem Besten plane,*
> *ist geschützt durch den Mantel des Schweigens!".*

Eigene Wohnung

Gehst du „erst einmal" zu Freunden oder Familienmitgliedern und kommst dort unter, um eine Anlaufstelle zu haben, wo du schlafen und von wo aus du eine eigene Wohnung oder ein Zimmer suchen kannst, sei dir bewusst: die Erfahrung zeigt, dass viele Menschen wieder nach einer gewissen Zeit zu ihrem narzisstischen Partner zurückkehren aus solchen „Arrangements". Weil du dort kein eigenes Reich hast, kann es schnell zu Unstimmigkeiten beim gemeinsamen Wohnen und Leben kommen.

Beuge dem vor: nimm dir etwas Kleines, Bezahlbares zum Wohnen. Dann bist du dein „eigener Herr".

Du brauchst einen Rückzugsort, an dem du dich sicher und daheim fühlen kannst - und wenn es nur das Anhören deiner Lieblingsmusik auf Lautstärke ist, wenn es ein Foto ist, das du aufstellst und das kein anderer sehen soll. Privatsphäre ist Privatsphäre!

Nimm dich wichtig! Du brauchst einen „geschützten Raum" - ganz PRIVAT - zum Weinen, Toben, Trauern, Schreien und… zur Ruhe kommen. Das kannst du nicht woanders!

Schutz

Narzisstische Wut kann dich treffen, das muss aber nicht sein.

Ich will den Begriff „definieren", damit dir bewusst wird, wovon ich schreibe und was ich meine…

> > >

„Narzisstische Wut ist eine besondere Form der emotionalen Entgleisung verbunden mit einer starken aggressiven Neigung. Sie entsteht, wenn sich der Narzisst in seinem Größenselbst angegriffen und verletzt fühlt. In der Folge muss er sich gegen den Widersacher zur Wehr setzen. Dabei kann er in eine äußerst heftige und anhaltende Wut verfallen, die verheerende und nicht wiedergutzumachende Auswirkungen nach sich ziehen kann." (23[*])

Verstehst du, was ich sagen will?
Der Schutz, um den du dich bemühen solltest, ist keine überzogene Maßnahme, die man mit ein bisschen klarem Verstand umgehen könnte.
Dieser SCHUTZ kann dein Leben retten, dich bewahren vor seelischem, finanziellem und auch anderweitigem Schaden, den du dir noch nicht einmal vorstellen kannst!

Sei achtsam: schütze dich!

Wie du das tun kannst? Das erkläre ich dir - nach meinen Recherchen möglichst umfassend notiert - in den nächsten Kapiteln.

Sieh dich als einen wertvollen Menschen an, dem es gelungen ist, eine Erkenntnis zu erringen: du musst wieder in DEIN LEBEN! Es ist weder deine Schuld noch deine Verantwortung, WIE sich dein Partner zu deiner Entscheidung verhält.

DU kannst eigene Entscheidungen treffen!
Das halten wir jetzt ganz groß fest!

WIE dein Partner auf deine Entscheidung reagiert, hat nur allein MIT IHM zu tun - mit seinen eigenen Unzulänglichkeiten und Mustern.

„Opfern von Narzissten" wird nämlich gerne eingeredet, dass sie SCHULD sind am aggressiven Verhalten des Partners, dass sie SCHULD sind...an allem.

SCHULD ist niemand, der sich korrekt verhält, der sich schützen will und eigenständig Entscheidungen treffen möchte!!! Es ist dein gutes Recht, dich zu entscheiden, eine Entscheidung zu treffen und dich zu scheiden von deinem Partner, wenn... er dir nicht gut tut!

SCHUTZ geschieht auf vielen Ebenen. Nimm meine Hinweise und Recherchen ernst - das kann ich dir nur raten. Ohne Angst machen zu wollen rate ich, zu schützen, was zu schützen geht. Paranoid bist du deswegen kein bisschen; du reagierst auf deine Erfahrungen, dass du nicht frei entscheiden konntest, ohne angegriffen zu werden - verbal erniedrigt oder körperlich gezüchtigt. Mach dir das bewusst!

„Paranoid" ist jemand, der fürchtet, verfolgt zu werden ohne jeden Anlass. Aber hier gibt es Anlass... Emotionaler Missbrauch durch narzisstische Personen ist Gewalt, und welche Ausmaße diese Gewalt noch annehmen kann, weiß man niemals vorher...

****

Ich erzähle dir eine Geschichte aus meinem Leben - ganz persönlich. Es hat mich als Kind so dermaßen beeindruckt und geschockt, dass es mir für immer im Gedächtnis geblieben ist:

Meine Mutter war mit einem Mann verheiratet, der nicht mein Vater, aber der Vater meiner Schwester ist. Sie kam vier Jahre nach mir zur Welt.

Ich erinnere mich an das Verhalten meiner Mutter: sie wirkte stets gehetzt, immer auf Achse, ständig am Arbeiten. Liebe gab es keine, nur Anordnungen. Ich lebte nicht bei ihr und meinem Stiefvater, ich lebte bei meinen Großeltern. Heute weiß ich: das war ein großes Glück! Leider hat mich auch dort in Form meiner Großmutter die Erfahrung von Narzissmus eingeholt, aber das wäre eine andere Geschichte...

Ich war vielleicht 10 Jahre alt. Meine Mutter kam eines Abends völlig aufgelöst und in panischer Angst zu ihren Eltern. Alle waren schrecklich aufgeregt. Ich war still, schaute nur zu, was vor sich ging.

Mutter weinte, sie hatte blaue Flecken und extreme Angst vor ihrem Mann. Heute weiß ich: sie hatte Todesangst! Sie war nicht zu beruhigen, und meine Oma sowie mein Opa sagten, dass sie ihn SOFORT verlassen müsse... „Aber meine Tochter...!". Mutter weinte schrecklich! Sie wollte meine Schwester nicht zurücklassen, wollte sie schützen und mit sich nehmen. Aber das war nicht möglich, denn wenn sie die Kleine zur Schule bringen würde, könnte ihr Mann ihr auflauern. Alle Gespräche waren sehr emotional.

Mutter schlief an diesem Abend bei uns. Mein Stiefvater schaute aus seinem Wohnzimmerfenster - das unseren Fenstern genau gegenüberlag. Wir konnten ihn also sehen, und er konnte uns sehen - zumindest, wenn helles Licht brannte.

Mutter war verschwunden. Oma sagte nichts. Mutter war einfach weg. Einige Tage später sagte Omi: „Wir gehen heute die Mutti besuchen, aber du darfst keinem erzählen, wohin wir fahren, wirklich keinem, auch nicht deiner Schwester!". Da ich sie eh fast nie sah, nie sehen durfte, war das für mich kein Problem. Ich erkannte die Anspannung in Omas Stimme, und ich erkannte intuitiv die Gefahr, die mein gebrochenes Schweigen mit sich bringen würde. Sie könnten sich auf mich verlassen!

Wir öffneten die Haustüre. Wenn er aufmerksam war und gerade aus dem Fenster sah (was er SEHR OFT machte), könnte er uns bemerken. Oma nahm mich an die Hand und lief zügig mit mir zum Busbahnhof, der nicht weit entfernt war. Ich hatte den Auftrag bekommen, mich unauffällig gelegentlich umzudrehen, um zu schauen, ob wir von meinem Stiefvater verfolgt würden. Die Last der Verantwortung für Mutters Sicherheit lastete hiermit nun auf meinen zarten Kinderschultern. Das war mir damals nicht bewusst, heute ist es das wohl!

Beim Einsteigen in den Bus wies mich Oma an, mich ganz hinten in den Bus zu setzen und zu schauen, ob er uns mit dem Auto verfolgen würde. Da ich meinen Stiefvater kannte und bereits damals erspüren konnte, wie gefährlich er war, hielt ich mich streng an Omas Anweisungen. Wir fuhren einige Stationen. Ich sah niemanden. „Und, hast du ihn gesehen? Hast du sein Auto gesehen?". Ich verneinte. Ich spürte die gewaltige Angst von Oma, er könne uns folgen. Nun stiegen wir in einen Bus ein, der wieder zurückfuhr. „Oma, diese Strecke sind wir doch gerade gefahren..." wunderte ich mich.

„Ja, ich will nur auf Nummer sicher gehen, dass er uns nicht folgt.". Ihre Anspannung lässt mich heute noch erschauern: es war eine Mischung aus Angst - Angst um ihre Tochter, Angst, dass es öffentlich eskaliert (für meine Familie eine unvorstellbare Schmach!) und der Tatsache, DASS er gefährlich war. Die blauen Flecken und sein allgemeines Verhalten zeugten davon.

Einmal brachte ich den Müll runter, da hörte ich Opa in der Eingangstüre reden: „Sieh zu, dass du verschwindest. Ich gebe dir meine Tochter nicht raus! Und wenn du nicht gehst, ruf ich die Polizei!". Opas Stimme hörte sich verhalten aufgeregt an. Er war ein ruhiger, liebevoller Mann, aber das hier erregte ihn aufs Äußerste: dass sein Schwiegersohn seine Tochter bedrohte. Ich lugte vorsichtig ums Eck, sah meinen Stiefvater, wie er die Hand zum Schlag erhob, und fürchtete, er würde meinen Opa schlagen. Ich zog mich blitzschnell zurück, damit er mich nicht sehen konnte, hustete in tiefen Tönen laut los, damit klar war, jemand ist im Haus. Kurz darauf schloss mein Opa die Haustür; ihm war nichts geschehen. Er hatte *sich meinem Stiefvater mutig entgegengestellt, und in diesem Moment erkannte ich, dass er meine Mutter sehr liebt!*

Zurück zum Geschehen im Bus: wir fuhren. Als wir in einem kleinen Dorf unweit unserer Stadt ausstiegen, hatte ich den gleichen Job wie zuvor in der Stadt. Wir liefen und liefen. Dann kamen wir an einem kleinen Häuschen an. Oma schaute sich noch ein paar Mal vorsichtig um, dann erst klingelte sie. Mutter öffnete uns mehr als nur ängstlich, sie wirkte eingeschüchtert und klein. Ihre schnellen, ängstlichen Augenbewegungen werde ich niemals vergessen, als sie hinter uns auf die Straße schaute und schnell die Tür fest verschloss, sodass sie niemand einfach öffnen könnte...

„Seid Ihr sicher, dass Euch niemand gefolgt ist?!!!!". Ihre Frage zeugte von Panik und Todesangst. Wir brachten ihr an diesem Tag Essen und Zuspruch, aber sie war nicht zu beruhigen. Sie hatte die Scheidung eingereicht und musste nun ein ganzes Jahr getrennt von ihm leben, bis die Scheidung durch war. Sie versteckte sich ein ganzes Jahr (!) in dieser kleinen Pension, ging keinen einzigen Schritt vor die Tür. Einmal pro Woche fuhren wir zu ihr, und wir wurden beobachtet! Es war gruselig!

****

Erst heute weiß ich, dass mein gewalttätiger Schwiegervater mehr als nur gefährlich war! Er hätte sie wahrlich getötet - da bin ich mir ganz sicher.
Meine Schwester hat nie verstanden, warum Mutter plötzlich gegangen und verschollen war. Sie hat ihr das nie verziehen, denn plötzlich war sie allein bei ihrem Vater. Der liebte sie, aber Mutter hatte erzählt, dass er auch meine Schwester geschlagen hatte, als sie ihn davon abhalten wollte, Mutter zu prügeln. So konnte sie entkommen...
Ich bin froh und dankbar, dass ich bei meinen Großeltern aufgewachsen bin. Dort gab es solche Vorfälle niemals.

Das sind meine Erinnerungen an diese Begebenheiten. Meine Schwester weiß bis heute nicht, was damals vorgefallen ist. Meine

Mutter will es ihr nicht erzählen, denn meine Schwester liebt ihren Vater über alles, und wenn sie wüsste, warum ihre Mutter damals ging, würde ihre Welt zusammenbrechen. Sie hat sich eine „heile Scheinwelt" geschaffen, an der niemand kratzen darf, denn die Wahrheit könnte sie zum Einsturz bringen.

Sei dir sicher: du wirst Verbündete brauchen, und du brauchst Geld. Meine Großeltern haben meiner Mutter damals die Pension bezahlt, denn: Mutter war in dieser Zeit nicht arbeiten. Sie ging einfach nicht mehr vor die Tür...

Da musste wahrlich Schlimmes passiert sein, denn so einfach war meine Mutter nicht kleinzukriegen. Sie war taff und klug, eloquent und pfiffig. Diese Ehe war vermutlich der größte Fehler ihres Lebens.

Mutter musste SICH SELBST schützen. Das, was sie zurückließ, bekam sie nie mehr. Sie musste ganz von vorn anfangen. Sein Kommentar: „Wärest du nicht gegangen, dann wären es auch noch deine Sachen.". Sie begann ganz neu von vorn, baute sich mühsam ihr Leben neu auf - und vermisste ihre kleine Tochter, die nicht mehr viel von ihr wissen wollte, da sie sie ja im Stich gelassen hatte und bis heute keine Erklärung dafür bekam. Heute - Jahrzehnte später - verstehen sich die beiden allerdings gut.

Ich ziehe vor meiner Mutter den Hut! Sie hat es gewagt, alles zurückzulassen, denn: es gab keinen Moment mehr, den sie noch ausgehalten hätte bei ihm. Es waren viele Jahre Gewalt, die sie wohl erleben musste. Ich erinnere mich an viele kleine Sequenzen, an Gefühle, Blicke, Situationen. Doch nichts war so bedrohlich wie dieses eine Jahr damals, in dem sie sich versteckte! Das hat - so weiß ich heute - auch mich geprägt!

SCHÜTZE DICH! Halte diese Maßnahmen, dich zu schützen, NICHT für überzogen! Sei gründlich! Als meine Mutter meinen Stiefvater heiratete, ahnte sie nicht, wie sich alles entwickeln würde...

8. Hilfe von außen...

...und Schutzmaßnahmen

Hilfe von außen: Polizei?

Wähle im Notfall den NOTRUF unter 110 !

Die POLIZEI ist die allererste Anlaufstelle, wenn... dir jemand Gewalt antut!

Die POLIZEI ist die, die kommt, wenn du bedroht wirst - vor deiner Tür, in deiner Wohnung!

Sollte sich herausstellen, dass dich jemand stalkt, belästigt, dich nicht in Ruhe lässt (und das musst du nachweisen!), dann können die Polizisten eine „Gefährderansprache" halten. Der „Täter" bekommt dann gesagt, wie er sich zu verhalten hat und was passiert, wenn er sich nicht entsprechend verhält. Ihm werden sozusagen die Konsequenzen seines Handelns verdeutlicht.

Bei manchen „Tätern" macht das Eindruck, sie wollen sich nicht mit der Polizei anlegen. Bei manchen schürt es die Wut erst richtig, sodass es dann wirklich gefährlich werden kann.

Natürlich ist die Polizei Ansprechpartner, wenn es um Gewalt geht, aber: sich schützen ist etwas anderes als sich zu verteidigen... Schutz sorgt vor! Verteidigung greift erst, wenn die Gefahr schon da ist.

Schutzmaßnahmen

Das erklärte Ziel, das ganz oben stehen muss, ist der eigene Schutz und der Schutz von allem, was einem wichtig, lieb und teuer ist. Denke nach!

Was kannst du tun, um dich selbst und das zu schützen, was dir wichtig ist? Es ist schwer, eine Situation zu akzeptieren, die einem so unrealistisch, so surreal vorkommt, dass man sie einfach nicht verstehen kann. Nun, ob wir verstehen können oder nicht - es müssen Maßnahmen eingeleitet werden: „heimlich, still und leise".

Man muss sich darüber im Klaren sein, dass man jetzt keinen Freund mehr an seiner Seite hat, auch, wenn er - sich entschuldigend - wieder auftaucht, Blumen oder nette Worte bereithält.

Das, was passiert ist (was auch immer das sein mag), steht für sich. Die Taten machen den Mann (und vermutlich auch die Frau)! Was er sagt, ist zweitrangig. Was er machte, und was er nicht machte: das ist entscheidend!

Erinnere dich: warum willst du gehen, warum bist du gegangen?? Du hast deine Gründe. Du hast gute Gründe! Vergiss sie NIE !!

Was bedeutet „Schutz"?

>>> ...Sicherheit vergrößern
>>> ...Gefahren und Schäden abwehren

Wenn du in Versuchung kommst, bestimmte Begebenheiten zu relativieren in deiner Erinnerung und in deinem Herzen, weil die Zeit die Erinnerung an Unschönes verblassen lässt und du dich an die wundervollen Dinge und Momente in deiner Beziehung erinnerst, dich von ihnen innerlich wieder einfangen lässt, dann denke... an das schlimmste Erlebnis mit ihm/ihr.

Dann begreifst du, dass du es mit einem Menschen zu tun hast, den du vorher nicht kanntest und auch jetzt nicht kennen willst. Mehr musst du nicht tun, das reicht: du musst dich nur erinnern... Willst du das wieder und wieder erleben?

Narzissten ändern sich nicht! Sie sind, wie sie sind. Sie halten das, was sie tun, für richtig und gerechtfertigt, weil sie keine Empathie haben, kein Gewissen und keine Grenzen akzeptieren. Führ dir das immer wieder vor Augen!

Du musst den Narzissten nicht verstehen, und wenn du auch nur einen Funken Sozialverhalten und Mitgefühl in dir hast, KANNST du ihn auch nicht verstehen. Das ist schlichtweg nicht möglich! Du kannst nur AKZEPTIEREN, dass er ist, wie er ist. Willst du unter diesen Voraussetzungen bei ihm bleiben oder wieder zu ihm zurückkehren?

Erinnere dich an die schlimmste Begebenheit... und frage dich: „Will ich das immer und immer wieder erleben?".
Vermutlich bist du dann schnell wieder „auf Kurs", auf DEINEM KURS und weißt, was zu tun ist: du musst dich und alles, was dir lieb und teuer ist, vor diesem Menschen in Sicherheit bringen und schützen... Für ihn bist du ab jetzt sein Feind, und so wird er dich behandeln - ob du das willst oder nicht.

Ein Mensch mit einer „narzisstischen Persönlichkeitsstörung" wird nichts unversucht lassen, um dir zu schaden und dich zu vernichten. Das kann man als normaler Mensch nicht verstehen, und das ist gut so! Doch auch, wenn du das nicht nachvollziehen kannst - mache dich mit dem Gedanken vertraut, dass dir ab sofort „jemand an den Karren fahren will", und das kann unschön werden, handelt man nicht rechtzeitig. Und genau darum geht es: sichern und schützen, was dir wichtig ist. Leg einfach los! Manchmal müssen Dinge getan werden, die man eigentlich nicht tun will. Da hilft nur Eines: Augen zu und durch...!

Wie schütze ich mich?

Fakt: Gefahr!

Gefahr spüren, sich **b e d r o h t   f ü h l e n** - das ist genug, um sich selbst in Aktion zu bringen, sich zu schützen. Wir alle haben eine Antenne für „Gefahr", wir spüren das. Nur müssen wir dann diesem Gefühl auch vertrauen.
Solltest du deinem bisherigen Partner vertraut haben, mehr als deinem eigenen Bauchgefühl mit den offensichtlichen oder verdeckten Warnsignalen, dann wird es jetzt Zeit, das zu ändern. Vertrau dir selbst!

Denke nicht: *„Ach, das wird schon wieder. Der hatte nur einen schlechten Tag. Den haben wir doch alle mal...!".*
Wenn er/sie dich kaltherzig, herrisch und rücksichtslos behandelt hat, dich geschlagen oder gar vergewaltigt hat (Beischlaf ohne die Zustimmung von beiden Geschlechtspartnern) - dann ist es nicht zu entschuldigen mit einem „schlechten Tag". Es ist mit nichts zu entschuldigen, denn es ist, wie es ist. Und es wird nicht schöner oder besser, weil du Entschuldigungen suchst. Es ist nicht mehr wie es war. Und es wird nie mehr so sein wie es war.

Fakt ist:
Du bist vermutlich tatsächlich in Gefahr, wenn du s p ü r s t , dass etwas oder jemand dich bedroht... - und sei es indirekt!

UNTERSTÜTZUNG FINDEN !

>>Polizei-Notruf: 110

Im Ernstfall solltest du die Polizei rufen, auch, wenn (noch) nichts passiert ist. Die Polizei ist verpflichtet, zu kommen, wenn du dich bedroht f ü h l s t und der Narzisst vor der Türe stehen würde. Sollte er nur anrufen und dich bedrohen, kommt natürlich keiner. Aber: die PolizistInnen können eine „Gefährder-Ansprache" halten, d.h. sie gehen zu ihm hin und klären ihn auf, was sein Verhalten für Folgen haben kann. Das kann abschrecken, aber dann weiß er auch, dass du die Polizei eingeschaltet hast. Was das für Konsequenzen haben kann, wie ein Narzisst darauf reagiert, ist vermutlich von Narzisst zu Narzisst unterschiedlich. Nur sollte man im Kopf behalten: sie lassen sich ungern Grenzen aufzeigen und halten diese meistens nicht ein. Grenzen, die andere aufstellen, existieren für sie nicht. Deshalb sind es die geborenen **Stalker!**

Tipp: Speichere den Polizei-Notruf ganz oben unter AAA Polizei-Notruf in deinem Handy ab. Dann such dir die örtliche Polizeidienststelle und speichere deren Nummer in deinem Handy ab. Alles ganz oben unter AAA. Einfach diese drei Buchstaben vor den Namen setzen. Dann findest du sie im Ernstfall sofort!

>> WEISSER RING e.V.

Kostenfreie Telefonnummer: 116 006
www.weisser-ring.de

Der „Weiße Ring" hilft, wenn man Opfer von Gewalt oder Kriminalität geworden ist. Sie beraten bundesweit, kostenfrei und anonym via Telefon oder Online-Chat. Vor Ort gibt es oft eine Ansprechpartnerin, die dich sogar besuchen würde, wenn du das möchtest. Erkundige dich, ob das in deiner Stadt der Fall ist. Die Dame hört sich am Telefon alle deine Gedanken und Erlebnisse an, erzählt dir aus ihren Erfahrungen und ist dir schon allein deswegen sicherlich eine große Hilfe. Du kannst Parallelen ziehen, sehen und erkennen, dass das, was dir passiert (ist), tatsächlich eine Form von Gewalt ist! Das ist einem oft nicht bewusst!

Vom „Weißen Ring" gibt es auch eine wichtige App: die „No-Stalk-App".

www.nostalk.de

Diese Stalking-Tagebuch-App kannst du auf deinem Handy installieren. Mit ihr ist es nicht nur möglich, einen Notruf abzusetzen, Audio- und Videoaufzeichnungen werden gleich nach dem Beenden der Aufnahme auf einem externen Server gespeichert. Jedes Ereignis soll man dokumentieren, ein sogenanntes „Stalking-Tagebuch" führen. Diese lückenlose Dokumentation kann vor Gericht sehr wichtig sein, sollte es mal so weit kommen. Denn: diese Aufnahmen sind als Beweismittel bei Gericht zugelassen!

Du kannst folgende Daten sichern:
* Screenshots vom WhatsApp-Verlauf,
* Videoaufnahmen, Audioaufnahmen, z.B. wenn er an deiner Türe steht, aktivierst du die Aufnahme: so kannst du das Gespräch aufnehmen,
* Fotos,
* eigene Audioaufnahmen über Ereignisse, Gefühle/Emotionen und körperliche Symptome.

Auf diese gespeicherten Daten kannst du im Ernstfall nur mit Polizei und Anwalt zugreifen. Man kann diese Daten nicht mehr löschen oder manipulieren. Sie sind sicher! Und damit können sie wichtige Beweise sein.

Wichtig: alles mit Datum und Uhrzeit unterlegen. Für den Richter zählen diese Fakten!

Nimmst du privat auf deinem Handy etwas auf, wird das vor Gericht nicht als Beweismittel zugelassen! Das ist der kleine, aber feine Unterschied, der ausschlaggebend sein kann, wenn es ernst wird.

>> Beratungsstelle des Frauenhauses

Eine Beratung kann dir Wissen vermitteln und dir neue Horizonte eröffnen. Sei also nicht zu stolz oder beschämt, dort einmal anzurufen, deine Problematik zu schildern und mal zu hören, was dir geraten wird. Du musst es ja nicht umsetzen, aber vielleicht ist etwas Wichtiges für dich dabei. Die Damen sind sehr nett, nehmen sich Zeit und geben - nach meiner Erfahrung - kompetente Ratschläge.

Schau dich in deiner Gegend um: wo ist das nächste Frauenhaus? Ruf einfach mal an!

>> Hilfetelefon „Gewalt gegen Frauen"

Kostenfreie Nummer 08 000 116 016
www.hilfetelefon.de

Diese Telefonnummer ist **365 Tage im Jahr erreichbar**. Außerdem gibt es einen Sofort-Chat und eine Online-Beratung per Mail. Wichtig: verfügbar ist auch eine **Beratung in Gebärdensprache**.

Die Beratung kannst du **in 18 verschiedenen Sprachen** in Anspruch nehmen, sollte „deutsch" nicht deine Muttersprache sein. Dolmetscher stehen für folgende Sprachen zur Verfügung: ukrainisch, englisch, französisch, spanisch, italienisch, portugiesisch, türkisch, kurdisch, rumänisch, polnisch, russisch, albanisch, bulgarisch, serbisch, vietnamesisch, chinesisch, farsi / dari, arabisch.

Gewalt kann ganz subtil geschehen.
Wichtig: es muss keine körperliche Vergewaltigung stattgefunden haben, du musst auch nicht geschlagen worden sein, um dort „anrufen zu dürfen"... Du fühlst dich seelisch oder emotional nicht in der Lage, mit der Situation klarzukommen, in der du gerade steckst? Ruf an und erzähle davon... Vielleicht hat die Frau am anderen Ende der Leitung nicht nur ein offenes Ohr, das sehr wertvoll sein kann in solchen Zeiten, sondern auch einen oder zwei kluge, ja vielleicht gar weise Ratschläge für dich bereit! Nutze dieses Hilfsangebot!

>> Hilfetelefon „Gewalt an Männern"

Kostenfreie Nummer: 0800 123 9900
www.maennerhilfetelefon.de

Diese Telefonnummer ist erreichbar:
Montag bis Donnerstag: 8-20 Uhr. Freitag: 8-15 Uhr.
Es gibt auch einen Sofort-Chat mit folgenden Chatberatungs-Zeiten: Montag bis Donnerstag: 12-13 Uhr und 17-19 Uhr.
Natürlich kann man auch eine Mail senden mit seinem Anliegen.

Ich persönlich frage mich, wieso man für Männer keine Nummer eingerichtet hat, die rund um die Uhr erreichbar ist. Seelische Notfälle kennen keine Öffnungs- und Sprechzeiten und richten sich selten danach, wann jemand verfügbar ist. Aber dennoch finde ich es gut, dass es diese Nummer überhaupt gibt. Gewalt an Männern ist oft ein Thema, über das nicht gern gesprochen wird. Es scheint gar nicht zu existieren. Aber das stimmt ganz einfach nicht!

>> Bundesministerium für Familie, Senioren, Frauen und Jugend, Berlin

Unter **www.familienportal.de** findest du weitere Kontakte, die dich persönlich vielleicht weiterbringen können.
Gehe auf die oben genannte Internetseite und dann der Reihe nach auf:
>Meine Lebenslage
>Krise & Konflikt
>Krisentelefone & Anlaufstellen in Notlagen.

>> Frauen helfen Frauen

Einfach mal eingeben bei Google Maps. Du wirst sicher in einer größeren Stadt in deiner Nähe fündig.

>> Deutsche Traumastiftung

Telefonnummer +49 (0)731 800 14 520
www.deutsche-traumastiftung.de

Wer einen narzisstischen Partner an seiner Seite hat/hatte, leidet u.U. unter einer PTBS (Posttraumatischen Belastungsstörung) oder an einer Traumafolgestörung.

Hast Du wochen- oder monatelange „Flashbacks", Erinnerungen an unangenehme, als bedrohlich empfundene Momente, die nicht verschwinden? Gehst du vielleicht auch in die Vermeidung, ihm/ihr über den Weg zu laufen? Dann solltest du dir Unterstützung suchen, denn dann kann sich das, was du erlebt hast, als Trauma manifestiert haben.

Was sind „Flashbacks"?

> > >

„Ein Flashback (englisch, blitz(artig) zurück, sinngemäß übersetzt etwa Wiedererleben oder Nachhallerinnerung) ist ein psychologisches Phänomen, welches durch einen Schlüsselreiz hervorgerufen wird. Die betroffene Person hat dann ein plötzliches, für gewöhnlich kraftvolles Wiedererleben eines vergangenen Erlebnisses oder früherer Gefühlszustände. Diese Erinnerungen können von jeder vorstellbaren Gefühlsart sein." (24*)

Solltest du solche Flashbacks über einen langen Zeitraum haben, brauchst du Unterstützung! Suche Dir bitte Therapeuten, die sich auf TRAUMATHERAPIE spezialisiert haben.

Am Besten wäre, dass dieser Therapeut auch EMDR praktiziert... Bei EMDR werden zu therapeutischen Zwecken vom Therapeuten provozierte schnelle Augenbewegungen als Hilfsmittel eingesetzt, damit die REM-Phasen aus dem Schlaf zur Verarbeitung von emotional belastenden Situationen nachgestellt werden. Es funktioniert: Emotionen können so in kürzester Zeit verarbeitet und somit die Ursachen der Belastung aufgelöst werden.
Gib einfach bei Google ein: EMDR-Therapeuten.

Bitte beachten: EMDR wird - nach meinem jetzigen Wissensstand - von den Krankenkassen dann bezahlt, wenn eine PTBS (Posttraumatische Belastungsstörung) diagnostiziert wurde. Bitte bei der Krankenkasse oder beim zukünftigen Therapeuten erkundigen!

Diese effektive Methode kann dir helfen, emotionale Belastungen zu vermindern und in Kürze aufzulösen. Dann erst kannst du ein freies, neues Leben beginnen...

„Gewalt findet nie den Weg zum Herzen."

Jean-Baptiste Molière

Wie schütze ich...?

Wie schütze ich...MICH UND MEINE PRIVATSPHÄRE?

Du hast dich getrennt?
Du bist in Sicherheit - in eigenem Wohnraum?

» **Informiere Freunde und Nachbarn**, dass du dich getrennt hast, dass er nichts mehr in deiner Nähe zu suchen hat! Geh offen damit um!

» **Wechsle möglichst deine Handynummer** (Handy-Ortung übers Internet ist kein Problem!). Deshalb VOR Wohnungsbesichtigung bei geplantem Umzug SIM-Karte wechseln oder neue Nummer im Zweithandy beantragen, sonst steht der Narzisst vielleicht schneller als erwartet vor deiner neuen Wohnungstür!

» **GPS-Tracker** kann man überall verstecken - im Auto, in der Handtasche, sogar in einem Schlüsselanhänger oder in Schmuck. Was hat er dir geschenkt? Sortiere aus, suche alles SYSTEMATISCH ab. GPS-Tracker können sogar unter dem Wagen an der Karosserie festgemacht werden! Sei gründlich, suche alles ab!

» **Bei Umzug kannst du eine Auskunftssperre beantragen**, damit keiner einfach so erfragen kann, wo du wohnst. Diesen Antrag füllst du zusammen mit der Ummeldung aus bei der Gemeinde / Stadt, wo du hinziehst.
In der Regel musst du erläutern, WARUM du so etwas einrichten lassen willst. Dann entscheidet der zuständige Beamte der Gemeinde / Stadt, ob das gemacht wird. Normalerweise ist das aber kein Problem, wenn man triftige Gründe hat. Diese wären: seinen Seelenfrieden wieder finden wollen, Flucht vor Gewalt!
Nur die Polizei kann dich dann noch ausfindig machen, jedoch keine Privatperson mehr.

» Bei unmittelbarer Bedrohung: Lärm machen. Wo Lärm ist, wird automatisch hingeschaut. Schau mal nach unter „Panikalarm, Taschenalarm". Da bekommst du Angebote von kleinen Geräten, die an den Schlüsselanhänger passen und die einen lauten Alarmton auf Knopfdruck von sich geben. Das ist besser, als still und leise der Dinge zu harren, die da kommen könnten. Sind Menschen um dich herum und du fühlst dich bedroht, sprich EINEN Menschen konkret an: „Sie mit der roten Jacke und der Brille, bitte rufen Sie die Polizei!". Direkt ansprechen ist wichtig, sonst fühlt sich keiner angesprochen. Zuhause kann man auch - wenn man Hilfe braucht und auf sich aufmerksam machen will - gegen die Heizung schlagen; das wird im ganzen Haus gehört!

Wichtiger Hinweis: Narzissten wollen in der Regel die „schöne Fassade" ihrer Persönlichkeit aufrecht halten und werden vermutlich nur dann Missbrauch ausüben, wenn er nicht direkt und sichtbar ist und auf sie zurückfallen kann. Sie handeln im Verborgenen. Sie sind clever; sie bringen sich in der Regel nicht in Schwierigkeiten in der Öffentlichkeit.

» Identitätsdiebstahl?
Hatte er die Möglichkeit, deine Ausweise (Personalausweis und / oder Reisepass), deine beruflichen Qualifikationen / Zertifikate oder sonstige Dokumente abzufotografieren (oder hast du ihn direkt dabei beobachtet?). Das nennt man „Identitätsdiebstahl". Mit Fotos von Personalausweis und Reisepass kann man zum Beispiel jede Menge Unfug treiben...

Wenn du auf Nummer sicher gehen willst, melde die Ausweise bei der Stadt verlustig unter Angabe deiner Gründe, gib sie umgehend bei der Behörde ab und beantrage neue Ausweise. Du erhältst auch auf Wunsch einen vorübergehenden Personalausweis. Er ist drei Monate gültig. Wenn du die neuen Ausweise abholst, gibst du den vorläufigen Personalausweis einfach wieder ab.
Kostenpunkt für einen neuen Personalausweis UND einen Reisepass: derzeit ca. 100 Euro.
Wartezeit: derzeit ca. mindestens 6 Wochen.

» Zugangscode fürs Handy anlegen oder erneuern
Sichere den Zugang zu deinem Handy mit einem Code, damit nicht jeder gleich an dein Telefonbuch kommt.

» Babyphone-App & Keylogger
Ton- und Videoüberwachung übers Handy... - das ist die neumodische Variante eines Babyphones. Abhören kann man das Handy, auf dem solch eine App installiert wurde. Hatte dein Freund Zugang zu deinem Handy oder Computer? Es gibt Babyphone-Apps, die im Hintergrund mitlaufen können. Die richtig guten sieht man auch nicht in den gelisteten Apps. Ich empfehle, dein Handy auf Werkseinstellung zurückzusetzen und die alten Apps nicht wieder zu übernehmen. Installiere neu, was du wirklich brauchst. Übernimmst du die alten Apps automatisch, kann es sein, du ziehst dir die Überwachungs-App wieder drauf.
Beim Handy kann man mit einer BabyphoneApp mithören, was und worüber du sprichst, mit wem du redest, was du im Hintergrund/im Alltag machst - man hört einfach alles.

Und beim Computer kann man einen **Keylogger** installieren. Da kann man dann mitlesen, was du alles schreibst, welche Internetseiten du aufrufst, welche Texte du per Mail verfasst, an wen du eine Mail schickst, wie deine Passwörter und Zugangsdaten lauten. Das alles sind enorme Missbrauchsmöglichkeiten!
Jeder, der Zugang zu deinen Geräten hatte und ein bisschen Ahnung von Technik hat, kontrollieren, überwachen oder betrügen will, kann das tun. Entweder du kaufst dir neue Endgeräte, oder du setzt alles - wie schon gesagt - auf Werkseinstellung zurück und installierst die Apps neu.

» E-Mail-Account und Google-Konto ZUALLERERST an einem FREMDEN COMPUTER erneuern! Nie wieder die Passwörter über den eigenen Computer eingeben, bis dieser nicht komplett zurückgesetzt oder neu gekauft wurde. **Erst an deinem alten Computer neue Passwörter eingeben, wenn er zurückgesetzt wurde!**

» Passwörter erneuern

Hast du deine Passwörter auf dem Computer gespeichert? Dann kann es sein, dass er deine Passwörter alle kennt. Machst du Online-Banking?

Mein dringender Rat: alle Passwörter austauschen, aber erst den vorhergehenden Schritt vollziehen: Computer zurücksetzen oder einen neuen kaufen und die alten Programme nicht wieder installieren, nur die, die man bewusst auswählt und sich runterlädt. Wichtig!! » Passwörter fürs E-Mail-Postfach und den Google-Account zuerst von einem fremden Computer aus ändern, dann alle weiteren.

» Passwort-Büchlein OFFLINE!

Schreib dir alle Passwörter und alle Kennwörter in ein kleines Heftchen MIT ZAHLENSCHLOSS – OFFLINE! Gib es niemals aus der Hand.

» Telefon-Kennwörter vereinbaren

Vereinbare z.B. bei der Krankenkasse und bei der Bank Telefon-Kennwörter, die nur DU kennst! Nimm keine Wörter oder Wortkombinationen, die dem Narzissten bekannt sein könnten oder auf die er kommen kann. Dann sind Auskünfte auf deinen Namen nicht möglich.

Wie schütze ich...MEIN GELD?

» Neues Konto eröffnen.

Hat er dich jemals nach Geld gefragt?

Viele Narzissten wollen sich bereichern - im Kleinen wie im Großen. Diese Leute sind sehr einfallsreich.

Eröffne ein neues Konto, wenn er deine Kontonummer kennt und schließe dein altes Konto. Sollte er jemals an deinem Portemonnaie gewesen sein, kann man davon ausgehen, dass er deine Bankverbindung kennt. Auf der ec-Karte ist die Kontonummer vermerkt.

» Eine **neue iTan-Liste** beantragen und **Zugangscode fürs Online-Banking erneuern!**

Wie schütze ich... MEIN HAUS / MEINE WOHNUNG?

» **Tausche das Schloss deiner Haustüre/Wohnungstüre aus**, solltest du geblieben sein. Das ist enorm wichtig!
Lass deine Türe nicht nur ins Schloss fallen, wenn du nach draußen gehst, schließ ein- oder zweimal ab! Einige Türen lassen sich sonst binnen zwei Sekunden mit einer Kreditkarte öffnen!
Gibt es in deinem Haus eine Schließanlage, wird oft gesagt, dass der Schlüssel nicht nachgemacht werden kann. Ich rate dir: geh auf Nummer sicher und stütze dich niemals auf Vermutungen!
» Der **Doorjammer** ist ein tragbares Tür-Sicherheitsgerät. Man kann ihn hinter jede Tür stellen, sodass sie sich nur noch einen Spalt breit öffnen lässt. Dann kann man beruhigt hinausschauen, aber man kann die Tür von außen nicht weiter öffnen als wie sie schon offen ist. Wer keinen Spion hat bzw. keine Türkette, der wird damit seine Sicherheit zu erhöhen. Nicht zu unterschätzen: man FÜHLT sich sicherer! Das senkt den Stresslevel!

Wie schütze ich...MEINE KINDER?

» **Aufklärung!**
Schützen kannst du sie nur, indem du den Narzissten heimlich verlässt. Sie erleben diesen Missbrauch tagtäglich, und ob du das nun merkst oder nicht: es hat Auswirkungen auf sie. Diesen „Begriff" von einem „Zuhause", in dem Missbrauch stattfindet, nehmen sie unbewusst mit in ihr späteres Leben. Willst du, dass deine Kinder „Missbrauch" als normal empfinden?
Du kannst sie nur davor schützen, indem du sie aus diesem missbräuchlichen Umfeld entfernst. Geh mit ihnen in ein neues Leben. Erkläre ihnen, dass es dir in dieser Beziehung mit ihrem Papa / deinem Partner nicht mehr gut geht. Kläre sie erst dann auf, WENN du gegangen bist, nicht vorher!

» **Informiere dich mehr und mehr über Narzissmus!**
Es gibt viele Bücher zu diesem Thema. Auf YouTube findest du Kanäle, die über Narzissmus informieren. Gib einfach in die

Suchmaske „Narzissmus" ein, und du wirst fündig. Einige Therapeuten bewerben dort ihre Arbeit mit kostenlosen, aber dennoch äußerst wertvollen Informationen, die wirklich sehr weiterhelfen, das ganze Geschehen besser zu verstehen!

Wie schütze ich...MEIN HAUSTIER?

» Geht jemand ab und zu mit deinem Hund spazieren? Informiere diese Person, dass er den Hund immer persönlich wieder bei dir abgibt, dass er deinen Hund niemandem mitgibt, selbst dann nicht, wenn der Hund diese Person kennen mag und sich freut über deren Erscheinen. Lass kein Futter von Fremden füttern, die unterwegs auf den Hund treffen.

Es gab mehrere Fälle, wo man das Haustier entführt hat oder ihm schadete, um so „das Opfer des Narzissten", also den Besitzer des Haustiers, zu destabilisieren...

„Gehe, so weit du sehen kannst.

Wenn du dort ankommst, wirst du sehen,

wie es weitergeht."

Thomas Carlyle

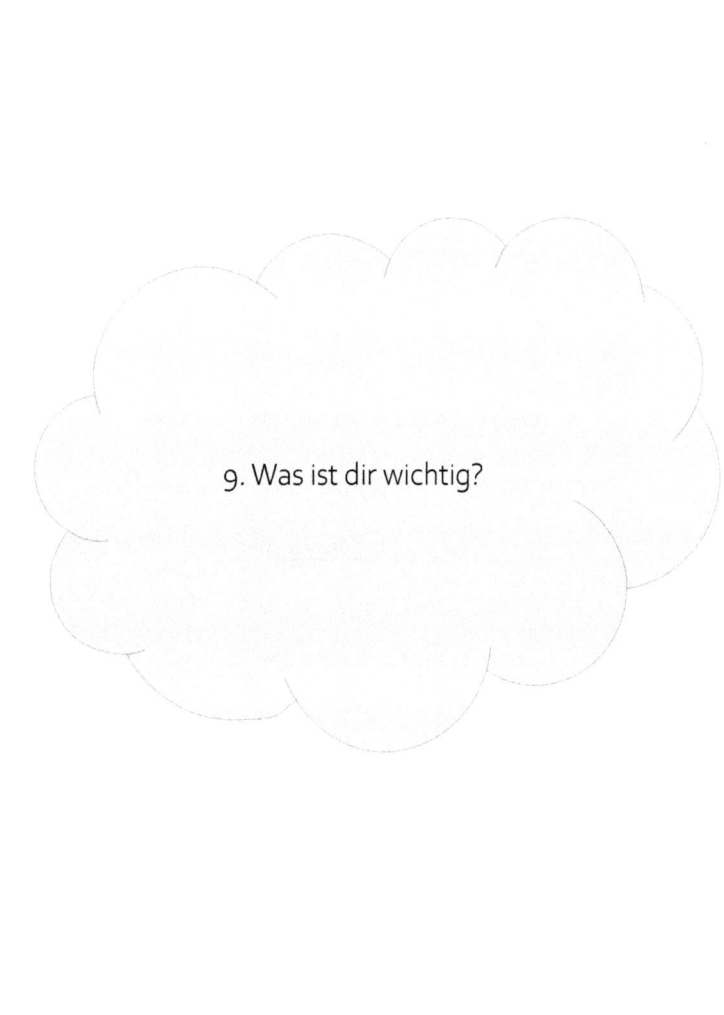

9. Was ist dir wichtig?

Was ist DIR wichtig?

Hast du nun erkannt, was du schützen willst, hast du schon mal DIE Bereiche definiert, die dir wichtig sind: deine Kinder, dein Haustier, deine Privatsphäre, deine Wohnung / dein Haus.

Doch es gibt da noch mehr, was man im Laufe einer Beziehung mit einem narzisstischen Partner verlieren kann... : das eigene Selbst!

Ein denkendes, fühlendes und handelndes Wesen ist das SELBST.

Nun gehen wir mal in ganz einfachen Fragen voran:

Welche GEDANKEN hast du vorrangig?

Übung „Gedanken":
Schreibe dir mindestens drei Tage lang (oder auch gern länger) in ein kleines Schreibbüchlein all deine Gedanken, die dir in den Kopf kommen - den „ganzen lieben langen Tag". Es können Aussagen sein, Fragen, Zweifel, Gefühle. Schreib alles völlig neutral auf. Nach diesen drei Tagen schaust du dir deine Aufzeichnungen einmal an. Welche Gedanken wiederholen sich unentwegt? Welche hast du noch gar nicht bewusst wahrgenommen und „bemerkt"? Streiche die, die sich oft wiederholen, farbig an! Sind sie eher positiv oder negativ?

Nun gehen wir zu den Gefühlen / Emotionen...

Welche Gefühle hast du? Was fühlst du? Welche Emotionen sind in dir?

„Eine Emotion beschreibt den Ausdruck von Gefühlen, wie Liebe oder Wut. Jedoch besteht eine Emotion nicht nur aus einem Gefühl, sondern auch aus der körperlichen Reaktion und den Denkprozessen, die mit den erlebten Gefühlen zusammenhängen.

Der Begriff Emotion kommt vom Lateinischen emotio (heftige Bewegung) bzw. emovere (aufwühlen, heraustreiben)."

Hier findest du die „Basis-Emotionen":

- Ärger / Wut
- Angst
- Ekel
- Freude
- Trauer
- Überraschung
- Verachtung

Die wichtigsten Emotionen neben den Basis-Emotionen sind:

- Hass
- Eifersucht
- Neid
- Reue
- Einsamkeit
- Verzweiflung
- Enttäuschung
- Stolz
- Zufriedenheit
- Fröhlichkeit
- Dankbarkeit
- Vertrauen
- Zuneigung

(25*)

Übung „Gefühle":
Es gibt im Internet eine Liste mit allen Emotionen und Gefühlen, die du gern aufrufen kannst, um alle mal durchzugehen. Fühlst du dich von einer Emotion / einem Gefühl angezogen, dann schreib es auf. Später kannst du noch zuordnen, in welchem Lebensbereich du es vorrangig empfindest: Partnerschaft, Job, Kinder, Eltern, Wohnsituation, Gesundheit, etc.
Schau auch hier: sind es eher negative oder positive Gefühle?

Und nun kommen wir zum letzten Anteil unseres Selbst: **„Handeln".**

Dafür müssen wir zuvor etwas verstehen...
Du denkst an etwas und fühlst zum Beispiel Traurigkeit bei diesem Gedanken aufsteigen. Diese Traurigkeit kann sich zu jedem Zeitpunkt auch wandeln, zum Beispiel in Ärger oder Wut. Deine Gefühle setzen körperliche Prozesse in Gang; Hormone werden ausgeschüttet. Körperliche Reaktionen zeigen sich: du weinst, deine Körperhaltung verändert sich entsprechend des Gefühls, das vorrangig da ist. Vielleicht machst du einen Rundrücken, kauerst dich zusammen und weinst. Der Kopf senkt sich. All das ist nun der Begriff EMOTION: dein GEFÜHL der Traurigkeit, deine dich traurig machenden GEDANKEN oder der „Input" von außen, der das veranlasst, und dann haben wir die KÖRPERLICHE REAKTION. Aus all dem entspringt nun DEIN HANDELN. Du greifst nach dem Taschentuch, weil du vielleicht weinst, du kannst weglaufen aus der traurigen Situation, wenn sie von außen auf dich einwirkt. Du kannst schreien - auch das ist eine Handlung, die möglich ist.
Hat man erst einmal begriffen, dass das alles eng zusammenhängt, ist es leicht, zu verstehen, WIE man direkten Einfluss nehmen kann durch eine BEWUSSTE VERÄNDERUNG DER GEDANKEN und eine BEWUSSTE VERÄNDERUNG DER GEFÜHLE. Wenn alles mit allem zusammenhängt, hat man einen Einfluss, den man nicht unterschätzen darf! Ganz konkret bedeutet das: dein Denken, dein Fühlen, deine körperlichen Reaktionen, dein Handeln bestimmen das ERGEBNIS. Was das Ergebnis ist? Dass du vielleicht eine Entscheidung triffst, dich beispielsweise von der Situation oder dem Menschen zu trennen, die bzw. der dich traurig macht.

Veränderst du bewusst deine Gedanken und Gefühle, dann veränderst du dein Leben!

Und genau da liegt DEINE MACHT und DEINE HANDLUNGS-FÄHIGKEIT!
Du denkst am Tag ca. 60.000 Gedanken. Das ist eine ganze Menge. Nimmst du nur auf einen Bruchteil Einfluss, verändert sich das Gesamtgefüge, und auch das Leben, das du führst, wird sich zwangsläufig verändern, denn: alles hängt mit allem zusammen.

Erkennst du, was in deiner Partnerschaft vor sich geht, hast du Informationen gesammelt und erkennst bestimmte (toxische) Strukturen, dann wirst du anders auf einen möglichen Ausbruch des Narzissten reagieren als wenn du das alles nicht weißt. Das kann so oder so oder so ausgehen - je nachdem, wie du dich verhältst.

Um aus der Situation jetzt etwas Gutes zu machen, die dich gerade gefangen hält, musst du dir bewusst machen, dass... die folgenden drei Komponenten stets in konstanter Wechselwirkung stehen.

Gedanken

Gefühle   Handeln

Deine Gedanken beeinflussen deine Gefühle, deine Gefühle beeinflussen dein HANDELN.

Alle stehen in gegenseitiger Beziehung:

Deine Gedanken mit deinen Gefühlen.
Deine Gedanken mit deinem Handeln.

Deine Gefühle mit deinen Gedanken.
Deine Gefühle mit deinem Handeln.

Dein Handeln mit deinen Gefühlen.
Dein Handeln mit deinen Gedanken.

Um deine Situation nun BEWUSST zu verändern, müsstest du eigentlich nur eines tun: denke andere Gedanken, als du jetzt gerade denkst, und fühle andere Gefühle, als du jetzt gerade fühlst. Ersetzt du negative Gefühle durch positive, denkst du statt negativer Gedanken positive, verändern sich die Reaktionen deines Körpers (Ausschüttung von „Wohlfühl-Hormonen" und nicht von Stresshormonen), verändert sich dein Verhalten, dein Handeln und damit dein Leben.

WIE aber macht man das? Wie verändert man einfach so seine Gefühle und Gedanken?

Übung „Handeln":
Tu das hier ganz einfach: **ERINNERE dich jetzt an eine schöne Begebenheit aus deinem Leben.** Sie hat dich lächeln lassen? Sie hat dich glücklich gemacht?

War es eine bestandene Prüfung, die dir wichtig war?
War es die Mutter, die dich auf einen herrlichen Urlaub eingeladen hat?
War es das erste Auto, mit dem du eine Spritztour gemacht hast?
War es die heimliche Liebesnacht mit deinem ersten Freund?
War es die Zusage zu deinem Traumjob?
War es ein Erbe, das dich aus finanziellen Schwierigkeiten wahrlich gerettet hat?
War es eine überraschend positive Diagnose vom Arzt nach vorherigen, begründeten Sorgen?

Was macht dich heute noch lächeln?
Es kann auch nur eine Kleinigkeit sein, bei der dein Herz regelrecht aufgeht, wenn du nur daran denkst. Du lächelst ganz automatisch bei dem Gedanken daran...

Du fühlst... und du lächelst.

Schönes Gefühl > > lächeln.
Trauriges Gefühl > > weinen.

Du erinnerst dich an die Freude, an die Überraschung, an das Geschenk, fühlst dabei etwas Positives und kannst gar nicht anders als lächeln, obwohl dir vorher nicht danach zumute war, BEVOR du an diese herzerwärmende Begebenheit gedacht hast...
Hol dir einige dieser schönen Situationen aus deinem Leben einmal in Erinnerung. Schreibe sie auf! Dieses Blatt Papier nimmst du überall hin mit. Es erinnert dich ab sofort wieder an Glück, Liebe, inneren oder/und äußeren Reichtum, es erinnert dich an dein Lächeln...
Dein Lächeln ist eine Handlung, die dir gut tut. Wenn du lächelst, reagiert dein Körper mit der Ausschüttung von Hormonen, die dich entspannen und wieder glücklicher machen.

> **„Wer glücklich ist, lächelt,**
> **und wer lächelt, ist glücklicher!".**

Mit diesem einfachen Satz könnte man die „Facial-Feedback-Hypothese" beschreiben: man kann tatsächlich mit einer veränderten Mimik die eigenen Gefühle beeinflussen! Das kannst du dir zunutze machen!

Lächle, denke an schöne Ereignisse, denn: in DIESEM MOMENT, wo du an etwas Schönes denkst, das du bereits in deinem Leben erlebt hast, kannst du NICHT ZEITGLEICH an etwas Negatives denken. Man kann nicht zeitgleich zwei unterschiedliche Gedanken denken. Nutze das für dich ganz bewusst!
Denke an Schönes, an Positives, mach es dir zum Spiel. Suche jeden Tag etwas Wundervolles, Lustiges, gern auch Kleinigkeiten...

Hat dir jemand rote Rosen geschenkt?
Hast du einen lieben Brief bekommen?
Hast du heute die Sonne auf einer Parkbank genossen und dabei
gelächelt, weil es endlich wieder Frühling wird?

DU hast viel mehr Macht als du glaubst! So einfach, wie diese
Übungen klingt, so effektiv ist sie. Führe sie regelmäßig durch, und
du wirst sehen, was sich IN DIR verändert.

Die Überschrift dieses Kapitels lautet: „Was ist MIR wichtig?".
Du kannst es bereits beantworten...

Du möchtest glücklich sein!

Das möchte jeder: glücklich sein. Doch wie wird man glücklich?
Na, besser fragen wir uns in der Gegenwart: wie kann ich JETZT
glücklich sein? Denn jetzt geschieht unser Leben, man sollte nichts
aufschieben. Wir können nur im JETZT unser Leben und unsere
Gefühle und Gedanken verändern. Unser Einfluss auf unser Fühlen
und Denken ist JETZT!

Deine Werte

Deine Werte zu definieren, heißt, herauszufinden, wer du bist...und
was dir wichtig ist im Leben. Am Ende des Buches habe ich dir
WERTE aufgelistet. Ich habe sie extra ganz hinten notiert, obwohl
sie eigentlich GANZ WEIT VORN stehen müssten, denn sie sind
wichtig! Aber so kannst du sie leichter immer mal wieder
nachschlagen. Nimm dir Zeit und lies sie dir in den nächsten Tagen
öfter einmal durch... Markiere: was ist DIR in deinem Leben
wichtig? Arbeite mit diesen Werten: mach dir Gedanken, ob du sie
lebst oder nur leben willst. Welche Werte hat dein (Ex-)Partner?
Narzissten leben ihre ganz eigenen Werte; diese sind beispielsweise:
Lügen, Betrügen, Untreue. Stellst du deine Werte zurück, löst du
dich mit deiner Identität förmlich in Luft auf. Achte auf deine
Werte! Sie machen dich aus!

Selbsterkenntnis

Das ist eigentlich die wichtigste Selbsterkenntnis, die man haben kann:

JETZT
ist die Zeit zum Glücklichsein.

Und die nächste Frage darf lauten:

Was macht dich glücklich?

Wie man das herausfindet? Ganz einfach:

Was macht dich lächeln???

Wie kommst du dahin?

Übung „Was macht mich lächeln?":

Nimm dir Zeit: jeden Tag 5 Minuten. Setze dich hin. Denke an etwas. Lächelst du? **Alles, was dir ein Lächeln ins Gesicht zaubert, schreibst du bitte auf.**

Wenn du dich LEER fühlst nach einer Trennung, geht das vielleicht nicht gleich und sofort, aber möglicherweise nach 3 Wochen oder nach 8 Wochen.

Wenn du dich wie gefangen fühlst in deinen Emotionen, du nichts mehr fühlen kannst, du dich abgeschnitten hast von deinen Gefühlen, dann gib dir noch ein bisschen mehr Zeit.

Nutze sanfte Musik, die du magst, um dich wieder mehr „spüren"
zu können - tief in dir drinnen. Sanfte, langsame, leise Musik hilft
nicht nur Stress zu reduzieren, es hilft auch, dass Glückshormone
ausgeschüttet werden, und davon brauchst du gerade sicherlich
eine Menge. Schenk dir die Möglichkeit, deine Emotionen in Musik
wiederzufinden. Manchmal ist es auch so, dass wir heftige, laute
Musik brauchen, um uns abzureagieren. Das kannst du auch
nutzen, um an „verschüttete Emotionen" heranzukommen. Auf ein
dickes Kissen schlagen, wild tanzen, sich intuitiv bewegen zur
Musik kann Emotionen hervorlocken, die wir gut weggeschlossen
hatten, damit sie uns bloß nicht mehr in die Quere kommen, denn:
wir halten sie kaum aus. Dass man sich der Wahrheit aber stellen
muss und damit auch negativen Emotionen, ist sonnenklar! Machst
du das nämlich nicht - dich deinen Emotionen stellen, dann fällst
du in Vermeidungstaktiken, die sich ausdrücken können in extra
viel Arbeit, extra vielen Tätigkeiten, extra viel Alkoholkonsum etc.
Das machst du, um dich selbst und diese negativen Emotionen
nicht fühlen zu müssen. Du rennst dann förmlich vor ihnen davon.
Auf Dauer geht das aber nicht gut! Hörst du die Emotionen nicht
an, die sich ausdrücken und verarbeitet sein wollen, kann diese
Vermeidungstaktik in eine satte Depression führen!
Sei also mutig: höre Musik und tobe dich zu Hause in einem
geschützten Rahmen aus. Musst und kannst du weinen? PRIMA!
Weinen öffnet den Weg zur Seele... Weine dich solange aus, bis du
keine Tränen mehr hast. Vielleicht fühlst du dich dann sehr
erschöpft, aber **danach** fühlst du dich sicherlich leichter und
kannst bestimmt besser schlafen.
Wichtig ist zu wissen: Emotionen sind „NUR" Emotionen, sie sind
KEINE Realität. Triff niemals wichtige Entscheidungen aus starken,
emotionalen Zuständen heraus. Sage dir: *„Gut, dass ich all das*
fühlen kann. Es tut weh, es tut so weh. Aber ich lebe, und
dass es so weh tut, geht vorüber! Ich kann mich spüren, und
das ist gut so!".
Mach dir bewusst, dass wir alle durch Täler der Trauer gehen und
dann wieder über die Hügel der Freude. Das ist das Leben, unser
aller Leben. Man sieht nur seinem Gegenüber oft nicht an, wie er
oder sie sich fühlt. Hat ein Mensch Emotionen, ist er voller Gefühl,
auch Mit-Gefühl, hat er die Fähigkeit, zu leiden, zu weinen, zu

trauern. Das sind menschliche Eigenschaften, für die sich KEINER zu schämen braucht. Ganz im Gegenteil: es ist gut und wichtig für die eigene Seele, wenn man diese verschiedenen Emotionen fühlen und rauslassen kann in einem geschützten Rahmen. Diese Fähigkeit ist uns leider in unserer leistungsorientierten Gesellschaft etwas abhanden gekommen. Vielleicht gilt das als „unattraktiv". In Wirklichkeit sind es menschliche Attribute, die uns erst zu Menschen machen. Fühlen können - welch ein Reichtum! Mach dir das b e w u s s t !

Du bist reich, WEIL du fühlst!

Welch eine Gabe ist es, mit anderen mitfühlen zu können, ihnen dadurch echtes Verständnis für ihre Situation zu zeigen und zu schenken!
Welch ein Geschenk ist es, das selbst erleben zu dürfen, dass DICH jemand versteht!
ICH VERSTEHE DICH! Das ist mein Geschenk an DICH!

Und ich weiß, wie schlimm es in dir aussieht, wie verzweifelt du bist. Die Nacht könnte nicht dunkler um dich herum sein, sie könnte sich nicht schwärzer zeigen...

Ich WEISS, wie es DIR geht!

Das soll dir ein Trost sein, vielleicht nur ein kleiner, aber ein Trost! Du bist nicht allein auf dieser Welt, der solch eine gewaltige Trauer und Verzweiflung spürt.
Gehen wir durch diesen tiefen, alles vernichtenden Schmerz hindurch, lassen wir ihn zu, fühlen wir uns elend, verlassen, hilflos, voller Trauer und Verzweiflung. Doch es gibt IMMER zwei Seiten einer Medaille. Sieht man die eine Seite, kann man die andere nicht sehen, aber: sie ist doch da!
Ist der Himmel bedeckt, alles grau, trüb, Regen, können wir kaum glauben, dass da noch irgendwo die Sonne scheint. Doch, sie scheint. Wir können sie nur gerade nicht sehen. Und die Sonne

wird auch für dich wieder scheinen... Glaube mir!
Glaube an dein Lächeln.
Dein Lächeln ist schön...!

Es kann dir schöne Momente schenken, wenn du dich darauf einlässt.

Bist du irgendwann soweit, schau dir lustige Episoden und Filme im Internet an. Suche dir bewusst witzige Anekdoten, die dich wirklich erheitern... Das hilft dir, dich zu **stärken.**

Was macht dich lächeln???

**Tu genau das - in deinem Alltag, in deinem Leben.
Wo die Freude ist, da geht es lang!**

Noch einen „Trick" kannst du anwenden, der aus dem mentalen Training kommt:

**Stell dir bildlich in allen herrlichen Details vor,
was du schon immer machen wolltest!**

Kannst du es gerade nicht umsetzen, TRÄUME davon! Unser Gehirn kann NICHT zwischen Realität und Vision unterscheiden. Die Reaktionen auf positive Gedanken sind die gleichen wie auf positive Erlebnisse. Nutze das für dich und dein seelisches Wohlbefinden.
TRÄUME dir eine neue, vielleicht unrealistische Welt zurecht, in der du am liebsten sein möchtest... DU DARFST TRÄUMEN!
Kinder tun oft so, als ob... Sie träumen, sie spielen. Sei genauso!
Träume, spiele. Hauptsache, **du fühlst dich besser!**

Das ist der „Notfall-Plan" für daheim. Und nun gehts zur echten Therapie: EMDR, die man in Anspruch nehmen kann und unter Umständen auch sollte.
Ich habe Wingwave-Coaching in Anspruch genommen, und es hat mich gerettet, hat mich neu aufgestellt - emotional und überhaupt!

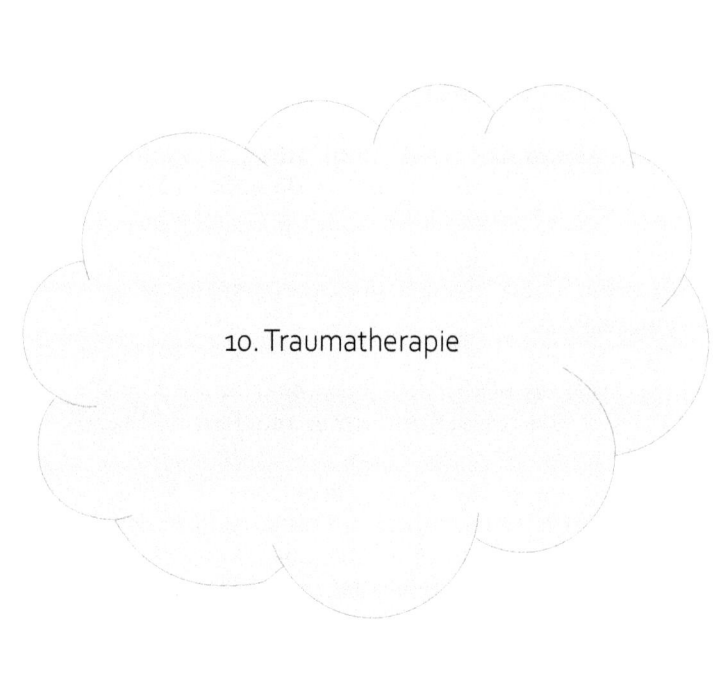

10. Traumatherapie

Traumatherapie

Was, genau, ist bitte ein „Trauma"?

> > >

„Als psychisches, seelisches oder mentales Trauma (Plural Traumata, Traumen; von altgriechisch τραύμα ‚Wunde') wird in der Psychologie eine seelische Verletzung bezeichnet, die mit einer starken psychischen Erschütterung einhergeht und durch sehr verschiedene Erlebnisse hervorgerufen werden kann." (26*)

Eine WUNDE TIEF IN DIR DRINNEN - das ist ein seelisches Trauma... Ist etwas IN DIR verletzt worden? Dein Herz gibt Auskunft...

Natürlich muss eine Verletzung nicht zwangsläufig ein Trauma sein, aber letzten Endes muss man schauen, wie lange man emotional von wiederkehrenden Bildern und Erinnerungen betroffen ist. „Flashbacks" (immer wiederkehrende Bilder) kommen und gehen, doch sollten sie nach ca. 3 Monaten nicht verschwunden sein, dann besteht Handlungsbedarf. Dann ist etwas so tief verletzt, dessen man sich annehmen sollte.

Zwei sehr effektive Möglichkeiten, Traumata und andere Blockaden im Leben „aus dem Weg zu räumen", sind die beiden Therapieansätze EMDR und Wingwave...

„Trauer ist eine Zeit,

um Herz & Verstand

auf einen Nenner zu bringen."

EMDR

> > >

„EMDR (Eye Movement Desensitization and Reprocessing) ist ein von Dr. Francine Shapiro entwickeltes Trauma-bearbeitendes Psychotherapieverfahren." (27*)

Mit schnellen Augenbewegungen, die der Therapeut durch schnelles Hin- und Herwinken seiner Hand vor den Augen des Klienten initiiert, werden die beiden Gehirnhälften zur Zusammenarbeit angeregt. In der Tiefschlafphase werden auch durch schnelle Augenbewegungen unter geschlossenen Lidern die Ereignisse und Emotionen des Tages verarbeitet, und das ganze Geheimnis heißt: Integration der Gehirnhälften.

EMDR bedeutet übersetzt in etwa „Desensibilisierung und Neuverarbeitung durch Augenbewegungen.".
Bilaterale Stimulation (Augenbewegungen, die von links nach rechts und von rechts nach links gehen, während der Kopf still an seinem Platz bleibt) ist eine Methode, die uns ermöglicht, Emotionen schneller als üblich zu verarbeiten, und zwar so gut, dass sie uns danach kaum mehr oder gar nicht mehr „triggern".
In Lebenskrisen, in denen normales Trauern und „gutgemeinte Ratschläge von Freunden" nicht ausreichen, weil wir in einer emotionalen Ausnahmesituation sind, macht es Sinn, sich mit dem Konzept des EDMR vertraut zu machen.

Therapeuten gibt es in ganz Deutschland sowie auch im Ausland. Ist der Therapeut ein Psychotherapeut, kann er bei gestellter Diagnose „Posttraumatische Belastungsstörung" diese EMDR-Therapie mit der Krankenkasse abrechnen - so mein jetziger Wissensstand. Hat man diese Diagnose nicht in der Tasche, dann muss man als Selbstzahler die Behandlung buchen.
Da jede Sitzung in sich abgeschlossen ist und man danach wirklich Erleichterung verspürt, ist es an dir zu entscheiden, wie viele Sitzungen du in Anspruch nimmst. Preisvergleiche lohnen sich übrigens!

Raten würde ich jedem dazu, der gefühlsmäßig stark beladene Erinnerungen an ein bestimmtes Erlebnis länger als drei Monate mit sich herumträgt. Flackern diese Bilder immer wieder im Gedächtnis auf und sind sie emotional sehr stark beladen, sodass man unter Umständen sogar in die Vermeidungshaltung geht, dann ist es Zeit, zu handeln.

Gehst du extra einen Umweg, um nicht an einem bestimmten Ort vorbeizukommen, an dem du etwas für dich Schlimmes erlebt hast?

Hast du immer wieder vor deinem inneren Auge, wie sich dein Partner auf dich zubewegt hat, um dir zu drohen? Hörst du noch immer seine Stimme und reagierst körperlich?

Nimm deine Gesundheit ernst!
Tiefe Wunden in der Seele kann man nicht sehen, aber der / die Betroffene kann sie spüren! Nimm ernst, was du spürst, fühlst oder nicht mehr fühlst. Nimm dich wahr als das, was du bist: ein ganzheitliches Wesen, das heil und gesund sein will, um sich optimal zu entfalten. EMDR kann dir dabei sehr helfen!

WINGWAVE

WINGWAVE ist COACHING!
Coaches, die eine Wingwave-Ausbildung gemacht haben, dürfen keine diagnostizierten Traumata behandeln. Allerdings ist das Wingwave-Coaching sehr effektiv bei inneren Blockaden, denn man kann diese einfach „wegwinken". Das System ist das gleiche wie bei EMDR, doch wird hier bei dem Klienten meistens zusätzlich noch der kinesiologische Muskeltest durchgeführt, mit dem man ursächlichen Emotionen auf die Spur kommen kann. Dann ist die Arbeit umso effektiver.
Einen Wingwave-Coach kannst du als Selbstzahler aufsuchen, denn bezahlt wird diese Art des Coachings von den Krankenkassen leider nicht. Der Vorteil an WINGWAVE - es vereint die Elemente des EMDR und der Kinesiologie.

Kinesiologie ist ein einfacher Muskeltest, mit dem man die eigentliche Ursache des Geschehens herausfinden kann und damit die dazugehörige vorrangige Emotion, die für deine jeweilige Blockade verantwortlich ist. Löst man die ursächliche Emotion mit dem „Winken vor den Augen" auf, lösen sich alle weiteren Folgeblockaden. Man ist nach anfänglichem „Hochkommen" der Emotion dann sehr schnell total erleichtert!

Die schnellen Augenbewegungen sind dieselben wie beim EMDR, nur mit dem Zusatz, dass in der Regel vor und während des Coachings immer wieder kinesiologisch getestet wird. In meinen Augen eine enorme Bereicherung der EMDR-Therapie!

Bitte sprich deinen Coach vor Beginn der ersten Sitzung im klärenden Erstgespräch darauf an, wie sein Coaching genau abläuft.
Wingwave-Coaching kann bei Prüfungsangst helfen, bei fehlendem Erfolg trotz hoher erbrachter Leistung. Sportler lassen sich unterstützen, wenn sie nicht erreichen können, was sie eigentlich erreichen wollen und wenn möglicherweise emotionale Blockaden die Ursache dafür sind.

Ein aus der Luft gegriffenes Beispiel...

Deine Mutter hat einmal zu dir gesagt: *„Wenn du besser bist als dein Mann im Schachspiel, wird er dich sitzen lassen. Das können Männer nämlich nicht vertragen, dass Frauen sie schlagen".*

Sie wollte dir nur einen Rat geben - vor ihrem Erfahrungs-hintergrund im Leben. Nun hast du aber möglicherweise mit Verlustangst zu kämpfen, die dir nicht einmal bewusst sein muss. Du bist gut im Schach und willst das auch sein, aber nun denkst du: wenn du besser bist als dein Mann, dann bist du wieder allein. Nimmt dein Unterbewusstsein diese Aussage deiner Mutter für bahre Münze, wird dein Unterbewusstsein ab sofort immer darauf aus sein, deine Leistung in Gegenwart deines Mannes zurückzuschrauben, damit die Bindung zwischen euch besteht bleibt. Bindung = Sicherheit.

Spielst du nun Schach mit deinem Mann und verlierst ständig, während du bei anderen Spielern stets oder oft souverän gewinnst, kann die Aussage deiner Mutter die URSACHE dafür sein, weil sie deine VERLUSTANGST getriggert hat.

Um dem auf die Spur zu kommen, wo denn bitte genau die Ursache für deine „schlechte Leistung" liegt, wenn du mit deinem Mann Schach spielst - dafür braucht es einen Wingwave-Coach!

Du willst gern mehr darüber wissen? Im Internet wirst du ganz sicher fündig. Auch bei YouTube gibt es spannende Videos zu dem Thema...

11. Emotionen coachen

Emotionen coachen

Was sind „Emotionen"?

Emotionen sind *psychophysische Reaktionsmuster*, die sich u.a. in der Mimik und Gestik und auch in der Körperhaltung zeigen... **Gefühle sind nur Teil einer Emotion.**

„Emotionen setzen sich zusammen aus...

*   **Gefühlen (Freude, Trauer),**
*   **körperlichen Reaktionen (Lachen, Weinen)**
*   **Denkprozessen (Vergleich, Interpretation, Entscheidung)."**

Es gibt keine festgelegte Definition für Emotionen. Der Begriff ‚Emotion' lässt sich allerdings als innere Empfindung und die Reaktion auf diese beschreiben. Sie setzt sich also aus Gefühlen, Denkprozessen und körperlichen Reaktionen zusammen.
Häufig werden Emotionen mit Gefühlen gleichgesetzt, doch das ist nicht ganz richtig. Der Unterschied besteht darin, dass ein Gefühl bloß ein Teil einer Emotion ist. Gefühle, wie *Freude, Angst* oder *Wut*, gehören nämlich genauso zu einer Emotion wie körperliche Reaktionen (z. B. *Lachen, Gänsehaut*) und Denkprozesse (z. B. *Gedächtnis, Entscheidungen treffen*). (28*)

Emotionen/Gefühle, die uns nicht loslassen, können hinderlich im Leben werden. Sie zu „coachen", dass man wieder frei leben, entscheiden und fühlen kann, ist wichtig! Das reduziert nicht nur den Stress, es schenkt uns ein Gefühl der Freiheit!
Dafür gibt es eine Technik, die ganz einfach selbst daheim anzuwenden ist. Täglich oder bei Bedarf nur wenige Minuten anwenden, und du kannst dich leichter, freier, besser fühlen...

Der Erfinder der Klopf-Akupressur, Gary Craig, nannte diese Technik: EFT. Diese Abkürzung steht für „**Emotional Freedom Techniques**".

EFT selbst machen

Diese EFT-Methode soll - wie der Name bereits besagt - zur „emotionalen Freiheit" führen. Stress kann damit gemindert und die Lebensqualität deutlich erhöht werden.

Diese Klopftechnik ist sehr einfach und leicht anzuwenden. Bestimmte, leicht zu findende Bereiche am Körper werden mit Zeige-, Mittel- und Ringfinger einer Hand leicht beklopft. Diese Punkte, die beklopft werden, befinden sich am Kopf und am Oberkörper. Erklären kann ich das hier nicht, man muss sehen, wie es gemacht wird.

Du kannst dir zum Beispiel ein negatives Gefühl hernehmen, das du aufgeschrieben hast im Zusammenhang mit der Übung „Gefühle" aus dem Kapitel „Was ist dir wichtig?". Spüre in die Intensität deines Gefühls einmal hinein. Auf einer Skala von 0 bis 10 kannst du es einordnen. Bei 0 ist gar kein negatives Gefühl vorhanden, bei 10 ist es sehr intensiv!

Nach der EFT-Session wirst du die Intensität deines Gefühls noch einmal neu einordnen. Wo ist es jetzt auf der Skala? Ist es unter 3? Falls nicht, wiederhole das Klopfen noch einmal. Bist du unter 3, hast du eine deutliche Erleichterung erfahren in der Intensität deines negativen Gefühls, das du beklopft hast.

Ich verweise jetzt an dieser Stelle auf „eigene Fortbildung" im Internet. Bei YouTube findest du geeignete Kurzvideos, die anschaulich erläutern, wie du EFT selbst anwenden kannst.

Ich berichte aus eigener Erfahrung, dass ich mich hinterher leichter, freier und klarer fühle. Da man diese Technik wirklich überall und unter fast allen Umständen anwenden kann, ist sie nach meinem Empfinden eine tolle Möglichkeit, sich selbst daheim zu behelfen, wenn man seine Emotionen „coachen" will.

Natürlich gilt - wie bei allen anderen Beschwerden: wenn du gesundheitliche / psychische Störungen hast, geh bitte zu einem Arzt oder Heilpraktiker!

Feuerritual - Erleichterung

Negative Gedanken und Emotionen / Gefühle loszulassen ist nicht nur heilsam für die eigene Seele, es macht auch den Weg frei für einen Neuanfang... Bist du gefangen in negativen Emotionen, kannst du nicht ins Handeln kommen, um positiv voranzuschreiten, dich aus der Misere zu befreien, in der du dich vielleicht gerade befindest.
Es ist nicht notwendig, auf eine Veränderung der Situation zu warten, DU kannst etwas verändern, und zwar IN DIR und JETZT!

Schon, als ich die Ausbildung zur Diplom-Mentaltrainerin begann, ist mir schnell klar geworden, dass wir ein mächtiges Werkzeug zur Verfügung haben: unseren Geist!

Wir können denken, wir können unser Denken bewusst verändern...
Wir können fühlen, wir können unser Fühlen bewusst beeinflussen...

Tun wir das, verändert sich unsere Sicht auf die Gegebenheiten, und der Weg kann frei werden, durch klare Sicht richtige und wichtige Schritte einzuleiten und zu gehen.

Übung:
Schreibe alle negativen Emotionen und Gefühle auf ein leeres Blatt Papier. Schreibe alle traurigen, verletzenden, demütigenden Situationen und Erlebnisse auf. Befreie dich durch das Schreiben ein Stück weit von diesen Energien, denn sie werden nun „gehört", aufgeschrieben, du nimmst sie ernst! Das allein ist schon heilsam auf eine Weise, wie man es nicht beschreiben kann.

Es kann eine Weile dauern, bis du fertig bist. Nimm dir Zeit für diese Übung und sei ungestört. Sorge dafür, dass du allein bist. Vielleicht fällt dir auch nicht besonders viel am Anfang ein. Sei geduldig mit dir und wiederhole die Übung einfach einige Tage / Wochen später - wie du magst. Entzünde in einem sicheren Rahmen ein Feuer (z. B. in einer Feuerschale im Garten). Dann nimm den Zettel, halte ihn vor dich und schau ihn an. Da steht alles drauf, was dir nicht gut getan hat. Du kannst wirklich stolz auf dich sein, dass du allem Ausdruck verliehen hast, dass du all das zu Papier gebracht hast, denn es ist schmerzlich, es tut weh, an all diese Situationen zu denken. Wunden wurden dir zugefügt, Tränen sind geflossen, aber... das liegt alles HINTER DIR.

JETZT gerade bist du in Sicherheit! Spüre diese Sicherheit... - sie fließt durch dich hindurch. Sie stärkt dich, macht dich vielleicht sogar lächeln. Sie ist deine Begleiterin - JETZT gerade.

Alles, was du durchlebt hast, hat dich hierher gebracht. All das ist nun nur noch eine Erfahrung, die du gemacht hast. Du lebst. Du bist immer noch da, auch, wenn du dich nicht mehr fühlen kannst oder von deinen Gefühlen gerade abgeschnitten bist oder von ihnen weggeschwemmt wirst. Doch: du lebst!

Du nimmst dieses Blatt Papier, auf dem all diese Erlebnisse stehen, die VERGANGEN sind. Sie können dir heute und hier nichts mehr tun! Mach dir das ganz bewusst. Und nun willst du dich von diesen traurigen, verletzenden Erlebnissen befreien. Du zerreißt das Blatt Papier in viele kleine Schnipsel und sagst bei jedem Zerreißen: „Das ist jetzt vorbei!". Sag es entschlossen, sag es tapfer und stark! Du bist mutig genug, all das loszulassen, denn: all das hat dir nicht gut getan!

Wenn du lauter kleine Papierschnipsel in deinen Händen hältst, übergibst du sie liebevoll dem Feuer. Ja, du darfst dich freuen, all das loszulassen, denn: das alles hat dir nicht gut getan! Ich wiederhole es immer wieder, damit du verstehst, dass du nur DAS loslässt, was nicht wohlwollend und FÜR DICH war.

Sieh den Flammen zu, wie sie die alten Erlebnisse verschlingen, sie auffressen, sie transformieren und verwandeln... in Hoffnung, in wundervolle Hoffnung, in Liebe und Vertrauen, die sich in deinem Leben ab sofort zeigen dürfen - jeden einzelnen Tag.

Du darfst hoffen, du darfst lieben, du darfst vertrauen, du darfst an dich glauben, du darfst du selbst sein...!

12. Wer bin ich?

Wer BIN ICH ?

„Ich darf ich selbst sein...".

Stehst du ratlos da, wenn du diesen Satz liest?

Fragst du dich, WO DU BIST, DU?

Setze bitte deinen Vornamen in den folgenden Text ein und lies ihn dir anschließend selbst laut vor:

„Ich, ... (Vornamen bitte einsetzen),
kam auf diese Welt, um ganz ich selbst zu sein.

Ich habe mich verloren,
ich weiß gerade nicht, wer ich bin.

Ich spüre da ein kleines Lächeln in mir:
es kitzelt mich, es ist IN mir...

Ich lächle - jetzt.".

Lächle. Sitze da und lächle. Du fühlst dich nicht wie lächeln? Du weinst? Du fühlst deinen Magen krampfen? Du fühlst bleierne Schwere, die dich kaum noch aufstehen lässt? Das ist OKAY!!

Irgendwann nimmst du dieses Buch zur Hand, irgendwann. Und dann sagst du diese Zeilen. Kopiere sie dir, leg sie dir auf den Nachttisch, steck sie in deine Handtasche... Trag sie bei dir, lächle, bis du wieder weißt, wer du bist...!

„Sich verloren fühlen, heißt,

sich nicht mehr fühlen zu können.

Sich nicht mehr fühlen zu können

ist ein bisschen wie sterben."

Angelique Bouton

Verloren?

Du hast dich verloren? Fühlt es sich so an?

Sich verlieren passiert, wenn die eigenen Grenzen missachtet und niedergetrampelt werden, weil man sie nicht gekannt, benannt und beschützt hat. Wie kann ein König sein Märchenreich schützen, wenn er seine Ländergrenzen nicht kennt? Wo soll er seine Ritter aufstellen, die alle dieses Land schützen sollen? Wo?

Übung 1:

Wo sind deine Grenzen?

Male dich als Lachgesicht oder als Strichmännchen auf ein leeres Blatt Papier. Male eine Linie um dich herum, die deine Grenze darstellt. Lass Platz innerhalb und außerhalb der Linie, aber: sie muss geschlossen sein um dich herum.

Male innerhalb der Linie, was schützenswert ist IN dir, in DEINEM Leben. Was ist dir wichtig?

Das können Werte sein, tolle Eigenschaften von dir, das können liebe Weggefährten oder Tiere sein. Das können Hobbies sein, die dich mal begeistert haben.

Was gilt es zu schützen in DEINEM MÄRCHENREICH???

Mein MÄRCHENREICH!

Und nun schreibe einmal außerhalb der Linie auf, worauf du keinen Einfluss hast, was dich aber Kraft kostet und dich traurig macht. Das zynische Lachen deiner Freundin? Der arrogante Chef? Die Kaltherzigkeit deines Partners? Was auch immer dich traurig macht, schreibe es auf!

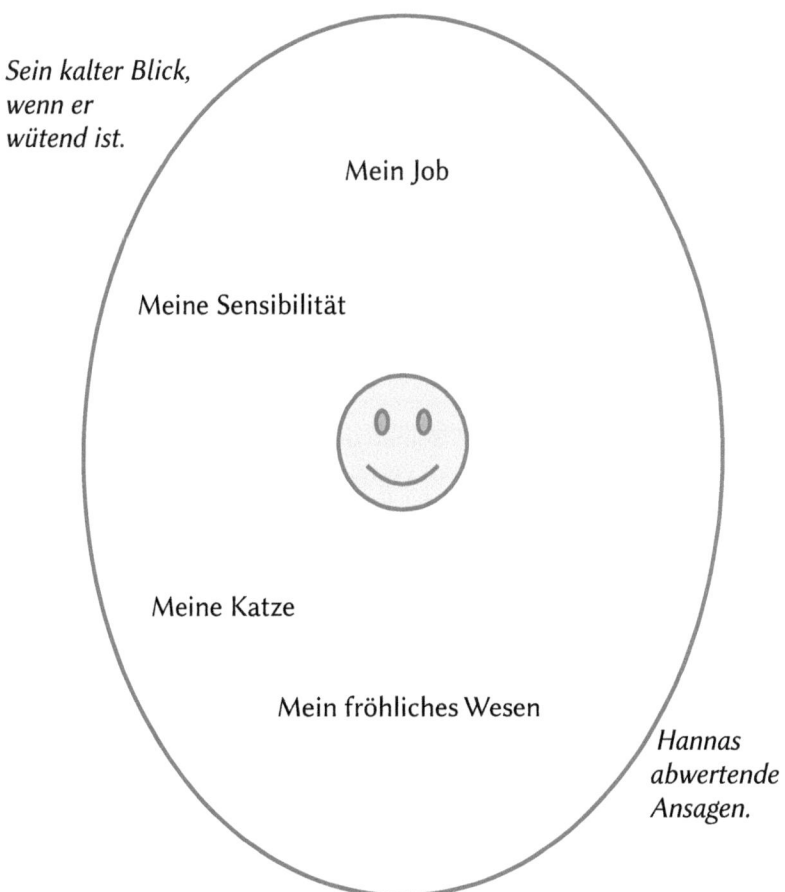

Er hat so wenig Zeit für mich.

Sein kalter Blick, wenn er wütend ist.

Mein Job

Meine Sensibilität

Meine Katze

Mein fröhliches Wesen

Hannas abwertende Ansagen.

Wer sich verloren hat, muss sich neu entdecken, nein, er DARF sich neu entdecken...

Immer da, wo das Lächeln ist, da geht es lang... Kommt dir das bekannt vor? Ja, ich hatte bereits darüber geschrieben.

Sich selbst verlieren ist ein Prozess. Das passiert nicht von heute auf morgen. Deshalb ist es wichtig, anzuerkennen, dass der Prozess des Sich-Wiederfindens oder des Sich-Neu-Entdeckens auch nicht von heute auf morgen geschieht. Du brauchst Zeit dafür! NIMM DIR ZEIT!

Sei sanft mit dir!

Alles, was innerhalb der Linie seinen Platz findet - und du kannst die Fläche nach und nach füllen mit Dingen, dir dir wichtig und die schützenswert sind -, ist DEIN MÄRCHENREICH, in dem du dich wohl, sicher und geborgen fühlst! DAS ist etwas, was in einer anstehenden Entscheidung NICHT VERHANDELBAR ist!

Der König gibt auch nicht seinen Kronschatz auf, nur, weil ein dahergelaufener Gauner ihm vormacht, dass er doch jetzt den absoluten Glückstreffer gelandet hat, weil... er nun sein Geld, seine Ressourcen, sein eigenes Selbst verschenken darf an... diesen Gauner.

Man kann uns alles stehlen, wenn man geschickt genug ist: unsere Autonomie, unsere Fröhlichkeit, unsere Lebensfreude. Lass dich nicht beirren: ergaunert sich jemand auf DEINE KOSTEN einen Vorteil, und du verlierst die Schätze deines Reiches, dann setze deine Grenzen, kommuniziere, was dir wichtig ist, und wenn derjenige es dreimal nicht respektiert, entferne ihn aus deinem Leben. Die 3 ist die magische Zahl im Märchen, und du darfst davon ausgehen, dass du nach 3 Ereignissen eigentlich schon mehr als genug über dein Gegenüber weißt.

Verspricht er dir „das Blaue vom Himmel" und hält es nicht? Nach drei leeren Versprechen darf er gehen!

Sei taff und lerne, zu deinen Grenzen zu stehen. Sie schützen deine Persönlichkeit. Deine positiven Eigenschaften IM Kreis - das bist DU. Das macht DICH aus!

Und so kannst du dich - wenn du dich verloren hast - wieder neu entdecken... Betrachte es als ein Spiel: der böse Zauberer hat dich beraubt. Er hat dein Lächeln geraubt, deine Lebensfreude, deine Entscheidungskraft; er hat deinen Stolz und deine Würde geraubt, dein Selbstbewusstsein, deine finanziellen Rücklagen. Er hat dir deinen Job und deine Arbeitskollegen madig gemacht, sodass du all das irgendwann aufgegeben hast. Er hat deine finanziellen Rücklagen regelrecht aufgefressen, sodass du nun pleite bis oder wesentlich ärmer... Er hat deine Vorzüge gelobt und dich dann entwertet, sodass du dich nun wertlos und nicht mehr attraktiv fühlst. Was auch immer dir geraubt wurde: du holst dir zurück, was dir wichtig ist!

Jede Prinzessin im Märchen hat Abenteuer zu bestehen; oft wird sie von einem edlen Ritter auf einem weißen Pferd gerettet. In deinem jetzigen Märchen bist DU der weiße Ritter, der sich um die kleine, verletzte Prinzessin in dir kümmert! Er schwingt sich auf sein Pferd, hat den Überblick über alles auf seinem weißen Ross, und er setzt sich für dich ein! Lass zu, dass du für dich selbst einstehst.
Trau dich, zu DIR zu stehen, zu dem, was dir wichtig ist. Und dann weißt du schon bald nicht mehr, wie das war, als du dich verloren fühltest, weil du wieder dein freundliches, warmherziges Wesen entblätterst und ein neues, wundervolles, herzliches Lebensumfeld hast!

Angst?

In deinem Märchenreich ist die Welt in Ordnung. Schau nochmal auf deine Zeichnung: du in der Mitte als Lachgesicht, um dich herum im Innenkreis DIE Wörter, wie DU bist, was DIR gut tut!

Dein Märchenreich ist einzigartig!

Es gibt kein zweites, das so ist wie deines...

DU BIST EINZIGARTIG!

Das „Geschäft mit der Angst" beherrscht der Narzisst extrem gut: er macht dir ANGST, dass...
...du ohne ihn nicht glücklich sein bzw. nicht ohne ihn weiterleben kannst,
...du NIEMALS wieder einen Mann findest, der dich so sehr liebt wie er,
...DU deine „Unzulänglichkeiten" gern an anderen auslassen kannst, sie aber niemals so „nachsichtig" mit dir sein werden wie er,
...du alleine nicht in der Lage bist, dich um die gemeinsamen Kinder zu kümmern,
...du nie wieder solch eine Seelenpartnerschaft haben wirst, denn das mit euch sei ja etwas ganz Besonderes... usw.

DU hast ANGST, und diese ANGST BEHINDERT DICH, sie behindert nicht den Narzissten.
Vielleicht „braucht" dich der Narzisst, um Energie zu bekommen, um von dir das zu erhalten, was ER gerade braucht?
Dich NOCH kleiner machen als du dich ohnehin schon fühlst, ist ein Spiel mit DEINER ANGST!
Besinne dich BITTE auf DEIN MÄRCHENREICH! Das ist KEINE Fiktion! Das bist DU! Das zeichnet DICH und DEIN Leben aus!
Mach dir bewusst, wo DEINE Stärken liegen. Am Ende ist der Schmerz, den du empfindest, wenn du ihn verlässt, gekoppelt mit der ANGST, ihn wirklich hinter dir lassen zu müssen. Vielleicht

liebst du ihn immer noch... Das alles ist beinahe die Garantie, dass er dich erfolgreich zurückerobern (dich „hoovern") wird. Das macht er aber nicht, weil er dich liebt und du ihm fehlst. Das macht er, weil er dich BRAUCHT - als Nahrung für die Hyäne. Er lebt von deinen Emotionen - egal, ob sie nun positiv oder negativ sind. Entziehst du ihm dieses „Futter", verwandelst dich in einen uninteressanten, grauen Stein („Grey Rock"), dann hast du die Chance, dich wieder langsam in deinem Leben einzufinden. Und das braucht Zeit!

Menschen gibt es jede Menge auf dieser Welt! Die Angst, dass da nicht wieder ein toller Mann für dich da sein könnte - sie ist vielleicht da. Wie wahrscheinlich ist das, dass du nochmal sooo lieben wirst? Ich frage dich: wie wahrscheinlich ist es, dass du nochmal sooo leiden wirst? Lass alles offen, gib der Angst keinen Raum, sie ist nur ein GEDANKE, der dich verwirren will, der dich schützen will...

ANGST ist oft das Hindernis auf dem Weg in die Freiheit - möglicherweise auch die Angst, dass er dir und/oder deinen Kindern etwas antut. Vielleicht hat er damit gedroht...

Ja, es gibt Narzissten, die das Loslassen der Partnerin nicht akzeptieren, die dein Gehen nicht hinnehmen. Vielleicht gibt es Stalking, vielleicht gibt es Drohungen. Aber vielleicht ist es eben auch „nur" ein Spiel mit der Angst!

Denke gut nach! Angst kann dein Leben mehr beeinträchtigen als die Person selbst, die dich in Angst versetzen will, denn: die Angst schlägt hohe Wellen. Es ist ein bisschen wie mit „Meister Lampe": des Häschens Schatten an der Wand sieht wie ein Riese aus. Es gilt, tief in sich hineinzuhören, ob diese Angst wirklich begründet ist. Meistens ist sie das nicht. Meistens ist die Angst nur eine Emotion, die dich aber wahrlich in ein Gefängnis bringen kann - in deiner eigenen Wohnung, in deinem eigenen Leben. Und da sehen wir, wie viel MACHT der Narzisst über dich hat, selbst, wenn er gar nicht anwesend ist! Er KONTROLLIERT deine Gedanken, deine Gefühle, deine Emotionen, deine Handlungen - selbst, wenn er weit weg ist.

DAS ist, was er wollte und immer angestrebt hat: KONTROLLE ÜBER DICH! Und die Angst ist der Wegbereiter, damit er dich schlussendlich kontrollieren kann. Nur, wer angstfrei sein Leben lebt, eigene Gedanken denkt, eigene Entscheidungen trifft aus tiefster Überzeugung heraus, nur, wer angstfrei handelt zu seinem eigenen Besten - den hat der Narzisst nicht mehr unter Kontrolle. Und das ist für ihn eine absolute Katastrophe!

Dieser „Kontrollverlust" führt zur „narzisstischen Wut"!

Dennoch: du kannst dein Leben nicht darauf aufbauen, zu schauen, was ER eventuell macht oder nicht macht. Diese Vermutungen loszulassen, eigene, mutige Entscheidungen zu treffen - das ist sicherlich alles andere als leicht, wenn man sich aus einer solchen Verbindung löst oder gelöst hat.

Doch am Ende geht es nur um EINES:

DU brauchst DICH nicht fürchten, denn deine ANGST ist der eigentliche KONTROLLEUR deiner Gedanken, deiner Taten.

Wenn du das erkennst, bist du wahrlich frei, die Dinge anzugehen, und dann kannst du dich langsam, aber sicher auf deinen Weg konzentrieren und den kleinen Narzissten-Teufel im Hintergrund schimpfend zurücklassen.

Weißt du übrigens, was gut gegen Angst wirkt?

Da bei Angst unsere Atmung flach wird, hilft tiefes Ein- und Ausatmen. Singen (mindestens 20 Minuten lang) und tiefes, melodisches Summen sind sehr effektiv. Nutze diese Techniken, wenn die Angst dich in Besitz nimmt, wirke ihr entgegen und nimm sie trotzdem wahr. So fühlt sie sich ernst genommen und ist nicht allein unterwegs „im Kampf gegen dich und die Welt, um gehört zu werden", denn: eigentlich will die Angst dich nur beschützen!

Wo liegen deine Ressourcen?

Nichts ist leer, niemals ist etwas wirklich leer. Ist ein Glas ohne Orangensaft, ist LUFT im Glas. Verstehst du? Vielleicht fühlt es sich so an, als ob du leer wärest, aber: DU bist NIEMALS wirklich „leer"...

In einer Meditation habe ich vor vielen Jahren einmal vernommen: **„Du kannst niemals tiefer fallen als in dein eigenes Element!".** Ich sah eine Ente auf einem Holzpfahl sitzen, der im Wasser stand, sah sie in die Tiefe fallen: sie plumpste ins Wasser, schüttelte ihr Gefieder und fühlte sich pudelwohl...in IHREM ELEMENT. Da war sie zu Hause. Der Absturz in die Tiefe bringt nur DAS zum Vorschein, was sowieso IN DIR ist. Der Absturz in die Tiefe nach einer solchen Trennung hat Traurigkeit im Gepäck, tiefe Traurigkeit. Angst ist vielleicht auch mit dabei, vielleicht sind es viele verschiedene Ängste. Doch eines ist ganz klar: diese KRISE kann dich ganz zu dir selbst bringen, mehr, als es ein anderes Ereignis jemals könnte.

Mach dich frei von Erwartungen an dich selbst, durchlebe, was durchlebt werden muss, aber sei dir sicher: du wirst dich ganz neu kennenlernen, wenn du es wagst, dir selbst in die Seele zu blicken. Kein anderer Moment ist so dermaßen gut geeignet hierfür wie die Trennung von einem Narzissten. Grenzen müssen neu oder überhaupt erst einmal definiert werden. Du musst schauen, wo du stehst. Was ist dir wichtig? Was geht gar nicht? Welches Verhalten kannst du dulden und welches auf gar keinen Fall? Im Zuge dieser Bewusstwerdung hast du eine Möglichkeit, auf die du zurückgreifen kannst: deine Ressourcen.
Deine KRAFTQUELLEN ausfindig zu machen ist oberstes Gebot! Bei was ... und bei wem... und wo... tankst du auf?
Du bist einzigartig auf dieser Welt. Es gibt Dinge, die DIR Kraft geben. Nichts kann dir mehr Kraft geben, als das, was du magst. Was liebst du so sehr, dass eine Stunde wie eine Minute erscheint? Bei welcher Tätigkeit, an welchen Orten, mit welchen Menschen verfliegen die Stunden nur so? Lächelst du? Bist du voller Energie dabei? DA liegen deine Kraftquellen. Zapfe sie an, so oft du kannst!

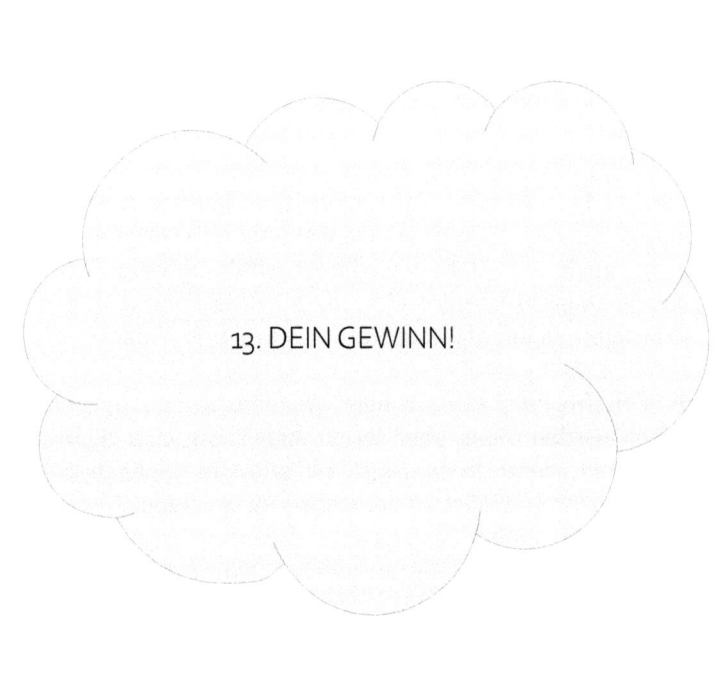

13. DEIN GEWINN!

GEWINN

Dein Gewinn?
Ich denke, das liegt klar auf der Hand:
Du hast die Gelegenheit, dich mit deinen eigenen GRENZEN auseinanderzusetzen.

Wo liegen sie?
Was ist SCHÜTZENSWERT?
Was will ich? / Was will ich nicht?
Was will ich fühlen? / Was will ich nicht fühlen?

Der Gewinn liegt in der Erkenntnis, dass du eine Beziehung führen möchtest, die DIR und deinem Partner ein gutes Gefühl gibt. Bist du glücklich? Fühlst du Leichtigkeit und Freude? Fühlst du dich stark und lebendig? Dann bist du in der richtigen Partnerschaft, wenngleich die ersten Phasen einer toxischen Partnerschaft dich auch so fühlen lassen, wenn der Narzisst seine Tentakel ausstreckt, um dich einzufangen. Bleibt dieses „gute Gefühl"? Oder schwenkt es um in Abwertung und Gaslighting?

Eines Tages - kurz vor unserem Beziehungsende - sagte Matthieu zu mir: *„Wir brauchen uns, wir bereichern einander."*. Ich schaute ihn an und erkannte in diesem Moment, dass das JETZT nicht mehr galt. DAS war einmal...
JETZT fühlte ich mich klein, winzig, bloßgestellt, gar nicht voller Lebensfreude, nein, es gab Dramen, die kein Ende nahmen. Da war keine Leichtigkeit mehr wie am Anfang. Da waren Traurigkeit, Angst, Einsamkeit, weil er mir fehlte. Matthieu fehlte mir, obwohl er neben mir saß: mir fehlte DER MANN, in den ich mich verliebt hatte, der mich auf Händen trug.
Doch die Eiseskälte, die mir plötzlich ins Gesicht schlug, machte, dass ich verstand: diesen Mann gibt es jetzt nicht mehr, den liebevollen, zärtlichen Mann.
Grenzen setzen, Grenzen halten, Grenzen verteidigen und bewahren - das lernt man in einer Beziehung mit einem Narzissten, wenn man es vorher im Leben noch nicht gelernt hat.

Für dich...

Der Gewinn für dich - wo liegt er? Schreibe auf, was dir spontan einfällt. Nimm ein Blatt Papier und schreibe darauf: GEWINN. Male ein Herz um dieses Wort. Manchmal hilft es, sich die Sachlage zu verdeutlichen. Und dann schreibe drumherum, was dein Gewinn war bzw. ist:

Der Gewinn für mich liegt...

...in der Erkenntnis, dass ich lieben kann, liebesfähig bin und mich binden wollte. Ich fühlte tiefe Liebe in meinem Herzen.

...in der Erkenntnis, dass ich Freude empfand über diese herrliche Verbindung am Anfang. Das kann mir keiner mehr nehmen. Diese Freude war IN MIR, sie war echt und eine Bereicherung für mich und mein Leben.

...in dem Empfinden, dass ich seelische UND sexuelle Verschmelzung erleben durfte. Ich ahnte immer, wie schön das sein könnte, und nun durfte ich es erleben. Das hat meine Wahrnehmung geschärft für das, was möglich ist im Leben!

...in der Erkenntnis, dass es Menschen gibt, die ausschließlich auf ihre eigenen Ziele achten und auf den eigenen Vorteil, ohne, dass andere das bemerken. Ich brauche mich nicht zu schämen, dass ich liebte und vertraute. Ich darf stolz darauf sein, dass ich das kann!

Für andere...

Will ich das, was mir passiert ist, anderen als Wissen zur Verfügung stellen? Diese Frage bewegte mich früh... Bereits im Schmerz nach der Trennung hatte ich den Gedanken, dass das hier nicht „umsonst" gewesen sein darf. Es musste anderen Menschen weiterhelfen, dass ICH so etwas erlebte, dass ich durch diesen tiefen Schmerz ging, den ich mit nichts vergleichen konnte in meinem bisherigen Leben. Aus der Dunkelheit auftauchen und mein Wissen und meine Erkenntnisse weitergeben - sollte mir das gelingen, dann war all das nicht umsonst! So waren meine ganz eigenen Gedanken...

Nun: ich entschied mich, die Ausbildung zur Diplom-

Mentaltrainerin zu absolvieren und anschließend die Ausbildung zur Psychologischen Beraterin mit Schwerpunkt Narzissmus. Ich erkenne, dass diese Beziehung und die Wahrheit, die ich erkennen musste, mich weit nach vorn katapultiert haben. Ich will mein Wissen anderen Menschen zur Verfügung stellen, und mit diesem Buch mache ich genau das. Diese Zeilen zu schreiben hat mich viele Tränen gekostet. Es hat mich Überwindung gekostet, von privaten Begebenheiten öffentlich zu erzählen, denn: tief in meiner Seele bin ich betrübt über den Ausgang dieser „Geschichte". Ich war angekommen, hatte „meinen Mann" gefunden. Ein Gefühl der HEIMAT stellte sich ein und hat mir etwas geschenkt, was ich zuvor so niemals hatte. Das empfinde ich als ein großes Geschenk!

Dann diese andere Seite zu erkennen, die kalte, harte, die, die nicht zu mir und meinem Leben passt, hat meine Illusion von einer „perfekten Liebe" in tausend Scherben zerspringen lassen. War ich „naiv"? War ich „gutgläubig"? Ich bin eine aufgeweckte Frau mit einer guten, klaren Wahrnehmung, einer starken Intuition und einem schnellen Verstand. Das darf ich sicher sagen - ohne, dass es überheblich klingt. Ich bin empathisch, bin mitfühlend aus der Tiefe meines Herzens. All das war mein Podest, auf das er mich gehoben hat! Meine Stärken waren meine Stolperfallen... Ich fiel so tief, dass ich nicht mehr wusste, wer ich war. Gab es mich überhaupt noch? Hatte er mich mit einem Schlag ausgelöscht? Ich stellte alles und vor allem mich selbst in Frage... Meine eigene Wahrnehmung wurde mehr als nur auf die Probe gestellt, mein Vertrauen in mich und in meine Fähigkeiten. Das ist der Grund, warum die Beziehung und die Trennung von einem Narzissten dich in ein Loch fallen lassen, aus dem es schwer ist, wieder herauszukommen und dich wieder neu zusammenzusetzen. **Es ist allerdings auch eine riesengroße Chance auf TRANSFORMATION deines Selbst!** Du bist vielleicht in tausend Mosaiksteinchen zersprungen, aber die kannst du auch wieder zusammensetzen. Es ist nicht „schlimm", dass du dich gerade vielleicht nicht mehr kennst. DU BIST DA! Das ist wichtig... Vertrau dem Leben, vertrau dir selbst, dass du deinen Weg schon finden wirst und ihn gehst. Vertrau auf die guten Segnungen im Leben, dass du allzeit beschützt bist! Und diese Stärke schenke anderen, die es brauchen, wann immer du dafür bereit bist...!

14. Affirmationen & Glaubenssätze, Visualisierung

Affirmationen

Affirmationen sind positiv formulierte Sätze, die das Unterbewusstsein beeinflussen können.

Nutzen wir sie regelmäßig, dann zeigen sie Wirkung!

Am Besten ist es, wir wählen Sätze aus, zu denen wir uns hingezogen fühlen... Gehen wir so gar nicht mit einem positiven Satz in Resonanz, sträubt sich in uns etwas ganz arg, dann sind dahinter oft alte Glaubenssätze versteckt, die dagegenhalten.

Trotzdem kann man Sätze finden, die einen stärken und einem gut tun. Selbst im Internet und auch auf YouTube gibt es Affirmationen, die man anhören kann. Selbst sprechen ist aber wichtig: jeden Tag laut aufsagen und tief hineinspüren... Wie fühlt sich das an? Fühlt es sich kraftvoll an? Lass jede Affirmation durch deinen Körper fließen - in jede Zelle hinein.

Hier mal einige positive Sätze - kurz zusammengefasst und anwendbar jeden Morgen und jeden Abend:

„Ich bin ich, und ich denke und handle
nach MEINEM BAUCHGEFÜHL!
Meinem Bauchgefühl vertraue ich vollkommen!"

„Wohin ich auch gehe:
ich bin stets beschützt,
behütet und geborgen - mitten im Leben."

„Alles, was geschieht, ist gut für mich und meine Lieben!"

Mindesten 21 Tage lang aufsagen! So lange brauchst du, um neue, positive Informationen in deinem Unterbewusstsein und deinem energetischen System zu „installieren".

Glaubenssätze reformieren

Was glaubst du... über dich und die Liebe, über Beziehungen?

Wie war DEIN Umfeld, als du Kind warst? Haben sich deine Eltern gut verstanden? Haben sie sich geliebt, gingen sie achtsam mit sich selbst und ihrem Partner um? Hat jemand Grenzüberschreitungen hinnehmen müssen - innerhalb der Familie oder der Partnerschaft? Gab es Abwertung? Gab es Kontrolle und Machtspiele?

Wenn wir in unserem engeren, familiären Umfeld als Kind einen Narzissten oder eine Narzisstin hatten, dann haben wir sein oder ihr Verhalten als eine Art „Zuhause" empfunden. Diese Definition von einem „Zuhause" - mit all den abwertenden, kalten, ignoranten und lieblosen Verhaltensmustern - nehmen wir mit in die Welt und in unsere Zukunft, in unsere Partnerschaft. Wir suchen und finden UNBEWUSST genau das, was wir kennen, denn das ist das einzige, an dem wir uns orientieren können. Das ist uns bekannt und...vertraut.

Sich bewusst zu machen, ob in der Ursprungsfamilie narzisstische Personen waren, toxische Beziehungsmuster vorgelebt wurden, ist wesentlich, um sich selbst weiterentwickeln zu können - hin zu der Bereitschaft, gute, wohlwollende Beziehungsmuster erkennen und leben zu können.

Grenzen definieren, Glaubensmuster aufstöbern - das ist meiner Meinung nach ein wichtiger Aspekt, um zu schauen, wieso man Narzissten anzieht. Es gibt immer einen Grund für alles, nichts passiert durch „Zufall". Das ist meine ganz eigene Theorie vom Leben.

Lass dich inspirieren - Kurse von Coaches findest du im Internet. Oder du gehst in ruhigen Stunden in dich, besprichst diese Idee von den Glaubenssätzen mit deiner besten Freundin oder deiner Psychologin. Was auch immer du für dich tust: sei liebevoll und geduldig mit dir und deinen Erkenntnissen, denn: sie können deine

Welt, wie du sie bisher wahrgenommen hast, wahrlich auf den Kopf stellen. Die Wahrheit ist am Ende nur die Wahrheit, aber nicht jeder will sie sehen und kann sie auch verkraften. Also entscheide dich weise, welchen Weg du einschlagen willst, und ich rate dir auch hier: höre auf DEIN BAUCHGEFÜHL!

Visualisierung

Visualisierung ist eine gängige und häufig benutzte Methode aus dem Mentaltraining.

Warum sie so wirkungsvoll ist? Weil unsere Gedanken unmittelbaren Einfluss haben auf unsere Hormonausschüttung und auf so viele andere Dinge, die auf wundersame Weise in unserem Körper viele Vorgänge steuern und darauf aus sind, dass alles optimal funktioniert.

Deshalb ist VISUALISIERUNG eine wichtige Methode, um Ziele zu definieren und zu erreichen.

Was ist Visualisierung eigentlich genau? Vielleicht kennst du den Begriff, aber du weißt nicht recht, was er bedeutet. Nun, es gibt mehrere Bedeutungen. Wir nutzen die Visualisierung als eine Meditationsübung, die innere Bilder entstehen lässt.

Innere Bilder? Wozu?
Denke mal bitte NICHT an einen blauen Elefanten!
ERTAPPT? Der blaue Elefant war SOFORT in deinem Kopf... Stimmts?

Wir denken in Bildern...

Denke bitte an einen Laptop, an eine Spüle, an einen Hund. Du hast ein bestimmtes Bild vor Augen, das mit deinen bisherigen Erfahrungswerten im Leben einhergeht. Ein Kind, das nur einen großen Hund kennt, denkt automatisch an diesen. Ein Kind, das nur einen kleinen Hund kennt, denkt an den kleinen Hund.

Wir haben allerdings die Macht, unsere inneren Bilder BEWUSST einzusetzen und zu lenken. So erschaffen wir eine „neue Welt in uns", die Gefühle in uns auslöst. Denken wir an Krieg und Tod, an Mord und Verfolgung, schüttet unser Körper UMGEHEND Stresshormone aus. Denken wir an eine grüne Wiese, an leise dahinfließendes, murmelndes Wasser, an Vogelgezwitscher, werden diese Bilder auch etwas freisetzen, aber ganz sicher keine Stresshormone. **Wenn wir positive Bilder vor unserem inneren Auge haben, dann fühlen wir uns auch gleich besser.** Das ist Fakt!

Sehen wir eine Komödie im Fernsehen an, lachen wir an lustigen Stellen, als wären sie in echt bei uns daheim passiert. Wir unterscheiden nicht zwischen Fernsehen/Film und der Realität. Wir lachen, weil wir lustige Bilder sehen. Das hat Einfluss auf unseren Körper - SOFORT! Es ist ein positiver Einfluss, und wir fühlen uns wohl...

Worauf will ich hinaus?

Im Mentaltraining werden innere Bilder zu einem bestimmten Zweck eingesetzt. Es gibt stets ein ZIEL hinter der Visualisierung!

Ein mögliches Ziel kann sein: Stresslevel senken!

Den übrigens solltest du in einer solchen Beziehung und auch danach DRINGEND senken, denn: narzisstische / toxische Beziehungen stressen extrem!

Wenn wir zum Ziel haben, unseren Stresspegel zu senken, stellen wir uns sicher keine Szenen in unserem Kopf vor, die Mord und Totschlag beinhalten, denn wer schon mal einen spannenden Krimi angeschaut hat oder einen Horrorfilm, der weiß, was das mit unserem Körper macht. Wir sind angespannt, rutschen auf unserem Sessel hin und her und fiebern mit. Das ist STRESS! Unser

Körper kann nicht zwischen einem Film und dem realen Leben unterscheiden. Wir sehen diese Bilder, sie sind in unserem Kopf, wir reagieren emotional und zack: der Körper reagiert mit dem Ausschütten der Hormone, als würden wir das alles in echt und live erleben.

Wollen wir uns also entspannen, müssen wir uns innere Bilder erschaffen, die uns beruhigen. Was magst du gern? Wandern? Natur? Baden? Am Strand liegen? Was „holt dich runter"? Was entspannt dich?

Du kannst das natürlich auch gern im echten Leben machen, was dich entspannt, aber hast du die Möglichkeit gerade nicht, dann nutze die Kraft der inneren Bilder, um den gleichen oder einen ähnlichen Effekt zu erreichen.

****

Fantasiereise „Sorgen-Rucksack":

Stell dir vor, wie du mit deinem Sorgen-Rucksack durch dein Leben läufst und nach all dem Lastenschleppen auf eine herrlich grüne Wiese kommst. So eine schöne Wiese hast du noch nie gesehen. Dein Schritt allerdings ist schwer, schleppend, du trägst so eine schwere Last. Du bist müde und erschöpft! Du nimmst deinen Rucksack ab und setzt ihn auf die Wiese. Dann setzt du dich daneben. Du bist eng mit diesem Rucksack verbunden, denn er ist dein Gedächtnis. Da sind so viele Steine drinnen, so viele Sorgen und unschöne Erlebnisse, so viele traurige Erinnerungen, die dich beschweren. Das willst du eigentlich gar nicht: so viel schweres, emotionales Gepäck mit dir herumschleppen.

Du entschließt dich, auf der grünen Wiese sitzend, diesen großen, nein, riesigen Rucksack zu öffnen. Wie groß ist er? Wie viele Steine sind wohl darinnen? Was hast du an emotionalen Lasten alles so mit dir herumgeschleppt - all die Tage / Wochen / Jahre? Du bist neugierig darauf...

Schau dir den Rucksack und seine Größe ganz genau an. Wie sieht er aus? Ist er grau, verschlissen, mit alten Lederriemen? Oder ist er noch neu und modern, ist er farbig? Wenn ja, welche Farbe hat er? Wie fühlte er sich an auf deinen Schultern? Haben die Riemen eingeschnitten, tat es weh? Oder war er noch gut zu schultern?

Spüre hinein in diese inneren Bilder, die in dir aufsteigen...

Sie sind so real wie deine belastenden Sorgen.

Nun nimmst du einzeln die Steine heraus und legst sie auf der Wiese ab. Bist du lange beschäftigt? Oder ist es schnell getan? Waren viele kleine Steine darinnen? Oder gab es nur zwei / drei große Steine?
Wenn dein Rucksack leer ist, schau einmal hinein. Wie sieht er innen aus? Sind noch kleine Steinchen irgendwo versteckt?

Sieh genau hin, und wenn du sicher bist, dass keine mehr drinnen sind, dann hast du sicherlich ein gutes Gefühl. Dein Rucksack ist gerade leer. Du darfst frei sein von Sorgen wie ein kleines Kind, das völlig unbeschwert über die Wiese springt. Du entschließt dich nun, aufzustehen und zu testen, wie sich dein Rucksack OHNE die Steine anfühlt. Setze ihn auf deine Schultern, schließe die Augen und ...spüre einmal: wie ist es JETZT? Ist er noch genauso schwer? Oder fühlt er sich leicht an, ist kaum zu spüren auf deinen Schultern? Hast du jetzt ein Lächeln im Gesicht?

Schau nun auf die großen oder kleinen Steine, die du alle herausgenommen hast. Vielleicht war es auch nur ein riesiger Stein, den du als Last geschleppt hast. Diese Steine haben dir eine Erfahrung verschafft: sie haben dir gezeigt UND dich spüren lassen, wie sich Lasten anfühlen. Bist du dadurch kleiner geworden - gefühlt? Hattest du einen schweren schlurfenden Schritt? Und wie fühlt es sich jetzt an, wenn du auch nur ein paar Schritte vorwärts läufst. Spüre hinein... Bist du wieder größer? Fühlst du dich leichter?

Dreh dich um und schaue mit etwas räumlichem Abstand auf die Steine: sie liegen nun ein Stück von dir entfernt. Ich bin sicher: du vermisst die Last nicht!

Bedanke dich bei den Steinen, dass sie dir gezeigt und dich gelehrt haben, was es heißt, Lasten zu schleppen, emotionale Lasten zu schultern und tagtäglich mit ihnen umzugehen. Du hast mit diesem großen, schweren Rucksack und diesen Steinen all deine Alltagsarbeiten machen müssen... Was für eine gewaltige Herausforderung! Mache dir das bewusst! Du hast GROSSES geleistet! Merkst du, wie stolz du auf dich sein kannst? Wie dankbar du deinem Körper / deiner Seele sein kannst, dass er / sie dieses große Gewicht die ganze Zeit mitgeschleppt hat?

Bedanke dich:

„Ich bedanke mich bei Euch, Ihr Steine, dass Ihr mich gelehrt habt, was es heißt, Lasten zu tragen und zu ertragen! Ich bedanke mich bei Euch, dass Ihr mich habt hierherkommen lassen - an diesen friedlichen Ort in meinem Geist - und mit mir gekommen seid! Ich bedanke mich, dass Ihr Euch habt herausnehmen lassen aus meinem Seelenrucksack, und dass Ihr es hier nun gut habt! Euch soll es gut gehen, und ich darf ab jetzt meinen Weg alleine fortsetzen - mit leichtem Gepäck. Ich habe alles bei mir, was ich brauche, und ab sofort kommen nur noch Dinge in meinen Rucksack, ab sofort kommen nur noch Erfahrungen in meinen Rucksack, die mir gut tun und mich stärken, die mich lächeln lassen und mir ein Gefühl von Geborgenheit und Sicherheit geben - auf angenehme Weise... Ich bedanke mich bei Euch, Ihr Steine, und ich sage... lebt wohl!".

Du drehst dich um, wanderst nun leichten Schrittes und fröhlich im Gemüt der Sonne entgegen und sagst dir laut:

„Ich bin froh, dass ich mit der Last der vergangenen Zeit nun abgeschlossen habe und neu beginne. Ich bin dankbar, dass ich JETZT leichten Fußes in meine wundervolle, schöne Zukunft aufbrechen darf, und ich bin bereit, Abenteuer in meinem Leben zu erleben - schöne Abenteuer, die mich weiterbringen, die mich voranbringen auf meinem Weg. Ich bin bereit, mich zu öffnen für gute Kontakte, für eine gute Arbeit, für erfüllende Momente, derer es viele an meinem Tag ab sofort gibt. Ich danke für die Fülle, die ich erleben darf, die mich trägt in Liebe und Vertrauen! DANKE! DANKE! DANKE!".

Fühle den leichten Schritt, die warme, liebende Sonne, die dich kitzelt mit ihren sanften Sonnenstrahlen an deiner Nasenspitze, sodass du unweigerlich lächeln musst! Genieße! Genieße dein SEIN! Die Zeit der Lasten ist vorbei. Du darfst FREI SEIN! Du darfst GLÜCKLICH SEIN!

****

Innere Bilder haben eine große Kraft!

Nutze diese Bilder, diese Visualisierung, denn visualisieren ist nichts anderes, als sich diese Bilder vorzustellen.

Diese neuen, schönen Bilder erzeugen positive Gefühle in uns. Sie sind wie geschaffen dafür, uns Erleichterung zu verschaffen, uns neue Gefühle zu geben, die verschüttet waren im Untergrund der Negativität. Und dahin will ich jetzt nach dieser wundervollen Visualisierung nicht zurückkehren, denn gerade haben wir ja die Lasten abgelegt. In diesem Kapitel geht es darum, zu verstehen, dass DU die Macht hast, innere Bilder vor deinem inneren Auge entstehen zu lassen, und dass dir bewusst ist, dass diese inneren Bilder eine Wirkung auf dich / deine Seele und deinen Körper haben, und zwar in genau dem Moment, wo du sie denkst.

Denke oft an positive Bilder, und wenn du das nicht gleich kannst, denke an positive Erinnerungen, an Erlebnisse aus deinem Leben, die dich glücklich gemacht haben und die NICHTS mit deinem Partner zu tun haben. Suche auf neutralem Terrain nach guten Erinnerungen, wo dein Partner keinen Fuß hingesetzt hat. Nimm dir diese guten Erinnerungen immer mal wieder her - gern auch täglich und mehrfach.

Jede Sekunde, jede Minute, die du mit diesen positiven inneren Bildern verbringst, hast du nicht die Gelegenheit, an Trauriges zu denken. Man kann nicht zeitgleich an zwei verschiedene Dinge oder Erlebnisse denken - das funktioniert nicht! Mach dir das zunutze, dein Unterbewusstsein mit positiven Bildern auszustatten, die dir Entspannung schenken...

Positive Bilder geben dir Kraft, lassen dich lächeln, schenken dir ein Gefühl von Zufriedenheit! Das alles wirkt deinem erhöhten Stresslevel in der narzisstischen Partnerschaft entgegen oder auch in der schwierigen Phase danach.

Wenn du Visualisierung regelmäßig praktizierst, kannst du dir eine neue Welt erschaffen - IN DIR! Und diese gehört NUR DIR! Keiner kann sie dir wegnehmen...

Hast du ein wenig Übung im Erschaffen innerer Bilder bekommen, dann kannst du einen Schritt weitergehen: erschaffe dir vor deinem geistigen Auge deine ganz eigene Welt, in der du leben möchtest.

Was ist dir wichtig? Welche Dinge sind von Bedeutung?

Nimm dir einmal deine Zeichnung her vom Kapitel „Verloren". Hast du in den Kreis gemalt, was in deinem MÄRCHENREICH schützenswert ist? Das ist dir wichtig! Stelle dir all das jeden Tag BILDLICH vor. Stell dir vor, wie du etwas machst, was du liebst. Du musst nicht warten, bis du es tun kannst - in echt. Stell es dir einfach vor... Lächelst du? Bist du glücklich bei diesem Gedanken? Wichtig: wenn du lächelst, signalisierst du deinem Körper: ALLES OKAY! Das hat Auswirkungen auf dein Hormonsystem - positive Auswirkungen...

Lass dir gesagt sein: du hast deine Macht ganz bei dir, und sollte sie dir derzeit genommen sein im Außen, so bist du doch handlungsfähig im Innen, in deiner Innenwelt. Unterschätze diese Möglichkeit nicht! Belächle nicht, was dich stark machen kann...!

Und jetzt fordere ich zur Mitarbeit auf... ;-) Recherchiere, wenn du magst, die folgenden Studien und die Artikel.

Es sind überaus spannende Aspekte, was Mentaltraining und die Arbeit mit inneren Bildern bewirken. Wie ausschlaggebend es ist, was und wie du denkst, kannst du unter diesem Artikel nachlesen:

Die Kraft der Psyche: Sportliche Leistungen mit „dem Kopf" verbessern. (29*)

www.wissenschaft.de/gesundheit-medizin/die-kraft-der-psyche-sportliche-leistungen-mit-dem-kopf-verbessern/

Noch nie war Mentaltraining so „in" wie jetzt, es wird aber schon seit vielen Jahrzehnten gezielt eingesetzt - u.a. im Sport. Dass Mentaltraining wirkt - auch im privaten Alltag und im Arbeitsleben, ist mittlerweile wissenschaftlich bewiesen.

Hierzu gibt es auch diverse Studien. Eine davon ist die...

- **Wissenschaftliche Studie HARVARD University – USA**

„Gesünder fühlen durch unser Denken" (30*)

» Reinigungskräfte in Hotelzimmern hatten das Gefühl, trotz ihrer körperlichen Arbeit nicht genügend sportlich aktiv zu sein, obwohl sie tagtäglich Matratzen wuchteten und körperlich mehr als nur ein bisschen aktiv waren.

Für ein Experiment erklärten ihnen Psychologinnen der Harvard University, dass ihre Arbeit mega gesund ist! Ab sofort normalisierte sich der Blutdruck der Putzkräfte, sie verloren sogar an Gewicht und fühlten sich umgehend besser.

FAZIT: Die Selbstwahrnehmung wirkt sich auf handfeste physiologische Messwerte aus. Das passende Selbstbild beeinflusst die Gesundheit positiv!

In der „Welt" wurde ein interessanter Artikel verfasst:

„So wirkt sich positives Denken auf den Körper aus." (<u>31*</u>)

Positives Denken / positive Visualisierung stärkt auf allen Ebenen ungemein, und deshalb sind positive Affirmationen und das Erzeugen positiver innerer Bilder eine große Wohltat und eine echte Chance auf eine positive Veränderung im eigenen Leben!

„Letztendlich zählen nur drei Dinge:

wie sehr du geliebt hast,

wie sanft du gelebt hast und

wie würdevoll du die Dinge hast ziehen lassen,

die nicht für dich bestimmt waren."

Buddha

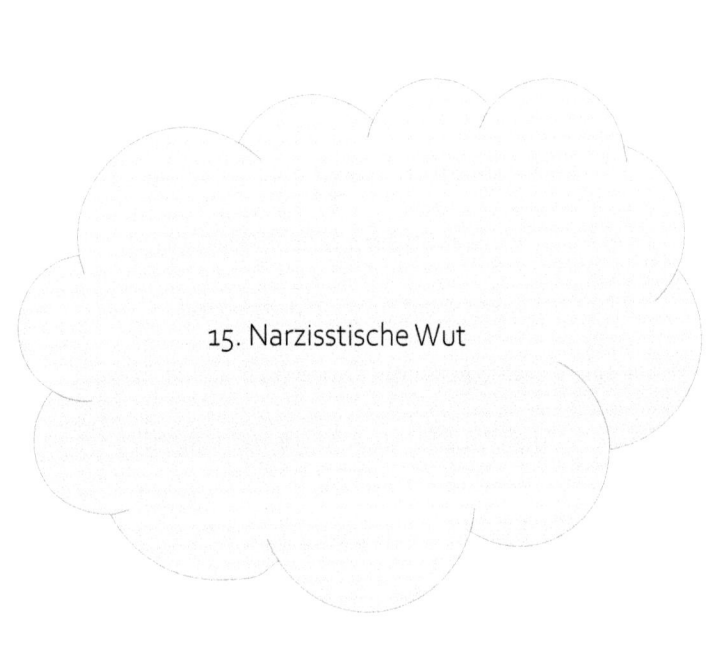

15. Narzisstische Wut

Narzisstische Wut - alles
außer Rand und Band?

Ich will es kurz machen:
DU bist NICHT SCHULD an einem Wutausbruch des Narzissten!
Das ist erst einmal das Wichtigste, was du wissen musst. Weg mit
eventuellen Schuldgefühlen!

Nach seiner zweiten, eiskalten Wut-Eskalation ziehe ich mich
zurück. DAS ist nicht der Mann, den ich liebe! Ich lasse mich einmal im Jahr von einer Astrologin beraten. Sie
weiß nichts aus meinem Leben, kennt mich nicht. Ich frage sie erst
jetzt um Rat, als mir klar wird, dass hier wirklich etwas nicht
stimmt. Ich bin bereits auf dem Rückzug und in tiefer Trauer
versunken...

Ihre Ansage an mich ist eine wichtige Botschaft:

*„ER liebt Sie, ER begehrt Sie. Aber: er will Sie besitzen! ER will das
wirklich mit Ihnen und der Beziehung. Sie sind DIE Frau, die er sich
immer gewünscht hat.*
*Das, was Sie ihm geben, was Sie ihm schenken - Ihre Art, wie Sie sind,
das ist, wonach er sich sehnt. Aber sobald Sie ihm zu nahe kommen,
kann er diese Nähe, nach der er sich eigentlich sehnt, nicht ertragen
und wird Sie mit Füßen treten. Er wird so fest zutreten, dass Sie 10
Meter weit weg fliegen und nicht wissen, wie Ihnen geschieht. Er kann
nicht anders, und er wird sich auch nicht ändern... Wenn er Sie
„wegtritt", wird er nicht sanft sein, und er wird nie von vorn angreifen,
er wird immer „von der Seite oder von hinten zustechen".*
*Es kann auch wieder gute Phasen geben, aber wollen Sie ein Leben
lang auf Eiern laufen? Am Ende werden Sie traurig zurückbleiben und
er wird gehen, aber ER wird NICHT traurig sein...".*

Besser hätte sie das alles nicht beschreiben können; es trifft mich
bis ins Mark. Ja, wie er sich vielleicht mich gewünscht hat, habe ich
mir ihn gewünscht: in so vielen Details ist er genau so, wie ich es
mir immer ausgemalt hatte. Und doch fiel mir von Anfang an eine

„Härte" in seinem Gesicht auf, die ich nicht zu deuten wusste. Heute kenne ich sie, ich habe Bekanntschaft mit ihr gemacht - mittlerweile genau 3 Mal. Das war das Ende.

Der edle, weiße Ritter hatte sich gemausert zum dunklen Zauberer, der mich besitzen wollte. Er wollte mich einsperren in seinem Turm, seinem Zuhause. Er wollte, dass ich alles für ihn tat, er aber letzten Endes nichts mehr für mich... Diese Entwicklung war deutlich zu spüren... hinter all dem Charme und der verführerischen Stimme, seinen vielen Anrufen und Nachrichten. Ich blieb in meiner Wohnung, in meinem Leben. Das war mein Glück!

Seine WUT - ich hatte sie erlebt, und ich fiel von meinem 7. Liebeshimmel in meine ganz persönliche Seelenhölle. Ich war verloren... Keiner konnte zu mir durchdringen, keiner. Ich war nicht nur hoch erstaunt und extrem irritiert über dieses nicht adäquate Verhalten von ihm, das so urplötzlich aus ihm herausbrach; es verletzte mich zutiefst!

Ich weiß heute, wohin solche „Ausbrüche eines Narzissten" führen können und wie sie zustande kommen. Ich habe die Reißleine gezogen. Ich liebe ihn noch immer, aber ich habe meine Grenzen gesetzt: es gibt kein Zurück!

Jemand, der mich so behandelt, darf nicht in meinem Leben sein! Das ist alles, was es dazu zu sagen gibt!

Es hört nicht auf...

Manchmal hört es nicht auf. STALKING nennt man das!
Ich rate dir, ein **Stalking-Tagebuch** zu führen. Es gibt Narzissten,
die keine Ruhe geben, die sich so dermaßen erniedrigt fühlen, weil
du gegangen bist, dass sie weit gehen - manchmal ZU weit!
Nimm dich in acht, aber fürchte dich nicht, denn: wir wissen ja... -
die Furcht behindert dich, aber nicht ihn! Sei achtsam, lies nach,
informiere dich, lass dich beraten. Es gibt Wege. Zieh um, **wechsle
deine Telefonnummer**. Tu, was du kannst, um dich und deine
Lieben zu schützen. Tu es ganz einfach!

Du willst leben?

Letztens habe ich mit einer Frau gesprochen. Sie sucht einen Platz
für ihren Hund und fragte mich, ob ich ihn nehmen würde. Wir
kamen ins Gespräch. Sie erzählte mir auch einige Kleinigkeiten aus
dem Leben ihrer Tochter. Da riet ich ihr, doch mal nach dem
Stichwort „Narzissmus" zu googeln... Am Ende unseres
halbstündigen Telefonats vertraute sie mir an, dass sie weiß, was
Narzissmus bedeutet.
Sie war lange in einer Beziehung mit einem Narzissten gewesen
und ist letzten Endes in einer Nacht-und-Nebel-Aktion mit nur zwei
Koffern ohne sein Wissen geflohen und nie mehr zurückgekehrt.
Mehr hat sie nicht erzählt, aber sie klang immer noch bedrückt.
Heute hat sie einen wundervollen Partner an ihrer Seite...
**Frage: Bist du noch der Mensch, der du VOR dieser
Beziehung warst?** Hast du das Gefühl, dich sehr verändert zu
haben? Hängst du in ewigen Gedankenschleifen, die sich
zunehmend um das Verhalten deines Partners oder in diesem
Zusammenhang um dein Verhalten drehen? Dann brauchst du
Hilfe! Und auch, wenn dein Partner dich vielleicht nicht gehen
lassen wird: DU musst entscheiden, welchen Weg du wählen willst.
DU weißt - tief in dir, welcher der rechte Weg ist. Nun brauchst du
MUT! Trau dich... Zur rechten Zeit wird es dir gelingen! NUR DU
weißt, wann der rechte Zeitpunkt gekommen ist!

Rechtliches!

Ich möchte nun am Ende meines Buches noch kurz auf den rechtlichen Aspekt zu sprechen kommen und darauf, was STALKING genau bedeutet und was man dagegen tun kann. Ich möchte keine Angst machen, ich möchte WARNEN!

Der Narzisst ist tatsächlich der geborene Stalker, weil er Kontrolle und Macht ausüben will. Er braucht das wie die Luft zum Atmen. Entziehst du dich seinem unmittelbaren Einfluss und kann er dich nicht zurückgewinnen, kann es passieren, dass er dich stalkt. Vielleicht will er dich dazu bewegen, wieder zu ihm zurückzukehren, vielleicht will er sich einfach nur rächen und dir Angst machen. Was auch immer sein Beweggrund ist: nimm das ernst! Stalking ist kein Bagatell-Delikt, weil es ganz schnell eskalieren kann. Manche Stalker geben sich nicht damit zufrieden, dir aufzulauern und zu sagen, dass du ihnen gehörst, dass du niemals jemand anderem gehören wirst. Manche Stalker wollen und werden dein Leben und deine Lebensgrundlage zerstören, wenn du ihnen nicht Einhalt gebietest!
Denke also nicht: „Naja, das wird schon wieder aufhören...". Es KANN aufhören, muss aber nicht. Narzissten sind schwer gekränkt, wenn du dich trennst, und du darfst weder mit Mitgefühl rechnen noch mit Fairness. Du bist nicht mehr an seiner Seite, hast dich seiner Kontrolle und Macht entzogen, und dafür wirst du „bezahlen". Du musst verstehen - und das ist ganz wichtig -, dass der Narzisst kein „Unrechtsbewusstsein" hat. Seine Wahrheit ist: du hast ihn verraten, du hast dich ihm entzogen, obwohl du ihm gehörst! Dafür gehörst du „bestraft"!

Nicht ohne Grund stalken meistens Menschen mit Persönlichkeitsstörungen andere Menschen, weil sie ihre eigene Wahrheit haben, die wir nicht wahrnehmen können, weil sie uns fremd ist. Wir, die empathisch sind, die sich in andere hineinfühlen können, müssen verstehen, dass diese Menschen sich NICHT in jemanden hineinfühlen oder hineinversetzen können. Sie KÖNNEN ES NICHT! Das ist wichtig zu begreifen.

Narzissten leben in ihrer eigenen Welt, und wie sie auch immer da hineingeraten sind, sie können ihr Verhalten nicht ändern. Sie sehen ja bei sich kein Problem: DU bist in seinen Augen das Problem! Deswegen ist es nicht möglich, mit einem Narzissten ein klärendes Abschlussgespräch zu führen nach Beziehungsende. Sie werden nicht reflektieren können, weil sie in ihrer Welt niemals an irgendetwas Schuld sind.

Hinterfragst du dein Handeln, bist du empathisch, kannst dich in andere Menschen und in ihre Situation hineinfühlen und hineinversetzen, hast du Mitgefühl oder Mitleid mit anderen Lebewesen, dann bist du ziemlich sicher kein Narzisst.

Nun stell dir vor: der Narzisst kann all das NICHT!
In welch „armer Welt" er lebt, sieht er nicht, und er wird es niemals erkennen. Für ihn ist seine Welt die einzig wahre, weil sie seine aus Scherben zusammengesetzte Fassade aufrecht hält. Ob ein Trauma in der Kindheit für sein Verhalten verantwortlich ist oder nicht: Fakt ist...

...SEINE Welt besteht aus eigener Grandiosität. Fehler sind darinnen nicht vorgesehen. Ein Narzisst macht keine Fehler! So einfach ist das!

Und im Umkehrschluss musst DU Schuld haben, musst DU diejenige sein, die ihn verlassen hat, wieso auch immer. Er kann nicht reflektieren, dass dein Gehen mit seinem Verhalten zu tun hat, er kann nicht verstehen, dass du dich nur befreien willst, ein eigenes Leben leben willst. DU bist SCHULD - an allem!
Ich stelle das deshalb so sehr heraus, damit du verstehst, dass es keine Einigung, keine Verständigung auf „normalem Weg" geben kann. Der Narzisst ist nicht in der Lage, zu begreifen, was er da eigentlich macht.
DU bist diejenige, die klar erkennen muss, dass du dich dem Denken des Narzissten indirekt anpassen und sein Muster durchschauen musst, denn sonst kommst du aus dieser Angelegenheit nur schwer heraus. Deshalb ist es KEINE PARANOIA, dich zu schützen auf allen Ebenen deines Seins und

Lebens, deshalb ist es IMMENS WICHTIG, alles in die Wege zu leiten, dass deine Daten geschützt sind, denn Cybermobbing ist mittlerweile sehr beliebt!

Ich möchte dich am Ende dieses Buches sensibilisieren, dass du alles tun solltest, um dich und deine Privatsphäre zu schützen, und ich meine, es gibt genügend Möglichkeiten, um das zu tun. Es bedeutet Arbeit, aber es ist machbar. Es bedeutet einen großen Aufwand, aber es ist machbar. Und wenn du dich anschließend nicht nur sicherer fühlst, sondern auch sicherer bist, ist es die Arbeit und den Aufwand wert!

Hat der Narzisst ein anderes „Opfer" gefunden, kannst du nach deinem Abschied möglicherweise beinahe unbehelligt deiner Wege gehen.

Gut ist immer: wechsle auf jeden Fall deine Handynummer nach der Trennung, damit du nicht geortet werden kannst und es dem Narzissten nicht möglich ist, dich zu verfolgen. Halte die Nummer geheim! Gib sie nur Menschen, die sie nicht weitergeben. Richte Telefon-Kennwörter ein an öffentlichen Stellen, wo der Narzisst deine neue Nummer in Erfahrung bringen könnte. Das ist ganz wichtig. So hast du erst einmal ein bisschen mehr Privatsphäre und geschützten Raum. Gerade die Verfolgung übers Handy ist nicht zu unterschätzen!

> > www.polizei-beratung.de

Jetzt schauen wir uns mal die Definition des Begriffes „STALKING" an:

> > >

„Stalking bezeichnet wiederholtes widerrechtliches Verfolgen, Nachstellen, penetrantes Belästigen, Bedrohen und Terrorisieren einer Person gegen deren Willen bis hin zu körperlicher und psychischer Gewalt.

In der Regel handelt es sich beim Stalking nicht um eine klar abzugrenzende Einzeltat. Es setzt sich vielmehr aus einer Reihe von Tathandlungen über einen längeren Zeitraum zusammen, die aus strafbaren Handlungen wie übler Nachrede, Verleumdung, Sachbeschädigung, Nötigung, Körperverletzung sowie Nachstellung bestehen können. Mobbing ähnelt zwar dem Stalking, zählt aber nicht dazu. Manchmal geschehen Sachverhalte, bei denen sich Betroffene gestalkt fühlen, die Grenze zur Strafbarkeit jedoch noch nicht überschritten ist.

Viele Sachverhalte aus dem Bereich Stalking entwickeln sich aus (Ex-)Beziehungen. Häufige Motive sind das Ausüben von Macht, Dominanz und Kontrolle sowie das übersteigerte Bedürfnis, von der/m Betroffenen wahrgenommen zu werden, Kontakt zu diesem aufzunehmen oder zu halten. Einige Stalkende leiden unter psychischen Erkrankungen oder Persönlichkeitsstörungen." (32*)

Auf dieser Homepage der Polizei www.polizei-beratung.de gibt es sehr wichtige Informationen zu diesem Thema.

Lies nach und informiere dich.

Startseite > Opferinformation > Stalking

Dort sind auch rechtliche Schritte erläutert, was du tun kannst und worauf du achten solltest.
Störe dich bitte nicht an dem Begriff „Opfer". Der, dem Schaden zugefügt wurde, wird so bezeichnet. Und wenn dir noch nicht bewusst ist, DASS dir Schaden zugefügt wurde (z.B. emotionaler Missbrauch), dann betrachtest du dich nicht als „Opfer".

Betroffen kann jeder sein - unabhängig von Alter oder Geschlecht, unabhängig von Bildungsstand und Sozialstatus.

Betrachte solch eine Erfahrung als das, was sie ist: eine Erfahrung. Du kannst das Wissen daraus für dich und vielleicht auch für andere nutzen, du kannst dir deinen Gewinn daraus ziehen, denn so erhältst du wieder ein Gefühl von Kontrolle über dein Leben zurück. Du kannst nicht ändern, dass du in einer Beziehung gelandet bist, die sich am Ende als ungut entpuppte. Und: du bist weder Schuld daran noch musst du dich schämen. Du hast geliebt. Wer liebt, vertraut, und wer vertraut, ist NICHT DUMM! Er handelt menschlich!

„Opfer" zu werden - in irgendeiner Form - ruft immer Scham- und meistens auch Schuldgefühle auf den Plan. Setze dich damit auseinander, damit sie nicht dein Leben beherrschen. Praktiziere EFT (Emotional Freedom Techniques) und gehe zur Traumatherapie (EMDR) oder zum Coaching (Wingwave). MACHE etwas für dich, lerne, zu verstehen, was passiert ist. Setzt du all die kleinen Puzzleteile zusammen und erhältst ein Bild, das endlich einen Sinn ergibt, hast du wieder ein Stück weit Kontrolle über das Geschehen. Das ist wichtig, um heilen zu können...

Was ist bei „Stalking" nun wichtig zu tun?
Erkläre dem „Stalker", der dich nicht in Ruhe lässt, dass du KEINERLEI Kontakt mehr wünschst - weder persönlich noch schriftlich, telefonisch oder auf sonst irgendeine Weise. Das ist wichtig, denn sonst gilt Kontaktaufnahme von seiner Seite nicht als Stalking! Solltest du diese Info an den Stalker per WhatsApp abschicken, hab am besten einen Zeugen dabei. Es ist wichtig, dass dieser Zeuge dir schriftlich bestätigt, dass du in seiner Gegenwart am ... (Datum) um... (Uhrzeit) an... (Person: Name einsetzen) folgende Nachricht... (Text notieren) über... (z.B. WhatsApp) abgeschickt hast. Notiere alles ganz genau.

Ein Beispieltext kann sein:

„Hallo Max,
ab sofort möchte ich keinerlei Kontakt mit dir – weder schriftlich, telefonisch noch persönlich oder auf anderen Wegen. Bitte nimm das zur Kenntnis. Ciao Nina."

Sollte er z.B. bei WhatsApp eine Lesebestätigung aktiviert haben, notierst du bitte auch, wann diese Nachricht gelesen wurde. Am besten wieder unter Zeugen gemeinsam anschauen und notieren. Mit Unterschrift des Zeugen versehen und sicher verwahren. Mache auch einen Screenshot von der Nachricht und von der Lesebestätigung. Mache den Screenshot mit der NO-STALK-APP!

WEISSER RING e.V. bietet diese No-Stalk-App an. Installiere sie auf deinem Handy und sichere damit alle Daten, die wichtig sind. Darüber habe ich in einem vorherigen Kapitel schon geschrieben. Die auf diese Weise versendeten Daten sind vor Gericht zugelassen, weil sie auf einem gesicherten Server gespeichert werden und nicht manipuliert werden können.

Reicht deine Ansage an den „Stalker" nicht aus, schreibt er weiter, ruft an, schickt Briefe, steht vor deiner Tür, dokumentiere alles mit der No-Stalk-App! Mach Screenshots von den Nachrichten, vom Anrufverlauf. Mach Fotos von den Briefen. Fotografiere ihn, wie er vor deinem Haus steht. Vermerke alles mit Datum und Uhrzeit (ganz wichtig!). Notiere auch, wie du dich dabei fühlst, welche Emotionen du hast. Hast du weiche Knie, zittern deine Hände, ist dir schlecht? Hast du Angst, fühlst du dich bedroht? Du kannst in der App auch eine Sprachnachricht aufnehmen, in der du beschreibst, wie du dich fühlst. Beachte: wenn du den Button loslässt, geht die Nachricht direkt auf den Server, und du kannst sie nicht mehr ändern oder löschen!

Alles, was NACH deiner Ansage passiert,
dass du KEINERLEI KONTAKT mehr wünschst,
ist Stalking!

Führe zusätzlich ein Stalking-Tagebuch. Das kann bei einer möglichen Anzeige bei der Polizei hilfreich sein. Schreib auf: Datum, Uhrzeit (beides ist wichtig!), was passiert ist und wie du dich dabei gefühlt hast. Hattest du körperliche Symptome? Notiere all das!
Bleib bei der Wahrheit, übertreibe nichts, bleibe möglichst sachlich. Der Stalker fordert dich durch seine Präsenz heraus, will, dass du emotional reagierst und dann... bist du die „Verrückte". Denke immer daran! Bleib klar! Sei klar!

Spricht er dich auf der Straße an, kannst du das auch aufnehmen, indem du heimlich die Aufnahme der No-Stalk-App auf deinem Handy in der Handtasche aktivierst. Das ist sicherlich eine gute Idee, denn so kann man vielleicht schneller Beweise bekommen, dass er nicht so nett ist, wie es aussieht.

Denke immer daran: er will dir Angst machen, um dich zu kontrollieren. Er will kontrollieren, was du denkst, was du machst. Er will MACHT!

Hast du Angst vor ihm, hat er alle Macht über dich!
Befreien kannst du dich daraus nur, indem du dir sagst:
ich mache, was ich für richtig halte, und wenn ich mich bedroht fühle, gehe ich zur Polizei und erstatte Anzeige.

Diese Option hast du. Die Polizisten können dann eine Gefährderansprache halten bei dem Stalker, und sie klären ihn sachlich auf, was sein Verhalten für Konsequenzen hat.

Manche Stalker lassen das Stalken danach sein, weil sie wissen, dass sie nun unter Beobachtung der Polizei stehen. Andere wiederum kümmert das nur wenig; sie fahren jetzt erst richtig hoch, z.B. kommt ihre narzisstische Wut jetzt voll zum Ausdruck. Haben sie kein Unrechtsbewusstsein, kümmern sie sich auch nicht um Gesetze. Oft aber werden sie sehr geschickt vorgehen, sodass kein Gesetzeshüter sie drankriegen kann, du aber trotzdem maximal leidest.

Das ist jetzt natürlich das „Worst-Case-Szenario", von dem wir hoffen, dass es ausbleibt.

Oft kann man sich durch die Hintertür davonschleichen, hinein in einen Neubeginn, und es bleibt relativ ruhig.

Dass dein narzisstischer Ex-Partner dir allerdings weiterhin Nachrichten schickt, wird wohl nicht aufhören, außer, du wechselst deine Nummer.

Was ich dir mitgeben möchte:
du kannst gegen einen Narzissten niemals gewinnen!

Er kämpft auf einem Schlachtfeld, und du wirst stets in eine Schlacht involviert, lässt du dich auf eine Kommunikation mit ihm ein. Das ist FAKT! Mit „Schlacht" meine ich nicht unbedingt einen „Kampf", sondern die leise Manipulation, sodass du am Ende wieder der „Verlierer" bist, traurig, unverstanden, weinend, enttäuscht, abgewertet und geschwächt zurückbleibst.

Da du nicht weißt, inwieweit die narzisstischen Persönlichkeits-anteile bei deinem Partner oder Ex-Partner ausgeprägt sind, kannst du auch nicht wissen, inwieweit er stalkend reagieren könnte nach einer Trennung. Klug wäre es in jedem Fall, wenn man schon einmal oder sogar mehrmals seine narzisstische Wut erleben „durfte", diese nicht absichtlich zu schüren. Man darf taktisch vorgehen, denn der Narzisst macht das ja auch. Man muss es aber heimlich, still und leise machen, darf sich nicht hinstellen und sagen: „Hey, ich biete dir jetzt Paroli!". Dann hast du Krieg! Und diesen Krieg wirst du niemals gewinnen!!
Am Sinnvollsten wäre es, du machst dich für ihn uninteressant, dass er merkt, du hast nichts mehr zu geben.
Plane heimlich dein Gehen. Schenke ihm keinerlei Reaktionen mehr - weder auf seine Manipulationsversuche, seine Lügen und seine Wut, noch auf seine charmante, um Verzeihung bittende Freundlichkeit.
Wenn es nichts mehr zu holen gibt, verliert er vielleicht das Interesse und schaut sich nach einer anderen Frau um, die ihm das gibt, was er braucht. Das hat er vielleicht auch schon längst getan, denn Narzissten suchen sich schnell neue Kontakte, wenn sie merken, dass sie nicht mehr das bekommen, was sie haben wollen.

Erlege dir eine **KONTAKTSPERRE** auf!

Antworte nicht!
Schreib nicht!
Ruf nicht an!
Geh / fahr nicht hin!

Wenn du dich in einer narzisstischen Beziehung befunden hast, darfst du davon ausgehen, dass du - vermutlich - emotional/psychisch missbraucht wurdest. Das mag dir nicht bewusst sein, du magst das nicht glauben wollen, aber man darf davon ausgehen, dass es tatsächlich so ist. Dann wirst du versucht sein, ihm zu schreiben, ihn anzurufen, zu ihm zu fahren. Du wirst versucht sein, den Kontakt um jeden Preis wieder aufzunehmen, denn: du bist auf kaltem Entzug! Du bist süchtig nach ihm!

Eine Dame aus einer Frauenberatungsstelle hat nach meiner Trennung zu mir gesagt:
„Wenn Sie sich versucht fühlen, wieder Kontakt in irgendeiner Form aufzunehmen und die Kontaktsperre zu unterbrechen, dann rufen Sie bitte SOFORT eine liebe Freundin an und reden mit ihr... Machen Sie es wie die anonymen Alkoholiker: wenn sie trinken wollen, wenn sie zur Flasche greifen wollen, dann machen sie das auch - einen Freund anrufen.".

Ich dachte damals: was ist denn das, bitte, für ein Vergleich? Das kann doch alles nicht möglich sein... Ich und abhängig? Ich und süchtig? Heute weiß ich, wie diese abhängig-machenden Strukturen ganz leicht zustande kommen. Es ist reine Biochemie, die da im Körper wirkt und ihre Arbeit macht.
Nimm diesen damaligen Hinweis für dich als Tipp. Ich habe mich daran gehalten, egal, wie schwer es auch war in jeder Stunde und Minute meines Tages.
Verstehe bitte, dass jede liebevolle oder traurige Nachricht, die dir geschickt wird, jeder Rosenstrauß, der dir gesendet wird, nur der Versuch ist, dich wieder zurückzuholen, aber nicht, weil er dich über alles liebt und du ihm wichtig bist, sondern, weil ER dich braucht, um dich auszusaugen und dich dann fallenzulassen, wenn du nichts, wirklich NICHTS mehr zu bieten hast.

Noch ein wichtiger Hinweis:

> > >

„Gegen Stalking kann auch zivilrechtlich vorgegangen werden, zum Beispiel mit einem Antrag nach dem Gewaltschutzgesetz beim Familiengericht. Damit kann der stalkenden Person gerichtlich die Kontaktaufnahme untersagt und ein Annäherungsverbot erteilt werden.“ (<u>33*</u>)

Rechtlich gibt es Wege, die man gehen kann... Aber selbst Polizisten raten zu einem besonnenen Handeln, und ich rate dringend, den Psychologen und ihrem Rat Gewicht zu geben und sich - soweit vertretbar – vielleicht doch lieber in erster Instanz unsichtbar und uninteressant zu machen, denn: Narzissten können dich in ihrer rasenden Wut vernichten, dein Leben zerstören und sich dabei noch ins Fäustchen lachen. Sie werden sehr geschickt vorgehen, sodass du am Ende vor einem Scherbenhaufen deiner Existenz stehst. Sei klug und entscheide weise, was du tust oder was nicht. Ich kann dir nicht zu dem einen oder anderen raten; das muss man individuell in der jeweiligen Situation entscheiden. Und du weißt am Besten, mit wem du es hier zu tun hast, wenn du dieses Buch gelesen und in dich hineingespürt hast... Ich betone noch einmal: lass dich beraten, hol dir Hilfe! Sollte dein Ex-Partner stalken, dich nicht in Ruhe lassen, dann hol dir jemanden an deine Seite, der sich auskennt! Du möchtest einen Beratungstermin beim Rechtsanwalt?

„Oft ist es sinnvoll, sich durch einen Rechtsanwalt beraten zu lassen. ... Allerdings ist meistens schon das erste Beratungsgespräch kostenpflichtig. Der Verein WEISSER RING e.V. bietet Opfern von Gewalt einen Beratungsscheck für das rechtsanwaltliche Erstgespräch an.“ (<u>34*</u>)

<u>Am Ende dieses Buches gilt eigentlich nur eines:</u>
Nimm dich ernst, sorge gut für dich! Toxische Strukturen sind schädlich, schwächend und zehren auf Dauer aus. Erkennst du, dass du dich in solch einem Umfeld befindest, ist es an dir, deine Konsequenzen zu ziehen.

„Wo es keine Hoffnung gibt,

müssen wir sie erfinden."

Albert Camus

Nachwort

„Helene, die wahre Braut" - kennst du dieses Märchen? Es ist die narzisstische (Stief-)Mutter, die abwertet: „Du Taugenichts!". Am Ende sitzt die bösartige, nach außen aber zu jedermann freundliche Frau in ihrer „Glas-Halbkugel", die sie abschirmt und ihre böse, vernichtende, zerstörende Art zurückhält, damit sie anderen keinen Schaden mehr zufügen kann...

Märchen haben einen hohen Wahrheitsgehalt. Hinhören lohnt, und wenn man den Blick geschärft hat für „Gut und Böse", dann mag man verstehen, dass es schon zu allen Zeiten auf dieser Erde war.

Wir Menschen fühlen und wir lieben. Das ist gut so!
Keiner rechnet damit, kaltherzig und gemein von DEM Menschen behandelt zu werden, der da neben einem steht - Seite an Seite im Leben. Man wähnte sich in Sicherheit, man wähnte sich im Vertrauen, man wähnte sich in der LIEBE!
Liebe aber tut keinem anderen weh; sie will, dass es dem anderen gut gehen möge... Liebe ist nachsichtig und sanft. Die Liebe ist schön, voller Freude. Liebe ist..., wenn man wohlwollend miteinander umgeht.

Was nun, wenn man das MISSBRAUCHEN der Liebe, des Vertrauens nicht erkennt? Wenn man glaubt, alles sei in bester Ordnung, und man müsse sich nur noch ein bisschen mehr anstrengen und vielleicht nicht so überempfindlich sein?

Ich sage dir: wenn dir jemand nicht gut tut - über einen längeren Zeitraum hinweg, wenn er diese 7 Phasen des Traumabondings lebt: dann ist dieser Mensch NICHT DEIN FREUND! Belies dich und entscheide selbst. Hol dir Hilfe ins Boot...
Die Lebensfahrt auf hoher See birgt Risiken - ganz unweigerlich. Aber ob du untergehst oder weitersegelst und wieder Land unter deinen Füßen findest, hängt von deinem Lebenswillen ab, von deiner Entschlossenheit und deinem Willen, es zu schaffen! DU WILLST ÜBERLEBEN!

Und wenn man sich fühlt wie ein Verdurstender auf einem Boot - mitten auf dem großen Ozean, wenn man leer ist und innerlich ausgetrocknet, obwohl man dachte, sein Glück gefunden zu haben, dann ist das ein Alarmsignal!

Treibst du auf einem Boot mitten im Ozean - getrennt von deinen Freunden und deiner Familie? Treibst du dahin - ohne ein eigenes Ziel vor Augen? Hängst du dein Fähnchen in den Wind des Narzissten, auf dass er entscheidet, wohin deine Reise des Lebens geht, wohin der Wind, SEIN Wind, dich bläst? Oder raffst du dich auf, suchst nach der Wahrheit und bist mutig genug, dich ihr zu stellen? Leicht wird es nicht, aber die „Heldenreise" im Märchen passiert auch nicht friedlich. Gefahren sind zu umschiffen, manchmal große Gefahren, aber der Held der Geschichte gibt nicht auf: er findet einen Weg hinaus aus den Gefahren, den Intrigen und den heimtückischen Fallen des Gegenspielers.

Lass dich ein auf das Leben, das dich umfängt, wie es mich umfangen hat: es hat sich ein neuer Horizont aufgetan, und die Trauer nehme ich mit mir mit, denn sie ist ein Teil von mir geworden. Ich habe es aufgegeben, sie „loswerden" zu wollen, und so ist sie kleiner geworden, weil ich sie gehört habe, und sie ist mit mir auf die Reise gegangen, auf eine Reise, die spannender nicht sein könnte...

Ob du jemals wieder einem möglichen Partner vertrauen kannst? Ob du jemals wieder eine Beziehung führen wirst? Du glaubst vielleicht im Moment, dass das nicht möglich ist. Aber: möglicherweise lässt du das offen...
Das Leben hält doch immer wieder so manche Überraschung bereit, und wir dürfen uns freuen, dass wir uns neu entdecken und aufstellen können, bis wir mal wieder auf die ein oder andere Weise „auf die Nase fallen"... Das allerdings gehört zum Leben dazu.

Man darf nur das AUFSTEHEN nicht vergessen!

Deine Angelique Bouton.

„Wohin meine Reise mich jetzt führen wird...?

Sie lässt mich auf Sternenstaub wandeln,

denn ich bin FREI, das zu tun,

was ich wirklich

und aus tiefstem Herzen tun will!"

Angelique Bouton

Buchtipps

Du willst mehr über Narzissmus lesen?

„Gestatten, ich bin ein Arschloch"

**Ein (netter) Narzisst und Psychiater erklärt,
wie Sie Narzissten entlarven und ihnen Paroli bieten.**

Dr. med. Pablo Hagemeyer

ISBN 978-3 959 102 469

****

Die Masken der Niedertracht

**Seelische Gewalt im Alltag
und wie man sich dagegen wehren kann**

Marie-France Hirigoyen

ISBN 978-3-423-36 288-7

Du willst deine Emotionen besser verarbeiten?

„ALLES GUT
Das kleine Überlebensbuch
SOFORTHILFE BEI BELASTUNG, TRAUMA & CO."

Dr. med. Claudia Croos-Müller

ISBN 978-3-4663-4666-0

Es gibt viele weitere, reizende Bücher von ihr,
die sich lohnen anzuschauen!

****

Du willst neue Ziele finden und dein neues Leben gestalten?

FILM
„Das Gesetz der Resonanz"
...bei YouTube derzeit kostenlos anzuschauen.

Und danach... ;-)

„ERFOLGREICH WÜNSCHEN 3.0"
7 Regeln, wie Träume wahr werden

Pierre Franckh

ISBN978-3-86 728-312-0

Quellenverzeichnis

1* (Seite 34)
Liebe: Viel Dopamin, wenig Serotonin (dasgehirn.info)

2* (Seite 36)
Grundbedürfnisse: Definition, Maslow & Grawe | StudySmarter

3* (Seite 37)
Der Unsichtbare – Wikipedia

4* (Seite 42)
Gaslighting – Wikipedia

5* (Seite 49)
https://de.wikipedia.org/wiki/Menschlichkeit

6* (Seite 50)
Das kalte Herz – Wikipedia

7* (Seite 53)
Selbstverliebt, machthungrig, kaltherzig - 3sat-Mediathek

8* (Seite 60)
Niccolò Machiavelli - Wikipedia

9* (Seite 60)
Machiavellismus – Wikipedia

10* (Seite 61)
sozial – Wikipedia

11* (Seite 61)
Machiavellismus (Psychologie) – PSYLEX

12* (Seite 62)
Psychopathie: Anzeichen, Besonderheit, Beziehungen - NetDoktor.de

13* (Seite 64)
Matthaeus 7:16 An ihren Früchten sollt ihr sie erkennen. Kann man auch Trauben lesen von den Dornen oder Feigen von den Disteln? (bibeltext.com)

14* (Seite 67)
Selbstverliebt, machthungrig, kaltherzig - 3sat-Mediathek

15* (Seite 113)
Narzisstische Gewalt – Wikipedia

16* (Seite 133)
Traumabonding – In den Fängen eines Narzissten - UMGANG mit NARZISSTEN (umgang-mit-narzissten.de)

17* (Seite 133)
Traumabindung – Wikipedia

18* (Seite 138)
Gaslighting: 6 Anzeichen, Beispiele & 5 Tipps zum Umgang » lernen.net

19* (Seite 141)
Die 7 Stadien der Traumabindung (choosingtherapy.com)

20* (Seite 145)
Die 7 Stadien der Traumabindung (choosingtherapy.com)

21* (Seite 181)
Kontrolle – Wikipedia

22* (Seite 195)
Freiheit – Wikipedia

23* (Seite 178)
Narzisstische Wut - UMGANG mit NARZISSTEN (umgang-mit-narzissten.de)

24 (Seite 194)
Flashback (Psychologie) – Wikipedia

25 (Seite 204)
Emotionen: Definition, Merkmale & Bedeutung | StudySmarter

26* (Seite 215)
Trauma (Psychologie) – Wikipedia

27* (Seite 216)
über EMDR - EMDR Deutschland

28* (Seite 219)
Emotionen • Gefühle, Definition, Bedeutung · [mit Video] (studyflix.de)

29* (Seite 252)
Die Kraft der Psyche: Sportliche Leistungen mit „dem Kopf" verbessern - wissenschaft.de

30* (Seite 252)
Studien zu Mentaltraining » Mentalexperte

31* (Seite 253)
Forschung: So wirkt sich positives Denken auf den Körper aus - WELT

32* (Seite 263)
Stalking | polizei-beratung.de

33* (Seite 269)
Stalking | polizei-beratung.de

34* (Seite 269)
Stalking | polizei-beratung.de

35* (Seite 282)
Werte-Liste: Was ist dir im Leben wichtig? Mit dieser Übung findest du es heraus (lebeblog.de)

WERTE-LISTE

Werte oder Wertvorstellungen sind Merkmale, die dich als Person ausmachen und dein Handeln bestimmen. Sie sind ganz individuell und dadurch definiert, dass du sie als moralisch und ethisch gut empfindest. Aus deinen Werten entstehen dann Glaubenssätze, Handlungsmuster und Charaktereigenschaften – deine Werte bestimmen also sehr stark, wer du bist.

Deine Werte bestimmen wer du bist.

Umso wichtiger ist es, sich über die eigenen Werte bewusst zu sein. Führst du ein Leben in Einklang mit deinen Werten? Oder gibt es Unstimmigkeiten? (35*)

Abenteuer	Genauigkeit	Ordnung
Abwechslung	Genuss	Partnerschaft
Anerkennung	Gerechtigkeit	Phantasie
Arbeit	Gesundheit	Präzision
Ästhetik	Gewaltfreiheit	Qualität
Aussehen	Glaube	Reichtum
Balance	Großzügigkeit	Reife
Begeisterung	Harmonie	Reisen
Bekanntheit	Heilung	Risikobereitschaft
Bewegung	Humor	Romantik
Bewusstheit	Intimität	Ruhe
Beziehungen	Integrität	Selbständigkeit
Disziplin	Intelligenz	Selbstbestimmung
Echtheit	Intuition	Selbsterkenntnis

Effektivität	Körperkontakt	Selbstgenügsamkeit
Ehrlichkeit	Kompetenz	Selbstlosigkeit
Einfachheit	Kreativität	Selbstverwirklichung
Einfluss	Lebendigkeit	Selbstwert
Entspannung	Lebensfreude	Sex
Entwicklung	Lebensqualität	Sicherheit
Erfolg	Lebensstandard	Sinn
Erleuchtung	Leichtigkeit	Solidarität
Ernährung	Leistung	Sparen
Erotik	Lernen	Spiritualität
Familie	Liebe	Spontaneität
Freiheit	Loyalität	Sport
Freude	Lust	Spüren
Freundschaft	Luxus	Toleranz
Frieden	Macht	Unabhängigkeit
Führung	Meditation	Verbundenheit
Fühlen	Minimalismus	Verantwortlichkeit
Fülle	Mitgefühl	Vertrauen
Fürsorglichkeit	Moral	Wahrheit
Ganzheitlichkeit	Mut	Weisheit
Geborgenheit	Nächstenliebe	Wertschätzung
Gedankenfreiheit	Naturverbundenheit	Wissen
Gelassenheit	Offenheit	Wohlbefinden
Gemeinschaft	Optimismus	Wohlstand
		Zufriedenheit

(35*)

DEINE Werte definieren, heißt, herauszufinden, was DIR wichtig ist im Leben. Die Priorität der Werte oder auch die Werte selbst können sich im Leben verändern.

Finde heraus, welche Werte DU hast!
Finde heraus, welche Werte dein Partner hat!
Finde heraus, ob du deine Werte in deiner Partnerschaft leben kannst!

Deine Werte sind deine Orientierung im Leben. Sie sind wie ein Kompass, den du zur Hand nehmen kannst, wenn du mal nicht weiter weißt.

Kannst du deine Werte nicht leben oder werden sie unterdrückt, hat deine Identität keinen Raum, um zu sein und sich zu entfalten. Machst du überhaupt oder ständig Kompromisse, was deine WERTE angeht, kommst du ganz automatisch in eine **Identitätskrise.**

Deshalb ist der Weg aus der Krise hinaus: definiere deine Werte, erkenne, wer du bist, und dann sei ehrlich in der Einschätzung, ob du diese, deine Werte in deiner Beziehung leben kannst oder ob sie unterdrückt werden. So hast du Klarheit, wo du stehst, und dann kannst du entscheiden, wohin die Reise geht. Deine Identität steht nicht zum Verkauf! Sie ist nicht verhandelbar.

Deine Werte machen dich zu dem kostbaren, wundervollen, einzigartigen Menschen, der du bist! Denke immer daran!